Un Viaje Hacia el Significado y Propósito de tu Vida

•

Reflexiones a contracorriente
sobre el sentido de la vida, las emociones,
el sufrimiento y la felicidad

Un Viaje Hacia el Significado y Propósito de tu Vida

Reflexiones a contracorriente
sobre el sentido de la vida, las emociones,
el sufrimiento y la felicidad

Joaquín Rández Ramos

Colección «Mi vida en una lata»

No se permite la reproducción parcial o total de este libro, ni su incorporación a un sistema informático, ni su transmisión en cualquier formato o por cualquier medio sin permiso escrito del autor. La infracción de los derechos mencionados puede ser constitutiva de delito contra la propiedad intelectual.

Primera Edición: noviembre de 2023

Autor: © Joaquín Rández Ramos

Registro de la Propiedad Intelectual: 16/2023/5244

Diseño de Portada: © Pedro Pablos Lorenzana

Impreso en España

Dedicado a...

A mis padres **Angelines y Joaquín**; a mis hermanas **Chus, Encar** y **Tere**; a mis sobrinos **David, Diego** y **Sandra**. Todos ellos, felices de que escribiera y con la certeza y la satisfacción de poder tener algún día este libro en sus manos.

A **Manu**, quien ha soportado tener que oír hablar de «mi libro» cada día.

Y mi más sincero agradecimiento....

A **María Jesús Rambla**, amiga y colega de profesión, por acompañarme pacientemente a lo largo de toda la escritura. Sin su perspectiva este libro no sería el mismo.

A **Pedro Pablos Lorenzana** por su generosidad y entender a la perfección el significado de este libro para crear y diseñar su portada.

A **Carlos Salas**, **Joan Carles Vila** y **Robert Karro**, quienes han iluminado mi camino con su luz y siempre me han brindado su ayuda de manera desinteresada.

A **Fabián Villena**, quien me dedicó generosamente parte de su tiempo para aconsejarme y contarme su experiencia de escritor.

A **todas las personas** con las cuales me he encontrado en el camino de la vida porque todas me han alumbrado, bien con luz, bien con sombra. Así mi pensamiento se ha forjado en el devenir de los días y las noches.

Sobre el Autor

Joaquín Rández Ramos nació en Tudela (Navarra) el 1 de marzo de 1962, aunque su infancia transcurrió en Cintruénigo, población de la misma comunidad.

Desde muy joven tuvo que dejar el hogar familiar para poder continuar con sus estudios de bachillerato y, posteriormente, universitarios. Inicialmente se decantó por las humanidades y se licenció en Filología Hispánica (1988), algo que no abandonó del todo ya que, bastantes años después, cursaría un Master en Lengua Española (2012).

Su carrera profesional se ha desarrollado en la industria farmacéutica, donde desempeñó diversos puestos de dirección. Todas estas experiencias y conocimientos, que combinan lo humanístico, científico y empresarial, constituyen la matriz de su escritura. Aunque ha publicado diversos artículos de carácter profesional, este libro es su primera obra con un enfoque totalmente diferente: el sentido y propósito de la vida. Es más, bajo el epígrafe «Mi vida en una lata» aguardan otros dos títulos, bastante avanzados en la escritura.

Su estilo, muy personal, combina datos de diversas fuentes con la reflexión y la interpelación al lector. Es su forma de aportar rigurosidad al pensamiento.

«Todas las personas anhelamos la presencia de alguien que nos inspire, nos desafíe y nos proteja, impulsándonos a alcanzar nuestra mejor versión en la vida; alguien que nos invite a la reflexión y nos acompañe en nuestro camino, pero sin dejar una marca indeleble en él. Este libro representa precisamente la guía de un buen mentor»

María Jesús Rambla - Gerente de Equipos comerciales

«Joaquín nos invita a realizar un viaje interior, mostrándonos las distintas facetas de nuestra existencia a la vez que cuestiona algunas creencias que ayudan poco o nada a dar sentido a la vida. Durante este viaje nos irá descubriendo la auténtica esencia de la persona, su relación con el entorno y la importancia de cambiar el pensamiento cortoplacista, hedonista y destructivo, por otro más generoso que aporte un auténtico sentido. Joaquín lo hace mediante una comunicación sencilla y directa»

Carlos Salas Aizpuru – Especialista en Desarrollo Personal

«Este libro o más bien este compendio sobre la vida, atesora un enorme conocimiento, está sólidamente documentado y espléndidamente redactado. Joaquín, un híbrido entre científico y filósofo, ha sabido plantear nuevos debates y crear nuevas preguntas trascendentales que permiten cuestionarnos y cultivarnos»

Joan Carles Vilà Sala - Leadership Trainer

«Este libro rompe con ataduras basadas en la cultura, la religión y la educación, haciendo referencia a que la materia estelar es infinita. Sin embargo, es el hombre mismo quien crea sus limitaciones, viviendo su vida como si fuese dentro de una reducida «lata». Rompamos las barreras para vivir bien, saboreando la vida y minimizando el dolor para abrazar un camino lleno de oportunidades maravillosas. Recordemos que nuestras visiones determinan nuestros comportamientos»

Robert Karro - Consultor, Coach y Experto en Liderazgo

Contenido

Justificación 15

Introducción 19

1. ¿Qué es la Vida? ¿Es el don más Preciado? 23
    1.1 El Origen de la Vida: más Incógnitas que Respuestas 24
    1.2 Los Mitos, un Alivio Emocional 28
    1.3 La Vida y su Pertinaz Propósito..31
    1.4 La Vida más Allá de la Biología 34
    1.5 La Vida Como el Despertar de la Conciencia 38
    1.6 La Expresión Sexual: Ruptura del Determinismo 39
    1.7 Ni Estamos Solos, ni Podemos Sobrevivir Solos..................45
    1.8 Hacia un Sentido «Suprabiológico» de la Vida...................51
    1.9 Llegando a Alguna Conclusión..53

2. La Existencia Innecesaria... 57
    2.1 La Desconocida Existencia Necesaria 57
    2.2 ¿Hacia la Deshumanización Consentida? 59
    2.3 El ser Humano, ese ser Innecesario 63

3. Sentido y Trascendencia de la Vida 71
    3.1 Buscando un Significado y Asumiendo un Propósito 73

3.2 Supliendo esa Falta de Necesidad 79
3.3 La Vida Plena 88

4. La Vida en Abstracto 93

5. La Vida Desde las Emociones 105
5.1 Los Dos Lobos o la Casa de los Huéspedes 107
5.2 Las Emociones con Toda Razón 110
5.3 Las Emociones que nos Apasionan 113
5.4 Ese Inquieto Centinela, y las Emociones Primarias 118
5.5 Las Pasiones y los Sentimientos 127
5.6 Gobernar «Nuestra Casa de Huéspedes» 131
5.7 Poniendo las Emociones de Nuestro Lado 138
5.8. Recursos para el Dominio Emocional 145
5.9 Los Cinco Pilares de la Inteligencia Emocional 149
    5.9.1 La Conciencia Emocional (Autoconocimiento).....149
    5.9.2 El Autocontrol Emocional (Autorregulación) 150
    5.9.3 La Motivación y la Automotivación 151
    5.9.4 La Empatía 155
    5.9.5 Las habilidades sociales 159
5.10 Autoconversación: el Diálogo Contigo Mismo...............166

6. Sufrir o no Sufrir... esa es la Cuestión 183
6.1 Tanto Monta, Monta Tanto: Dolor y Sufrimiento...............183
6.2 Dolor y Sufrimiento como Alertas Existenciales 189
6.3 El Sufrimiento Como Objeto de Reflexión 192
6.4 Las Caras Ocultas del Dolor y el Sufrimiento 196
6.5 Sufrimiento del Alma 202

7. Un Mundo Feliz **219**
   7.1 Hacia la Búsqueda de la Felicidad 220
   7.2 Caminos Intransitables para la Felicidad 229
      7.2.1 Sin Camino 229
      7.2.2 Vivir en la Casilla de Salida 231
      7.2.3 La Vida en Clave de Preocupación..................... 233
      7.2.4 Yoísmo 235
      7.2.5 El Precio del Éxito 238
      7.2.6 Consumismo... 239
   7.3 ¿Hay Algún Camino que Conduce a la Felicidad?........... 242

8. Carpe Diem **251**
   8.1 La Medición del Tiempo.. 253
   8.2 La Mecanización de Occidente 254
   8.3 Los Relojes de Bolsillo y el Gobierno del Tiempo........... 255
   8.4 Las Metáforas del Tiempo... 256
   8.5 El Tiempo es Vida 259
   8.6 Vivir el Tiempo, Vivir la Vida 261
      8.6.1 El Despertar, la Vuelta a la Conciencia................ 261
      8.6.2 Saborea tu Tiempo 263
      8.6.3 Medita, Piensa, Reflexiona tu Presente.............. 265
      8.6.4 Duerme, Pero no Vivas Dormido........................ 271
      8.6.5 Los Ladrones del Tiempo................................... 272
      8.6.6 Atrévete a Ser Tú Mismo si Quieres Vivir............ 276
   8.7 Dead Poets Society... 278

En Definitiva.. **283**

Justificación

Era muy joven. Con alguna que otra inquietud y con muchos pájaros en la cabeza. Iniciando los ochenta me encontraba sentado en un aula de la universidad, casi por azar, para asistir a la cátedra de Literatura Medieval. Era el primer día de clase y el profesor hacía un resumen de lo que sería la asignatura. Al tiempo que desgranaba los contenidos, iba incluyendo las lecturas recomendadas, esas que fastidian tanto a los estudiantes porque la recomendación no es otra cosa que un eufemismo de la obligación. Fue entonces cuando por primera vez oí hablar de Ernesto Sabato y de su ensayo *Hombres y engranajes* (1951).

En ese momento lo único que piensas es en lo tedioso de tener que leer un ensayo moderno para una asignatura de Literatura Medieval. Los limitados conocimientos del bachillerato (basados, sobre todo, en la memorización) y la falta de motivación por el estudio apenas me permitían relacionar los fenómenos, establecer campos semánticos temporales, identificar tendencias y antagonismos... en definitiva, yo era un joven carente de espíritu crítico, no muy distinto de los demás. Por poner en contexto el lento despertar de mi pensamiento, era una época en la que no había teléfonos móviles, ni ordenadores, ni internet y la televisión era una caja más tonta que la de ahora, en la que casi solo cabía el entretenimiento.

La biblioteca, los libros, las clases y los apuntes eran la fuente del conocimiento para el desarrollo del espíritu crítico. Pasaba horas en la biblioteca y cada día me llevaba prestado algún que otro libro. Tuve que esperar semanas hasta conseguir un ejemplar de *Hombres y engranajes* porque eran escasos y estaban siempre en circulación.

Comencé a leer el ensayo de Sabato con curiosidad. Me impresionó el orden, la sistematización, la amplitud de conocimientos y el análisis afilado para explicar con rigor metodológico la fractura del mundo moderno. Me impresionó a pesar de mi pobre capacidad para entender todo lo que estaba leyendo.

Para Sabato el mundo empieza a romperse con la secularización del hombre del Renacimiento, movido por dos fuerzas dinámicas amorales: el dinero y la razón. Los relojes mecánicos invaden Europa en el siglo XV y el tiempo se convierte en dinero. La mecanización y la cuantificación determinarán los nuevos comportamientos sociales que impulsan el desarrollo tecnológico con la ayuda de la ciencia. Sin embargo, esa ciencia y tecnología son las que han transformado al hombre en un simple engranaje, cuya misión es la de producir y consumir (tecnolatría[1]).

La economía manda y dirige de manera que el hombre es explotado por el hombre, lo que conduce a la masificación, al desprecio de las emociones y, en definitiva, a la pérdida de la identidad y al caos cultural. Esta fuerza deshumanizadora de la ciencia, que ha transformado al ser humano en un engranaje, es lo que lleva al autor a afirmar con contundencia:

---

[1] Adoración a la tecnología como si fuera un dios.

«...vista así, la mecanización de Occidente es la más vasta, espectacular y siniestra tentativa de exterminio de la raza humana».

No es de extrañar tan rotunda afirmación, pues *Hombres y engranajes* se publica tan solo seis años después del final de la Segunda Guerra Mundial, donde hubo un ingente, y nunca visto, despliegue de la maquinaria belicista cuyo culmen fue el lanzamiento de la bomba atómica sobre Hiroshima. Tras hacer un repaso por distintas corrientes filosóficas, entre las que muestra ciertas simpatías por el romanticismo y el marxismo, se decanta por el existencialismo: retorno al individuo y su desesperación y, sobre todo, apostando por el despertar de la responsabilidad individual. Sabato apela a la recuperación del arte, la literatura y los valores existenciales: los afectos, el diálogo, la imaginación, la belleza y la fe. Hijo de su tiempo, Sabato no pudo apreciar los beneficios de la ciencia para el ser humano, aunque no estoy seguro de lo que pensaría sobre los derroteros por donde nos está llevando la ciencia y el racionalismo; pues el objetivo y la intención de su ensayo era contribuir a un nuevo humanismo como contrapeso al materialismo cientificista.

Hoy ya no soy tan joven. Puedo leer este ensayo con más criterio y con profunda admiración por su visión y agudeza intelectual. Pero lo más importante es cómo su lectura me enseñó a pensar y despertó inquietudes en mi mente. Sin duda, mis profesores me obligaron a salir de mi zona de comodidad del pensamiento para adentrarme en pensamientos más transversales. Porque la universidad es eso, la universalidad y la expansión del pensamiento; algo que comprendí cuando finalicé mis estudios.

Hasta aquí toda esta historia para justificar mi atrevimiento a reflexionar sobre el sentido y propósito de la vida, por si mis palabras pudieran traer alivio o dar claridad. Reflexiones que, en buena medida, han sido motivadas por la semilla que Ernesto Sabato sembró en mi pensamiento.

Un viaje hacia el significado y propósito de tu vida es el primer libro de una colección que, bajo el epígrafe *Mi vida en una lata*, albergará otros títulos cuyo hilo conductor es la comprensión de nuestra existencia y la rebelión contra todo aquello que nos comprime y nos limita.

Mi vida en una lata es una metáfora de muchos colores: la vida en un pequeño espacio, la falta de metas y propósito, la ausencia de iniciativa y la rutina.

Mi vida en una lata representa lo que no es fresco, ni espontáneo.

Mi vida en una lata hace referencia también a todos los condicionamientos sociales que quieren hacer de nuestras vidas clones de comportamientos predecibles y planificados.

Mi vida en una lata es la alienación a la que nos somete el mundo moderno con su imperio sobre nuestras vidas y al que nos abrazamos con gusto.

Mi vida en una lata es la insatisfacción y la tristeza.

Un viaje hacia el significado y propósito de tu vida inicia esta colección.

Introducción

¿No has tenido, alguna vez, la sensación de que tu vida se desvanece entre las **exigencias de la sociedad** y las **expectativas de los demás**? Vivimos en un mundo acelerado, muchas veces caótico, que no nos deja pensar y nos sumerge en una rutina sin fin. No obstante, en medio de este torbellino de actividades y obligaciones, hay quienes se atreven a buscar un camino diferente, un camino que les permita vivir con sentido y propósito.

Un viaje hacia el significado y propósito de tu vida es una invitación a adentrarte en un viaje introspectivo, pues mi mayor deseo y motivación es que estas propuestas puedan servirte de **inspiración para que elabores tu propio pensamiento transformador**. A través de estas páginas quisiera que me acompañaras a explorar vivencias, a reflexionar y a indagar otras caras de la verdad; incluso cuando ello signifique nadar en contra de la corriente predominante. En un mundo donde la verdad establecida parece ser conocida y aceptada por todos, ¿no sería sensato cuestionarla y abrirnos a nuevas perspectivas?

Me resulta complicado definir el estilo de este escrito, pues comparte algunas características de los textos académicos al aportar datos y referencias; también tiene en su haber elementos propios del ensayo en la medida que defiendo y argumento algunas tesis; y, obviamente, la reflexión es su hilo conductor que se teje a lo largo de sus hojas.

Por lo tanto, en sentido estricto, ni es un texto académico, ni es un ensayo, ni es puramente reflexivo, pero tiene un poco de cada cosa como guiso de la cocina de la escritura. Es importante advertirlo porque no quisiera decepcionar las expectativas del lector.

He evitado con intencionalidad expresa caer en reflexiones superficiales y en frases impactantes que pueden resultar agradables, pero efímeras en la memoria. Por lo tanto, si estás dispuesto a **reflexionar desde un enfoque fundamentado en el conocimiento**, encontrarás aquí no mis propios pensamientos, sino los tuyos, que estoy seguro surgirán de tu mente. Para cualquier creador no hay nada más emocionante que estimular los resortes mentales que libran de las cadenas y crean nuevos mundos.

Se dice que no hay verdades absolutas y que la verdad es poliédrica, pues todo depende de la perspectiva desde donde mires al objeto. Quiere decir esto que dos personas pueden expresar verdad, aunque sus opiniones puedan parecer contradictorias. Solo la verdad matemática, por ser la más abstracta y simplificada de todas las ciencias, podría acercarse a la verdad en su forma más pura.

Hoy tenemos la suerte de contar con un vasto conocimiento accesible e impensable en otras épocas de la humanidad. Eso significa que podemos explorar la verdad desde sus múltiples caras y esta es la razón por la que mis reflexiones se apoyan en campos como la filosofía, la ciencia, la psicología, la historia, la literatura, el arte y el cine…, así como en el conocimiento colectivo. He intentado dejar a un lado todo lo relacionado con la religión y las ideologías por considerar que se sustentan en la subjetividad y las creencias individuales que, por supuesto, merecedoras del respeto de todos.

Una de las cosas que más me sorprende de nuestro tiempo es que muchas personas eligen, de forma deliberada, ignorar la objetividad de los datos y hacen de su opinión una verdad absoluta. Puede que mi insistencia en fundamentarlo todo parezca exagerada o tediosa, pero personalmente no puedo concebirlo de otra manera. En primer lugar, es mi compromiso personal con la búsqueda de la verdad y, en segundo lugar, es mi respeto hacia los lectores que puedan considerar leer este libro.

Incitar a la reflexión y cuestionar las verdades establecidas, que han encerrado nuestras vidas, es mi objetivo. La felicidad se encuentra más allá de esas prisiones, pero solo tú puedes descubrir el camino hacia ella, al igual que el propósito y sentido de tu vida.

En la medida que reflexionemos sobre nuestra realidad y abramos esa «lata», permitiremos que entre la luz y el aire que nos brindan la sabiduría de los antiguos filósofos, la ciencia, la historia y las experiencias vitales de otros. Cada página de este libro espero que te sumerja en un océano de reflexiones que desafíen tus creencias, te inviten a cuestionar las normas establecidas y te animen a explorar nuevas perspectivas.

A lo largo de ocho capítulos, pondré sobre la mesa los elementos que pueden ser fundamentales para vivir una vida significativa y feliz. Algunos pueden ser más fáciles de leer que otros, pero todos tienen su razón de ser y su propósito para comprender nuestra existencia.

El tono reflexivo predomina en estas páginas; por eso te animo a que hagas las pausas que necesites. Este libro no es una novela que debas devorar de un tirón. Lo que realmente importa no es la lectura en sí, sino lo que evoca en tu mente y despierta en tu alma.

Un viaje hacia el significado y propósito de tu vida es el relato personal de mis pensamientos madurados en mis años de vida o una interpretación del conocimiento. Pero también **es una llamada a la acción, una invitación a reevaluar nuestras prioridades y a encontrar el coraje necesario para seguir nuestro propio camino, sin importar las expectativas externas.** Si anhelas una vida llena de sentido y propósito, espero que encuentres en este libro la reflexión necesaria para navegar por las aguas turbulentas de la vida y alcanzar nuevas cotas de autenticidad y realización. Así que prepárate para desafiar las convenciones y nadar a contracorriente. Quizá ello te ayude a descubrir tu propio camino hacia una vida con sentido y propósito.

1. ¿Qué es la Vida? ¿Es el don más Preciado?

«¿Qué es la vida? Un frenesí. ¿Qué es la vida? Una ilusión, una sombra, una ficción; y el mayor bien es pequeño; que toda la vida es sueño, y los sueños, sueños son»[2]

Calderón de la Barca

Un día, mientras caminaba por la calle con su cabeza llena de preocupaciones, vio a un anciano sentado en un banco que miraba el atardecer. Curioso, se acercó y le preguntó:

- Disculpe, señor, ¿no se aburre, ahí, sentado sin hacer nada?

El anciano le respondió con una sonrisa:

- Observo la vida, joven. He aprendido que la vida es como un atardecer: **efímera, hermosa y pasajera**, así que me deleito en cada instante que se desvanece en el horizonte.

---

[2] Fragmento de uno de los monólogos más famosos del teatro español; al final del primer acto Segismundo piensa en la vida y en su suerte. En *La vida es sueño* de Calderón de la Barca.

Dos visiones de la vida en dos momentos existenciales diferentes. Desconozco cuál es tu tiempo. Puede que seas el joven, o el anciano, o tal vez estés a medio camino. En cualquier caso, aquí emprendemos un viaje para vislumbrar el significado de nuestra existencia. El camino puede ser retorcido y no albergo grandes expectativas. Sin embargo, en esa exploración podríamos descubrir destellos de sabiduría, claridad y un sentido más profundo de conexión con el mundo que nos rodea. El viaje interior no promete respuestas definitivas, pero en su travesía descubriremos las preguntas que nos revelen la verdadera esencia de nuestra existencia.

1.1 El Origen de la Vida: más Incógnitas que Respuestas

Durante los más de 100.000 años de existencia del *Homo sapiens* no se ha logrado resolver el enigma de la vida. Y cuanto más profundizamos para entender su sentido, más incógnitas y preguntas aparecen, como si al sospechar algo de lo que somos germinaran también más inquietudes. «Solo sé que no sé nada», frase que se atribuye a Sócrates, pone de manifiesto los límites del conocimiento; por eso no es exagerado afirmar que la idea más clara que tenemos de la vida es el gran desconocimiento de su origen y significado. Así se entiende que **en la historia de la humanidad la búsqueda de su significado es una constante inalterable**. Desde la antigüedad hasta nuestros días, grandes pensadores y científicos no han logrado explicar de forma satisfactoria qué es la vida. Los filósofos no han resuelto su acertijo. Tampoco los biólogos se ponen de acuerdo sobre lo que significa estar vivo.

Según un estudio del biólogo Radu Popa[3], hay más de cien definiciones de ser vivo, elaboradas por profesionales de

---

[3] Popa, R. (2004). *Between Necessity and Probability: Searching for the Definition and Origin of Life*. Heidelberg: Springer.

diversas especialidades. En general, todas las propuestas pueden agruparse en torno a tres perspectivas: los que entienden la vida como un **sistema metabólico**, los que la ven como un **sistema termodinámico** y los que ponen énfasis en la **evolución de los sistemas vivientes**. Sin embargo, ninguno de estos enfoques, por sí solo, es capaz de definir la vida. Otros autores subrayan los componentes materiales de lo vivo, frente a los que apuntan a las propiedades informacionales, que son independientes de la implementación material.

Los científicos calculan que la tierra se formó hace 4.500 millones de años por la colisión y fusión de fragmentos de rocas más pequeños, conocidos como planetesimales. El ARN (molécula que puede almacenar y transmitir información por replicación) afloró en el mundo hace 3.800 millones de años, dando paso a la vida basada en el ADN y las proteínas doscientos millones de años después. Biológicamente, para que la vida que conocemos exista y se perpetúe necesita de tres condiciones: **un compartimento que diferencie el sistema vivo del entorno** (como el que delimita la membrana de las células o de nuestra piel), **un metabolismo que intercambie energía y materia** con el medio y **un sistema de información que regule todo el proceso**, se mantenga en el tiempo, y pueda ser transmitido a la descendencia.

En el contexto de nuestro mundo sabemos que **el ADN está en el origen de la vida**. Compartimos con todos los seres vivos un ADN similar, formado a partir de las mismas unidades: los nucleótidos (Adenina, Timina, Citosina y Guanina, abreviados como A, T, C y G). Comprender esto, no como quien escucha una clase de biología, tiene grandes implicaciones para la forma de estar en el mundo. Si te digo que los árboles y las plantas son parientes lejanísimos del ser humano tal vez se dibuje en tu rostro una sonrisa incrédula.

Pero no hace falta irnos tan lejos, pues tanto los animales como las plantas somos compuestos de carbono.

El código genético está organizado de tres en tres nucleótidos (tripletes o codones) y cada combinación determina un aminoácido. Y es aquí donde **el código genético es universal, pues la manera de traducir cada secuencia en diferentes aminoácidos es igual en todos los organismos**, sean plantas, bacterias, insectos, mamíferos..., en todas las especies. Es posible comparar el código genético con un «diccionario», ya que traduce la información escrita en el lenguaje de los ácidos nucleicos (nucleótidos) al lenguaje de las proteínas (aminoácidos). El mismo aminoácido es codificado por el mismo triplete en todas las especies, es decir, **el código genético es común a todos los seres vivos, lo que demuestra que han tenido un origen único y es universal**. ¿No es sorprendente que el ADN de una persona pueda ser «leído» dentro de una bacteria?

La comunidad científica ha consensuado que **todos los seres vivos**, los actuales y los que ya se extinguieron, como los dinosaurios o los mamuts, **procedemos de un antepasado común**. Pero es evidente que un caballo no es lo mismo que un hombre. Si bien cada triplete determina un mismo aminoácido, el mismo para todas las especies, **lo que hace único el ADN de cada especie es su ordenación en la cadena**. El ADN envía instrucciones por medio de ARN sobre los aminoácidos que se deben obtener y cómo se deben distribuir. Los aminoácidos son las moléculas más simples que se encadenan para construir moléculas más complejas como las proteínas; estas son estructurales, **piezas básicas de la vida**, responsables de la formación de los tejidos como los huesos, los músculos o la piel.

El **consumo de proteínas, que es la dieta básica de la vida, es realmente crucial.** Los primeros seres unicelulares vivían de la fagocitación, es decir, de comerse unos a otros. Y la cadena trófica sigue siendo la estrategia de la vida para obtener energía, un proceso de transferencia de sustancias nutritivas de una especie a otra (dicho con mucho eufemismo) en una comunidad biológica. Permítame el lector hacer una digresión que viene al caso. Las personas mayores necesitan consumir proteínas de calidad; sin embargo, en las residencias es habitual atiborrarlas de hidratos de carbono, con escasez proteica, tanto en calidad como en cantidad. Es una forma de abaratar costes y de acelerar el deterioro de la vida. Las personas mayores necesitan consumir más proteína que los jóvenes; entre 1 g y 1.5 g por kilo de peso corporal. Como esto no suele ser así, hay estudios[4] que evidencian un 50% de estas personas que sufren de sarcopenia, es decir, pérdida de la masa muscular, riesgo de fracturas, discapacidad física y otras comorbilidades. Sin proteína nuestro organismo se desestructura. Es como un edificio que se sostiene gracias a las columnas y las vigas. Si se fatigan, si pierden fortaleza, el edificio puede colapsar total o parcialmente. **No es exagerado afirmar que la proteína es vida.** Sin ella, desaparecería la fuerza, la vitalidad, las pasiones y los sueños. Y es el **ADN**, que se aloja en el núcleo de las células, **el arquitecto que dirige la construcción de la vida**, escoge los materiales y decide cómo se deben combinar; pero también se encarga del mantenimiento, proporcionando instrucciones precisas para la nutrición, el crecimiento, la reproducción...

---

[4] Rodríguez-Rejón, Ana Isabel, Ruiz-López, María Dolores, & Artacho, Reyes. (2019). Diagnóstico y prevalencia de sarcopenia en residencias de mayores: EWGSOP2 frente al EWGSOP1.*Nutrición Hospitalaria*, 36(5), 1074-1080. Epub 24 de febrero de 2020.

Pero... ¿qué había antes del ARN y el ADN? Nos movemos en el mundo de la especulación y lo teórico para intentar explicar algo que sucedió millones de años atrás, en unas condiciones planetarias hoy incomprensibles. La panspermia defiende que la vida existe en todo el universo, un polvo espacial a modo de semilla que viaja en meteoritos, asteroides, planetoides... Una de las teorías más reconocidas es la denominada «sopa primordial», fruto de la atmósfera primitiva en combinación con la energía de la luz ultravioleta del sol. Esta mezcla daría como resultado la síntesis de moléculas orgánicas y la aparición de las células. Investigaciones más recientes apuntan, incluso, a que el origen de la vida está en la **materia inanimada**, concretamente en **compuestos de carbono y silicio**. Carl Sagan decía que «Estamos hechos de materia estelar».

El origen del mundo y de la vida es un misterio envuelto en explicaciones y teorías científicas que se hunden en la oscuridad del universo. Sin embargo, los seres humanos siempre hemos querido saber y conocer más acerca de este enigma. **Cuando el hombre dejó de mirar a sus pies y elevó su vista al cielo empezó a hacerse preguntas.**

1.2 Los Mitos, un Alivio Emocional

Ante la falta de respuestas, los hombres de todos los tiempos hemos desarrollado un pensamiento mítico en el intento desesperado por dar un sentido al origen del cosmos y de la vida.

Lévi-Strauss constató que la variedad de mitos de las diversas culturas no son un conjunto anárquico de relatos, sino que ponen de manifiesto **sorprendentes afinidades y evidencian la profunda unidad del pensamiento humano**: «... estos mitos, en apariencia arbitrarios, se reproducen con los mismos caracteres, incluso con los mismos detalles, en diversas regiones del mundo. De aquí se deriva este problema: si el contenido del mito es contingente, ¿cómo explicar que, de un extremo a otro de la tierra, los mitos sean tan parecidos?»[5]

Así, en los mitos cosmogónicos hay dos constantes; la primera es que la creación del mundo se va realizando por etapas ordenadas en las que la vida de los seres humanos constituye el final del proceso; la segunda, el uso de la imagen del creador como si fuera un alfarero que modela al hombre a partir de arcilla o barro. Babilonios, sumerios, mesoamericanos, egipcios, griegos, chinos… encontraron soluciones similares para explicar el origen del mundo y del ser humano. Es, cuando menos, curioso que los mitos cosmogónicos podrían considerarse una metáfora de algunas conclusiones a las que ha llegado la ciencia. Se dice que antes del *Big Bang*, que dio origen al universo, solo había vaciedad e incluso la nada. El *Popol Vuh*, que recoge las narraciones míticas del pueblo maya quiché, describe así el estado antes de la creación: «Esta es la relación de cómo todo estaba en suspenso, todo en calma, en silencio; todo inmóvil, callado y vacía la extensión del cielo»[6].

Anteriormente, ya hemos mencionado que una de las teorías acerca del origen de la vida en el planeta defiende que ciertos tipos de arcilla, con compuestos de carbono y de silicio, facilitaron la formación de moléculas orgánicas. Curiosamente, la diosa *Nüwa*, de la mitología china, creó al hombre utilizando arcilla del río Amarillo el séptimo día de la creación. Mitos parecidos existen en diversos pueblos del planeta muy alejados entre sí. ¿Cómo es posible, salvando las

---

[5] Lévi-Strauss, C., (1974). *C. Anthropologie structurale*. Paris: Plon.
[6] Inicio del *Popol Vuh*, libro anónimo sobre el origen del pueblo maya quiché, escrito en la propia lengua con caracteres latinos.

diferencias, que existan coincidencias entre los mitos y algunas de las conclusiones de la ciencia, si el mito está en las antípodas de aquella?

Los mitos son relatos, transmitidos oralmente de generación en generación, que cuentan acontecimientos sobrenaturales para explicar simbólicamente aspectos de la naturaleza o de la condición humana; por el contrario, la ciencia los explica con base en hechos objetivos y verificables. Parece evidente que los mitos surgen ante la limitación del ser humano para dar respuestas y **cabe preguntarse también si la ciencia tiene sus limitaciones.**

Los mitos clásicos seguramente ofrecieron un alivio emocional para las sociedades que los crearon. Sin embargo, hoy en la era de la ciencia y de la tecnología, las grandes cuestiones siguen sin tener una respuesta. Es por ello que existen mitos modernos. Ya no tienen la narrativa fabulosa de la antigüedad (lo que podríamos denominar la forma), pero el fondo resulta inalterable: la **necesidad de alivio ante la falta de respuestas y la evasión de los interrogantes y de la angustia.** En la sociedad actual mitificamos objetos, cosas, personajes, ideologías... que nos hacen sentir bien momentáneamente. Por ejemplo, cuando compramos el último modelo de *Iphone*, o cuando nuestro equipo de fútbol gana la liga, o cuando asistimos a un concierto de nuestro cantante favorito, o cuando nuestro partido político gana las elecciones... **Son momentos en los que la angustia existencial está suspendida, no existe.** Tenemos necesidad de crear mitos, deificamos objetos y personas, los convertimos en leyenda, les damos una excesiva valoración y los rodeamos de extraordinaria estima porque de alguna forma explican lo que somos o lo que deseamos ser.

1.3 La Vida y su Pertinaz Propósito

Desde el Renacimiento hasta nuestros días el hombre se ha convertido en la medida de todas las cosas; empezó a considerarse el ombligo del mundo hasta postularse como el centro del universo. Haríamos bien en preguntarnos si el ser humano resulta tan importante para el universo. **¿Qué representa el ser humano en el universo? ¿Es relevante, es trascendente, es capaz de modificarlo? ¿Acaso somos tan solo un punto en el infinito?**

El 25 de diciembre de 2021 fue lanzado al espacio desde la Guyana Francesa el telescopio espacial *James Webb*, después de 40 millones de horas de trabajo durante 32 años y 10.000 millones de dólares de inversión. Quizá recuerdes cómo los telediarios abrieron los informativos mostrando las primeras e impresionantes imágenes del universo profundo, siete meses después de su lanzamiento. Es un hito de la ciencia que no tuvo la repercusión que merece. Sin embargo, nos ha permitido contemplar las primeras galaxias que se crearon hace 13.500 millones de años, justo después del *Big Bang*. El ojo cósmico del *Webb* nos muestra imágenes repletas de puntos de luz que representan galaxias, estrellas, exoplanetas, nubes de polvo… En palabras de la NASA «El James Webb explorará todas las fases de la historia cósmica y ayudará a la humanidad a comprender los orígenes del universo y nuestro lugar en él». Podemos afirmar, sin equivocarnos, que los humanos somos infinitesimalmente pequeños en la vastedad del universo. Las imágenes del Webb ponen de manifiesto lo que ya sabíamos: **no somos nada**.

También sabemos que todo el universo está fabricado con la misma materia y está plagado de los materiales que dieron origen a la vida en la tierra. En el universo todo sucede por un motivo, siguiendo unas leyes que llamamos clásicas. Por ejemplo, todas las trayectorias están fijadas de antemano como la de rotación y traslación de la tierra, la de las corrientes oceánicas, la gravedad o la dirección en la que se mueven los electrones en nuestro cerebro.

Nuestra aparición en el mundo y en el universo no ha representado ninguna ruptura de esas leyes que, por otra parte, no solo rigen nuestra vida, sino también la de los demás seres vivos, tanto animales como vegetales. Cuando yo era niño jugábamos y nos divertíamos de manera muy diferente a la de ahora. En primavera era común criar gusanos de seda. Todo empezaba cuando comprábamos cuatro o cinco gusanos por unos pocos céntimos, los metíamos en una caja de zapatos y a diario les echábamos un buen puñado de hojas frescas de morera. Parte de la tarea era ir a recolectar las hojas del árbol porque los gusanitos comían sin parar hasta que se hacían grandes; entonces dejaban de comer y comenzaban a tejer con hilo de seda sobre sí mismos hasta conseguir encapsularse en un capullo amarillo. A los veinticuatro días el gusano, transformado ya en una mariposa blanca, rompía el capullo y salía con el único fin de aparearse. Después de poner cientos de huevos, la mariposa moría. Pronto esos huevos se convertían en pequeñas larvas que crecían rápidamente y de repente te veías con una caja de zapatos repleta de gusanos de seda. **¿Sabe acaso la mariposa que su destino es la muerte, después de aparearse y poner los huevos?**

Otra especie animal, considerada inteligente e ingeniosa como es el pulpo, tiene la particularidad de que solo se reproduce una sola vez en la vida. La hembra, después de poner los huevos, ya no come más y se deja morir. Es un comportamiento inexplicable que los científicos no han logrado desentrañar. Se ha especulado con el hecho de que los pulpos, al ser una especie caníbal, podrían comer a sus crías por lo que esta programación biológica evitaría la desaparición de la especie.

Pueden parecer chocantes estos procesos porque la especie humana es capaz de reproducirse más de una vez y su vida es viable más allá de la edad reproductiva. Sin embargo, lo relevante a mi juicio es **lo pertinaz de la vida para garantizar la transmisión de los genes**. Que nadie se decepcione, pero nuestra vida se rige por el mismo principio que el del gusano de seda o el del pulpo. La trayectoria de la vida está marcada. Esta característica biológica, tan obstinada, es un sello de su identidad. **La vida se abre paso en las condiciones más difíciles porque la vida, sobre todo, quiere seguir viviendo como si este fuera su único propósito.** Hasta en el árbol seco y caído a veces crece una rama verde.

¿Acaso somos una configuración de moléculas de átomos de carbono enlazadas con hidrógeno y oxígeno? **Definir la vida por la materia de la que está compuesta no parece proporcionar mucha claridad.** Por otro lado, **si la definimos por el propósito enraizado en su código genético, es decir, el de perpetuación de la especie, resulta desconcertante**. ¿Tiene sentido vivir y trabajar solo para seguir viviendo en un mundo competitivo en el que sobreviven los que mejor se adaptan? Intentar poner una definición a la vida que la explique resulta imposible.

La vida es naturalmente compleja y polisémica[7] en su significado. Hay múltiples enfoques y perspectivas, tantas como hablantes o como vivientes. Los mitos dieron paz al hombre primitivo y prelógico, aunque no por ello ávido de respuestas. La ciencia da sus respuestas desde la biología, la bioquímica, la genética, la termodinámica... La filosofía ha

---

[7] Palabra que posee varios significados.

elaborado diferentes corrientes como el hedonismo, estoicismo, cinismo, agustinismo, existencialismo...

Y las religiones ofrecen explicaciones inexplicables para finalmente tener que recurrir a la necesidad de una fe ciega. Así que **la definición más realista de la vida es que es indefinible porque cualquier etiqueta resulta incompleta.**

Desde el punto de vista bioquímico **plantear la vida por la materia de la que está hecha o por su propósito de perpetuación deja al ser humano sin identidad,** ya que lo generaliza y lo asimila al resto de especies animales y vegetales. Por lo tanto, las ciencias positivas[8] hoy **no ayudan a encontrar las respuestas que nos importan, aunque nos ayuden a vivir más y mejor.**

1.4 La Vida más Allá de la Biología

El diccionario de la RAE ofrece dieciocho acepciones del significado de vida, fiel a su carácter polisémico. El primer sentido siempre es el más importante, ya que los demás derivan de este: «Fuerza o actividad esencial mediante la que obra el ser que la posee». Qué interesante ver cómo nuestra lengua es capaz de expresar con muy pocas palabras los aspectos esenciales de nuestra vida. Varias ideas conforman su significado. **La vida es energía, fuerza interior y motivación del ser humano que lo empuja a realizar gestas, conquistas y obras que no imaginamos; además, la idea de «ser» (lo opuesto a la «nada») hace referencia a la existencia que, a mi entender, es la conciencia de uno mismo.** Pese a

---

[8] Llamadas también ciencias útiles por la Ilustración y el Positivismo porque se adaptaban mejor la idea de progreso dominante en los siglos XVIII y XIX: las matemáticas, la física, la química, la botánica, la mineralogía y, en general, las ciencias naturales.

ello la existencia no puede desligarse de la actividad del ser orgánico en ese camino vital de nacer, desarrollarse, reproducirse y fallecer.

Se dice, coloquialmente hablando y casi por unanimidad, que **la vida es el don más preciado del ser humano**. El meollo de esta idea radica en que un «don» es un regalo otorgado por un ser superior y benevolente. Nótese que es **una concepción enteramente subjetiva, cimentada sobre la fe y las creencias individuales y colectivas**. Definir la vida de esta manera tiene implicaciones profundas en la forma en la que vamos a transitar por esta carretera de sentido único.

Hay una circunstancia que es puramente azarosa y que impacta en nuestro concepto de la vida: el lugar en el que naces. No se puede escoger de ninguna manera, pero modifica sustancialmente las vidas. Los que tenemos la suerte de haber nacido en las zonas templadas del hemisferio norte, donde abundan alimentos, comodidades, atención médica y libertad, tenemos un concepto de la vida muy distinto al del paria que le tocó nacer en la India, al del homosexual que le tocó nacer en Irán, al de la mujer que le tocó nacer en Afganistán, o al de los niños de Malawi, Burundi o Madagascar. **¿Has imaginado cómo sería tu vida si hubieras nacido en uno de los países más pobres de la tierra, con escasez de alimentos, sin educación, sin sanidad, sin seguridad física y jurídica?**

Por retar a nuestro pensamiento, **¿sería descabellado afirmar que en ocasiones el valor de la muerte supera al de la vida?** Sé que nuestro pensamiento, modelado por una educación occidental judeocristiana, rechaza de plano esta idea. No obstante, ante una enfermedad terminal que provoca un sufrimiento inaguantable, ¿no es mejor una muerte dulce? Ante la pregunta de si hay dolores y sufrimientos insoportables, la respuesta no ofrece dudas, ya que muchas personas decidieron solucionarlo de una manera drástica y definitiva. El dolor físico quizá lo entendamos mejor; tal como el dolor agónico, el dolor oncológico, el dolor crónico intenso o el dolor traumático de la violencia o de las guerras. Por el contrario, no se comprende de igual manera el sufrimiento psíquico; intuyo que por nuestra incapacidad real para la empatía. Con todo, este dolor puede resultar más insoportable que el dolor físico como, por ejemplo, la depresión propia, la ansiedad permanente, la muerte de un hijo o familiar cercano, la soledad, la parálisis o la incapacidad causada por una tetraplejia.

Muchas personas, en un proceso de reflexión individual, llegaron a la conclusión de que el valor de la muerte se imponía sobre la vida. Algunos pueden pensar que son actos de cobardía. Yo no lo creo. Si de verdad pudiéramos ponernos en los zapatos de otros y experimentar solo por un momento el dolor de aquellas personas tal vez llegáramos a las mismas conclusiones. No es justo juzgar desde la comodidad de nuestro sofá. Por otro lado, encontramos casos de **personas que valoraron las vidas de otros más valiosas que la propia** y en un acto de generosidad, incomprensible para la biología, decidieron entregar sus vidas para salvar a otros. He aquí tan solo dos ejemplos que ilustran esta idea.

El jueves 12 de noviembre de 2015 un terrorista suicida se inmoló en la calle comercial del barrio de Ayn el-Sikkeh, en los suburbios de Beirut, causando la muerte de 43 personas y más de 200 heridos. Adel Termos, un mecánico que estaba con su hija, salió para ayudar a los heridos y enseguida se percató de la presencia de otro terrorista que corría en dirección a la mezquita de Shia. Termos se abalanzó sobre él y el fanático explosionó la carga sin alcanzar su objetivo. Ambos murieron. Adel no solo salvó a su hija, sino a otras muchas personas más, aun sabiendo que se inmolaba. Julio de 2018, en Nigeria. Joseph Blankson no lo pensó dos veces cuando saltó al agua para rescatar a los que se habían caído por la borda debido a un accidente. Una tras otra, Blankson logró sacar a trece personas del río, pero al intentar salvar a la catorceava se ahogó por extenuación y agotamiento.

¿Qué impulsó a Joseph y a Adel a inmolar sus vidas para salvar a otros? ¿Acaso está escrito en nuestro código genético que la generosidad puede llegar hasta ese extremo?

Existen otras situaciones en las que las personas toman conciencia de que tienen una vida sin posibilidades, sin futuro, sin esperanza. **La vida sin esperanza resulta insoportable.** Se calcula que 4.400 personas murieron cuando se lanzaron al mar en una patera rumbo a España en 2021. ¿Por qué esas personas decidieron arriesgar sus vidas con una alta probabilidad de muerte, como en realidad sucedió? **El altísimo riesgo de perder la vida no impidió que esos seres humanos desistieran de su objetivo porque, consciente o inconscientemente, valoraron que sus actuales vidas no merecían la pena.**

Estas tres situaciones representan ciertas anomalías biológicas que van en contra de los principios básicos de la vida: desear vivir el máximo tiempo posible, la defensa ante cualquier amenaza vital, la competición que hace que vivan los más fuertes, y la transmisión genética. **Si el ser humano es capaz de retar estos principios, de salir de ese determinismo en el que la dirección de la vida está marcada, ¿no será que le puede dar un sentido diferente?**

1.5 La Vida Como el Despertar de la Conciencia

Va siendo hora de que lleguemos a alguna conclusión acerca de la vida, pues hasta ahora, como era de esperar, hemos aportado más incógnitas que claridad. Quizá porque intentar comprender el significado de la vida en toda su extensión no deja de ser una aventura condenada al fracaso. Por algo escribió Shakespeare: «La vida es un cuento contado por un idiota, lleno de ruido y de furia, que no tiene ningún sentido»[9]. Que la vida no tiene sentido puede ser, a priori, una conclusión posible. **No nacemos con un manual de instrucciones bajo el brazo**. La familia y la sociedad nos educan de acuerdo con unos valores, comportamientos y normas más generales que individuales; pero raramente nos enseñan a pensar y a cuestionarnos; menos todavía, a desarrollar lo que cada uno es como individuo y a buscar la felicidad en este tránsito.

La perspectiva del mundo y de la vida de Unamuno puede ayudar a entender y a poner límites a nuestra existencia para quien «El mundo se hace para la conciencia, para cada conciencia»[10]. El mundo solo existe para la conciencia individual y subjetiva de alguien, es decir, no tiene sentido considerar el mundo en sí mismo. Mi experiencia vital me dice que la existencia empieza con la conciencia de uno mismo.

Pongamos un ejemplo. Cada noche cerramos nuestros ojos, nos dormimos y perdemos la conciencia, transitoriamente. Si ya no despertáramos dejaríamos de existir y no nos importaría porque ya no tendríamos conciencia de la «no existencia». Tampoco habría un mundo asociado a esa con-

---

[9] Macbeth, 5.º acto, escena V.
[10] En Unamuno, Miguel de, (2020). *Del sentimiento trágico de la vida y otros ensayos*. Penguin Random House Grupo Editorial España.

ciencia. Obviando a la biología y a la religión, la vida empieza y continúa con la conciencia de uno mismo. Es imposible tener conciencia de uno mismo mientras nos están gestando y mucho menos después de exhalar nuestro último aliento. ¿Quién recuerda haber estado en el seno materno?, o ¿quién ha vuelto a la vida para contarnos su experiencia de la «no existencia»?

Esta es mi primera conclusión: **la vida es la toma de conciencia de uno mismo, de lo que soy como ser individual y subjetivo.** Nuestro ADN contiene las instrucciones que determinan nuestra complexión, el color de la piel, del pelo o de los ojos, pero también todos los aspectos de la personalidad (actitudes, sentimientos, motivaciones y patrones de conducta). Heredamos la mitad de nuestro material genético de cada uno de nuestros progenitores, cuya combinación da un resultado genuino y absolutamente diferente. **Cada uno de nosotros es un ser único, inédito e irrepetible.** Tomar conciencia de lo que somos, conocernos a nosotros mismos, puede llevarnos una buena parte de nuestra vida; pero ¿cómo tener una vida plena si no nos conocemos?

Descubrirse a uno mismo como un ser individual y tomar conciencia de la propia existencia nos conducirá a la motivación para recorrer este camino con sentido.

1.6 La Expresión Sexual: Ruptura del Determinismo

Bien, supongamos que ya tenemos conciencia de que existimos, de que estamos en este mundo en convivencia con otros seres vivos. ¿Y ahora qué? **¿Nos conformaremos con el imperativo biológico de la perpetuación de la especie?** Entiéndase lo que explico a continuación desde un punto de vista estrictamente biológico. Por un lado, el hombre guiado por su instinto sexual, aparentemente irracional, prioriza la búsqueda del placer a toda costa y, por otro, la mujer, dotada de un instinto maternal que la trasciende, se enfoca en procrear como si su destino estuviera predeterminado. Permítaseme utilizar el estereotipo en aras de un mejor entendimiento de la argumentación, lo cual no quiere decir que la mujer no tenga deseo sexual o que el hombre no tenga instinto paternal. Lo mismo sucede en el reino animal; los machos buscan a toda costa aparearse y las hembras se toman su tiempo, dejándose cortejar y haciendo amagos de consentimiento para finalmente escoger al más fuerte. Es la trayectoria de la vida. **¿No será que la naturaleza ha dispuesto los recursos de tal manera que se garantice la supervivencia y la proliferación de las especies?** Estos deseos no dependen ni de la razón, ni de la voluntad; están programados en nuestro código genético. **Es la vida por la vida, a toda costa.**

Tal programación no siempre ocurre así, ya que hay desviaciones, por calificarlas de alguna manera, siempre hablando desde el punto de vista estrictamente biológico. No tienen un sentido negativo o peyorativo. Simplemente, son desviaciones de la norma general. Antes ya hemos mencionado algunas de ellas en las que, sobre todo, interviene la voluntad: quitarse la vida, valorar la vida de los otros más que la propia o tomar el riesgo de jugarse la vida a una carta.

Otras anomalías se relacionan con el imperativo de la procreación, donde la voluntad no tiene un papel determinante: hay hombres en los que el deseo está tan exacerbado que se convierten en depredadores sexuales; hay personas de uno y otro sexo que no experimentan ningún deseo sexual; hay mujeres que no tienen instinto maternal; hay parejas que simplemente nunca se plantearon tener hijos; y hay una mayoría de personas para quienes los genitales no son los órganos reproductores, sino fuente de placer y de disfrute.

Todas ellas constituyen desviaciones de la norma general de la **perpetuación de las especies**. Incluso se sabe que algunos animales también tienen **comportamientos sexuales no reproductivos** con objeto de interaccionar socialmente, para mostrar afecto, dominar o disfrutar de relaciones homosexuales. Por eso **cabe preguntarse si la sexualidad tiene sentido para la vida humana más allá de su función reproductora**. No abordaremos aquí las conductas delictivas o patológicas relacionadas con el sexo; más bien intentaremos darle un sentido suprabiológico y positivo.

La palabra sexo tiene su origen en la obra *El banquete* de Platón donde hay una serie de diálogos filosóficos durante la cena. Aristófanes habla del mito del andrógino, según el cual los seres podrían pertenecer a tres distintas categorías: masculina, femenina y andrógina, siendo esta última la unión de las dos primeras. Aristófanes describe a los andróginos como seres completos, tan poderosos que desafiaron a los dioses. Semejante osadía fue castigada por Zeus, quien decidió partir a estos seres por la mitad para despojarlos de esa perfección, del vigor y del poder. El resultado de esta partición fue que cada hombre y cada mujer anhelaba el encuentro con la otra parte y de esta forma sentirse completos de nuevo. La idea de sexo viene de ese seccionamiento en las que las partes se buscan. El término sexo deriva del latín *sexus*, que a su vez proviene del verbo *secare* que significa seccionar, separar, cortar. Lo interesante de este mito es que el sexo se define por el anhelo de estar con la otra parte (curiosamente todo lo contrario de lo que significa su etimología), lo que implica no solo el aspecto físico, sino también el emocional. Quizá de ahí viene la expresión de «mi media naranja».

Y como no podía ser de otra manera, la palabra sexo también es polisémica porque la utilizamos para aludir **al género**, o **al acto sexual** o **a la identidad sexual**. Según la OMS, el «sexo» hace referencia a las características biológicas y fisiológicas que definen a hombres y mujeres, mientras que el «género» se refiere a los roles, las características y oportunidades definidas por la sociedad que se consideran apropiados para los hombres, las mujeres, los niños, las niñas y las personas con identidades no binarias. El género interactúa con el sexo biológico, pero es un concepto diferente.

Pues bien, para la OMS **la sexualidad es un aspecto fundamental, una dimensión consustancial al ser humano que proporciona grandes beneficios para su salud física y psíquica**. Diversos estudios han reportado muchos beneficios asociados a la expresión sexual: fortalece el sistema inmune, ya que aumenta la capacidad de producir anticuerpos que neutralizan virus, bacterias y patógenos en general; mejora el tono de la piel, del pelo y de las uñas, debido a que se liberan estrógenos; fortalece el corazón y controla la presión arterial, pues se aumenta el ritmo cardiaco; es un anestésico natural que reduce el dolor mediante la liberación de endorfinas; durante el orgasmo se liberan las hormonas del descanso y el sueño, como la serotonina; también se libera cortisol, una hormona antiinflamatoria que además reduce el estrés; mejora la forma física mediante el fortalecimiento de los huesos y la musculatura; en las mujeres reduce el riesgo de cáncer de mama y de próstata en los hombres.

Todo esto está muy bien; sin embargo, detrás de ello subyace una especie de defensa sobre algo que ha sido oscuro y tabú hasta hace muy poco. Nótese que en el fondo estamos subrayando los beneficios, como si necesitáramos una justificación, frente a potenciales enfermedades.

Nuestra sociedad occidental tiene una tradición milenaria de actitudes negativas y de prejuicios en relación a la expresión sexual. Baste como ejemplo, relativamente reciente, la estigmatización de un colectivo por la infección VIH que derivó en la imposición de opiniones alarmistas para todos, asociando la práctica sexual con riesgos y peligros.

Afortunadamente, siempre hay colectivos que luchan por los derechos y la libertad. En 1994, el **XIV Congreso Internacional de Sexología**[11] ratificó la Declaración de los Derechos Sexuales. Este documento sobre derechos humanos fundamentales y universales incluyó el derecho al placer sexual. El congreso, que reunió a sexólogos de diversos países, declaró que **el placer sexual, incluyendo el autoerotismo, es una fuente de bienestar físico, psicológico, intelectual y espiritual**. Aunque no lo parezca, esto supone un cambio fundamental en la concepción de la vida, imponiéndose el placer sexual, el bienestar físico y psicológico sobre el mandato natural de la perpetuación de la especie. Dicho de otra forma, **no todos estamos llamados a la tarea de la procreación, pero todos tenemos el derecho a disfrutar de nuestra sexualidad, sin más objeto que el mero disfrute**. La expresión sexual no tiene como objetivo exclusivo la reproducción. Este concepto asusta al orden establecido, a gobiernos, a líderes políticos, a grupos religiosos; asimismo, a personas de nuestro entorno que no ven con buenos ojos

---

[11] La Declaración de Derechos Sexuales de la WAS (WORLD ASSOCIATION FOR SEXUAL HEALTH) fue proclamada originalmente en el 13º Congreso Mundial de Sexología celebrado en Valencia (España) en 1997 y, posteriormente, en 1999, la Asamblea General de la WAS aprobó una revisión en Hong Kong que se reafirmó en la Declaración de la WAS: Salud Sexual para el Milenio (2008). Esta declaración revisada fue aprobada por el Consejo Consultivo de la WAS en marzo de 2014.

el derecho al placer sexual o, incluso, al derecho reproductivo.

¿A qué se debe ese intervencionismo en la vida individual de las personas, en su esfera íntima, en sus deseos, en su forma de amar y de estar en el mundo que objetivamente no puede dañar a la sociedad? ¿Por qué hay grupos que dictan a quién se puede amar, a quién se puede besar, cómo debemos vestirnos o cuándo se pueden tener hijos? Esta intromisión daña especialmente a las minorías que no hacen las elecciones socialmente aceptadas como gais, lesbianas, transgénero, bisexuales o intersexuales. Pero también se ceba con niñas y mujeres a quienes no se les permite el control de su propio cuerpo y de su sexualidad y son vistas y tratadas como objetos de placer o meras reproductoras. En todos estos casos existe, además, **la violencia física o psíquica que conduce a la alienación, a una vida disminuida e incompleta.**

Y he aquí mi segunda conclusión: **somos seres sexuados, lo que significa que es consustancial a nuestra vida. No se puede desligar la sexualidad de la vida.** Cualquier impacto negativo, limitación, influencia o condicionamiento está atentando contra la propia vida. Ya lo hemos comentado, nuestros genes hacen de nosotros seres únicos en todos los aspectos; ello incluye **la caracterización de nuestra sexualidad de forma genuina**: cómo sentimos y vivimos el placer erótico, cómo expresamos las emociones, la ternura y el amor en nuestra intimidad o cómo deseamos, o no, tener descendencia. Existe la **identidad sexual** por lo que hay tantas sexualidades como personas. Por tal motivo **es absurdo y, a la vez, una forma de violencia la imposición de cánones y estereotipos en la sexualidad de los demás**. Para el desarrollo de una vida plena es condición *sine qua non* vivir la sexualidad en libertad con pleno dominio del propio cuerpo.

1.7 Ni Estamos Solos, ni Podemos Sobrevivir Solos

El hecho de que seamos seres sexuados ya está implicando la necesidad de complementación. La vida humana no sería posible sin la comunión con la propia especie y con las demás. Un aspecto determinante para comprender el significado de la vida es que no estamos solos en este mundo. Lo compartimos con los demás seres vivos, incluyendo a nuestros semejantes. La vida en general es consustancial a este mundo, es la vida de este mundo. **No se podría separar la vida del ser humano de la vida del mundo porque es su origen y su destino**. Nacemos en este mundo, vivimos de este mundo y morimos en este mundo; sin embargo, tenemos un sesgo clave cuando hablamos de la vida, ya que inconscientemente la identificamos con la «vida humana».

La vida humana sería imposible sin las interacciones con los demás organismos de los ecosistemas; comunidades biológicas que incluyen animales, plantas, bacterias, protistas y hongos. Estas comunidades consumen energía y materiales. Y para que los ecosistemas sean viables y sostenibles en el tiempo es necesario que exista un equilibrio, tanto en la población de esos organismos como en el consumo de recursos. Todos los ecosistemas tienden al equilibrio y existen mecanismos de autorregulación que tratan de corregir las aberraciones que ponen en peligro la vida de esos ecosistemas específicos. Pongamos un ejemplo clásico: la relación entre depredadores y presas. Si en un ecosistema hay muchas cebras, los leones tienen abundante alimento y se reproducen con facilidad. Sin embargo, el aumento en la población de leones pronto causará una disminución de la cantidad de presas y tendrán más dificultad para alimentarse por lo que se reproducirán menos. De este modo se mantiene un equilibrio estable.

El ser humano se beneficia del correcto y natural funcionamiento de los ecosistemas. Normalmente no sufrimos invasiones de insectos porque hay pájaros que hacen de ellos su alimento. A su vez, las aves son alimento de otros depredadores por lo que hay insectos suficientes para polinizar las plantas como la abeja Melipona mexicana, que es el único insecto que sabe fecundar la orquídea de la vainilla. Y es por ello que podemos disfrutar de un refrescante helado de esta especie. Es un solo pequeño ejemplo de cómo el equilibrio de los ecosistemas ayuda al ser humano. Por el contrario, el hombre, ajeno a toda reciprocidad natural, se encarga de destruir los ecosistemas de los que depende.

La posición de dominación del ser humano sobre la vida del planeta y el consumo de recursos y de energía está causando un grave daño a la vida en general. Definitivamente, hemos roto el equilibrio de los sistemas biológicos a nivel planetario. Solo se salva algún que otro pequeño reducto virgen. La ciencia y el avance tecnológico ha hecho que seamos capaces de burlar los mecanismos de autorregulación de los ecosistemas. Y la desaparición de los ecosistemas significa la desaparición de la vida en la tierra. No hay casi nada que ponga límite a la expansión del ser humano, aunque hay amenazas regulatorias como son las catástrofes naturales y las pandemias.

La especie humana está, injustificadamente, sobrevalorada por nosotros mismos. ¿Por qué hay que defender la vida de un hombre contra todo sin escatimar el consumo de recursos y la destrucción de otras especies? ¿Es tan importante la vida del ser humano para el mundo y para el universo? ¿Qué es más importante para el planeta, la vida de un árbol o la vida de un hombre?

De todos es conocido el accidente nuclear de Chernóbil, cuyo reactor explosionó en 1986, causando radioactividad y creando una zona de exclusión de 30 km. Casi tres décadas después, un estudio del *Natural Environment Research Council*[12] detectó **abundantes poblaciones de vida silvestre** en la zona, una prosperidad de la vida animal y vegetal como nunca antes; lo que sugiere que el ser humano representa una amenaza mucho mayor para la vida de la zona que 30 años de exposición a la radiación.

Diversos expertos piensan que el fin de la humanidad es inevitable. Casi nadie lo discute porque esta no es la cuestión, sino que cuándo sucederá. En el año 2010 el microbiólogo Frank Fenner nos advirtió, en el periódico de su país (*The Australian*), que **la humanidad se extinguirá en los próximos cien años debido a la superpoblación, la destrucción del medio ambiente y al cambio climático**. Al parecer el *Homo sapiens* no será capaz de sobrevivir a los efectos secundarios causados por su propia inteligencia. Somos la única especie del reino animal y vegetal que destruye la capa verde de la tierra, que contamina mucho más allá de lo necesario, que ocasiona desequilibrios de los ecosistemas, que aniquila especies animales, que se reproduce de forma exponencial sin control natural (no tenemos depredadores); todo ello impacta en el cambio del clima que, a su vez, provoca el deshielo de los casquetes polares, la desertización, el aumento de las temperaturas y la desaparición de especies

---

[12] T.G Deryabina et al. (2015). Long-term census data reveal abundant wildlife populations at Chernobyl. *Current Biology. Volume 25, Issue 19,* Pages R824-R826

animales y vegetales, incapaces de sobrevivir a las nuevas condiciones climáticas.

Que no estamos solos en el planeta; eso lo sabemos. **Que el mundo pertenece a todas las especies; eso no.** Como civilización nos arrogamos la propiedad del mundo. Todo es nuestro y todo está a nuestro servicio. Las demás especies, animales y vegetales, no importan. **Esta posición de dominación de la vida humana no tiene sentido porque nos encamina hacia la autodestrucción** y va en contra del principio que rige nuestro ADN que es el de garantizar la supervivencia de la especie. No hay duda de que vamos mal encaminados en el estilo ahora imperante de vivir la vida. No estamos solos y el hombre no está siendo un buen compañero de viaje para el resto de la vida en el planeta. Llegados a este punto es obligado preguntarse ahora si el ser humano es un buen compañero de viaje para sus congéneres o, como decía Thomas Hobbes, *homo homini lupus* (el hombre es un lobo para el hombre). Es evidente que la pregunta se responde por sí sola.

A nivel global nos comportamos con los demás de la misma forma, o peor, que nos comportamos con la naturaleza. **No por tópico deja de ser cierto que el hombre ambiciona dos cosas principalmente: el poder y la riqueza.** Se calcula que hemos llegado a la cifra mundial de 8.000 millones de vidas humanas en el 2023. Pues bien, la revista *Forbes* ha contabilizado que este año en el mundo apenas hay 2.640 multimillonarios. Pareto[13] fue generoso al enunciar su regla 80/20 porque actualmente se estima que

---

[13] Economista italiano conocido por la formulación de su ley: es un principio que establece que el 20% del esfuerzo destinado a una tarea genera un 80% de los resultados. Esto es aplicable a distintas áreas, como la actividad empresarial o el ámbito personal.

el 80% de la riqueza está en manos del 10% de la población o, para que se entienda mejor, el 80% de la población mundial se conforma apenas con solo el 10% de la riqueza del mundo. Y el porcentaje de ricos respecto a la población mundial es de 0,00033 %. Cada día los ricos son más ricos y los pobres son más pobres es una frase que llevo oyendo desde niño. Los que acumulan todas esas riquezas y recursos jamás podrán disfrutarlos, aunque tuvieran 100 vidas, pero arrinconan al resto y los someten a vidas de sudor y lágrimas.

Detrás de esas riquezas está el consumo indiscriminado de los recursos naturales mundiales que afecta a la vida del planeta y, en consecuencia, al sufrimiento de muchas personas y de especies animales y vegetales. **La población mundial más rica y consumidora se ha situado históricamente en las zonas templadas y secas del hemisferio norte.** Esta población fue la responsable de la colonización de África, Asia y América que consistió, básicamente, en la explotación indiscriminada de sus recursos naturales. Hoy ocurre lo mismo o parecido, pero de forma más civilizada, gracias al imperio de una arquitectura económica mundial.

En cuanto al poder, apenas un puñado de personas deciden los destinos de millones de seres humanos: autócratas, políticos, multimillonarios, autoridades religiosas, *lobbys* empresariales y personas influyentes por motivos diversos. En unas ocasiones el poder es coercitivo y nos somete, pero en otras lo seguimos felizmente porque queremos ser aceptados en los círculos que representa. El poder está presente a cualquier escala y en todos los niveles existen relaciones de poder.

Todo lo expuesto nos conduce la tercera conclusión: **no somos entes aislados ni autosuficientes que podamos vivir solos; todo lo contrario, la vida solo es posible gracias a la comunión con nuestros iguales y demás especies animales y vegetales**. Esto implica que los recursos materiales y naturales pertenecen a todos. Y, en consecuencia, el **enriquecimiento, la ambición y el poder desmesurados son formas de violencia contra la vida en general**. ¿Por qué el león solo mata a una cebra, aunque haya cientos en la sabana?

Como especie, los humanos somos incapaces de mantener el equilibrio de la vida en el planeta. Hemos creado tantos desequilibrios que no existe otra solución posible que la marcha atrás y el replanteamiento de un nuevo orden mundial. ¿Tenemos voluntad y tiempo? Porque la alternativa es la destrucción de la raza humana. La responsabilidad de los líderes mundiales no nos exime de la responsabilidad individual. Es más, estoy convencido de que esto solo puede cambiar por la suma de millones de cambios individuales. Unas preguntas muy sencillas nos pueden poner en la pista sobre cuál es nuestra conciencia en relación con el mundo: ¿cómo es mi nivel de consumo?, ¿cuánto contamino?, ¿cómo es mi interacción con la naturaleza?, ¿me veo como parte del mundo o como un observador del mundo, frente al mundo? Son dos perspectivas que tienen grandes implicaciones no solo para tu vida, sino, también, para la de los demás y para el mundo natural en general. **Estar en el mundo sin ser conscientes de que somos parte del mundo, al igual que los demás seres vivos, es una actitud que al menos debería hacernos pensar.**

1.8 Hacia un Sentido «Suprabiológico»[14] de la Vida

El carbono (C) es un no metal, con número atómico 6, que se sitúa en el segundo período (segunda fila) y en el grupo 14 (catorceava columna) de la tabla periódica. ¿A quién no le han hecho aprenderla de memoria, casi sin saber su significado? La tabla recoge todos los elementos químicos conocidos. Todos son importantes, pero especialmente el carbono tiene la particularidad de que puede unirse a sí mismo (formando diamantes o grafito) y a otros muchos elementos químicos, llegando a formar más de diez millones de compuestos. Pero lo más relevante es que **el carbono está en la base de todos los seres vivos, ya que les proporciona los compuestos orgánicos para poder vivir.** Su estructura molecular le permite crear enlaces estables y se combina con otros elementos esenciales para la vida como el hidrógeno, el oxígeno y muchos más.

Gracias al carbono se mantiene la estructura de las proteínas, los glúcidos, las vitaminas, las grasas y el ADN. **Afirmar que somos compuestos de carbono resulta tan verdadero como poco atractivo.** Esto sería definir la vida por la materia de la que está hecha. Aunque si la definimos por su propósito biológico (perpetuar la especie), ya lo hemos comentado, no parece tener mucho sentido. Henry Miller[15] decía: «Hay que darle un sentido a la vida, por el hecho mismo de que carece de sentido».

Necesitamos darle a la vida un sentido superior, suprabiológico, que esté por encima de los procesos bio-

---

[14] Más allá de lo biológico, por encima de lo biológico... una dimensión diferente de lo puramente físico y tangible.
[15] Henry Valentine Miller (1891-1980) fue un novelista provocativo y rebelde que denunció la hipocresía de la sociedad de Estados Unidos.

químicos y biológicos porque de otra forma carecería de sentido y seríamos como la mariposa blanca del gusano de seda o la hembra del pulpo que se deja morir. La vida no puede ser más misteriosa, pues gracias a ese ADN de carbono heredamos también todos los aspectos que conforman nuestra personalidad, nuestra manera de ser, los gustos, los sentimientos, los instintos, los deseos, las apetencias, ... Todo aquello que es intangible, invisible y, sin embargo, determinante para darle sentido a la vida. Un sentido que es único, como lo es cada uno de nosotros. **Quizá sea este el drama de muchas personas, pues nadie nos va a decir cuál es el sentido y propósito de nuestra vida.** Lo tenemos que descubrir cada uno, porque está íntimamente ligado a nuestra personalidad y por eso no se puede copiar ni transferir a otros. **Es una horma en la que solo encajas tú.**

Encontrar un propósito en la vida es lo que nos va a proporcionar momentos de felicidad y nos permitirá recorrer este camino con motivación; esa energía con la que nos levantamos cada mañana porque tenemos objetivos, metas y aspiraciones. A mi parecer esta es la manera más plena y satisfactoria de vivir la vida. Pero no nos engañemos, no es fácil, pues como toda búsqueda requiere de esfuerzo, autoconocimiento y reflexión. Hay personas que por sus experiencias vitales se encuentran perdidas en la vida, no saben qué hacen aquí, ni para qué están aquí. Es una experiencia dolorosa que a menudo deriva en desánimo, depresión y desesperanza. Con todo, siempre hay personas dispuestas a ayudar a otros, a poner luz en sus vidas. No estamos solos. Václav Havel, dramaturgo y político checo, afirmaba que «La tragedia del hombre moderno no es que sabe cada vez menos sobre el sentido de su propia vida, sino que se preocupa cada vez menos por ello».

Estamos en la era de la revolución tecnológica y tal vez ello nos proporcione una falsa seguridad existencial que nos lleva a comportarnos como si el mundo fuera una fuente de recursos inagotable y nosotros fuéramos a vivir eternamente. Pero ni lo uno ni lo otro es cierto. Por lo tanto, **no veo otro camino que ocuparnos de nuestra propia existencia** para que mientras dure le demos un sentido y un propósito que nos ayude a transitar con una cierta felicidad.

1.9 Llegando a Alguna Conclusión

Por recapitular y poner nuestro pensamiento en orden, ¿hemos hallado respuesta a las preguntas iniciales sobre qué es la vida y si esta puede considerarse un don? Pues tenemos algunas certezas y muchas incógnitas. No sabemos lo que desencadenó la formación del universo, de dónde venimos, ni por qué estamos aquí. **Lo que sabemos es que el origen de la vida de todas las especies está en el ADN**. En él se encuentran todas las instrucciones que determinan la vida desde el nacimiento hasta el crecimiento y la muerte, con un regio mandato: la perpetuación de la especie. El mismo precepto dirige a todas las especies que pueblan la tierra, sean animales o vegetales.

¿Es la vida un don? Objetivamente hablando no lo podemos afirmar. ¿Sabe el águila real o el árbol que su vida es un don? A alguno se le puede ocurrir decir: claro, son dones para el disfrute del hombre. Y volveríamos a tener que cuestionar esa posición de dominación del ser humano sobre el mundo, un antropocentrismo que está poniendo en peligro la vida del planeta. Puesto que desconocemos cuál es el origen y sentido de la vida es difícil afirmar que la vida sea un don. En todo caso cada uno puede hacer que su vida sea un regalo para sí mismo, si se acerca o consigue tener momentos de felicidad. Pero no es tarea fácil, porque la vida también es lucha por la supervivencia y hay personas que lo tienen muy difícil; bien sea por sus condiciones de vida en relación con el mundo exterior o por su mundo interior.

Así que **definir la vida como un don puede ser una ironía para aquellas personas que les ha tocado una vida llena de dolor y sufrimiento** o, simplemente, para aquellas que no consiguen sus momentos de felicidad.

Todo lo que hemos comentado desde el inicio del capítulo lo podríamos condensar en las siguientes ideas:

a) **El origen del mundo y de la vida es un misterio envuelto en explicaciones y teorías científicas que se hunden en la oscuridad del universo.** Lo único que sabemos con certeza es que toda la vida terrestre tiene un origen común.

b) Dejando al margen a la biología, **la vida del ser humano comienza con la toma de conciencia de uno mismo, de lo que soy como ser individual y subjetivo.** Es el despertar de la conciencia, el reconocimiento de mi propia existencia como un ser singular con todas las potencialidades, limitaciones, aspiraciones y deseos. Es una existencia en el mundo y para el mundo por lo que, además, es preciso un encaje vital con los demás seres vivos. Descubrirse a uno mismo y tomar conciencia de la propia existencia nos conducirá a la motivación para recorrer este camino con sentido.

c) **Frente al determinismo biológico de la perpetuación de la especie, la expresión sexual constituye un elemento esencial para la vida de las mujeres y de los hombres y una fuente de bienestar físico, psicológico, intelectual y espiritual.** La expresión sexual es parte inherente a nuestra vida y es un derecho que podemos ejercer en libertad con pleno dominio de nuestro cuerpo. La reproducción es un elemento de la expresión sexual, mandato biológico al que no todas las personas están llamadas.

d) **No estamos solos en el mundo y este no pertenece en exclusiva a la especie humana.** Somos seres societarios, vivimos en asociación con nuestros congéneres, pero también con los demás seres vivos, sean animales o plantas. No es algo que podamos elegir, sino un determinismo natural. La vida solo es posible en comunión con los demás seres con los que compartimos el planeta; no somos autosuficientes y no podemos vivir solos. Sin embargo, el hombre, desde una perspectiva global, ha resultado ser una especie cuando menos contradictoria, pues, dominado por la ambición y el poder, es la causa de la destrucción del mundo natural y representa un gravísimo riesgo para la vida. Por eso **es fundamental recuperar una conciencia solidaria y colaborativa que nos ayude a convivir mejor con nosotros mismos y con las demás especies.**

e) **La vida solo tiene sentido para la biología.** Como la vida es limitada en el tiempo, la misma vida ha dispuesto la forma de perpetuarse. Esto es, vivir para generar vida, un obstinado objetivo que no es atractivo para el ser humano como individuo. Aparte de este gran precepto biológico, el *quid* de la cuestión es **¿cuál es el sentido de este tránsito entre los dos momentos existenciales del nacimiento y de la muerte? No lo hay, y no existe otra opción que darle un sentido.** Un sentido que siempre es individual porque depende de cada conciencia y de las aspiraciones y motivaciones internas. **Proporcionar un sentido positivo a nuestra vida hace que estemos tranquilos, motivados y encontremos muchos momentos de felicidad.** Además, estaremos contribuyendo al bien colectivo.

No es poco lo que sabemos acerca de nuestra existencia; no obstante, las grandes cuestiones siguen sin resolverse. El origen, propósito y destino de nuestra vida lo desconocemos. No sabemos cuál es nuestra razón de ser, como tampoco sabemos si realmente somos necesarios para el mundo y para el universo; una realidad que ha traído de cabeza a la filosofía y a la ciencia y que genera problemas existenciales a muchas personas.

La única forma de suplir esta gran limitación es la de proporcionar sentido a nuestras vidas de manera que nos permita ser felices y disfrutar de la coexistencia con los demás seres vivos. Nuestra reflexión no termina aquí. Al contrario, aquí comienza. Hurgaremos en esta herida, no con la intención de prolongar el dolor, sino de limpiar y sanar, aunque permanezca la cicatriz como recuerdo y evidencia de lo que somos.

«La finalidad de la vida es vivir, y vivir significa estar consciente, gozosa, ebria, serena, divinamente consciente»

Henry Miller

2. La Existencia Innecesaria

«Somos la memoria que tenemos y la responsabilidad que asumimos. Sin memoria no existimos y sin responsabilidad quizá no merezcamos existir»

José Saramago

No parece que haya datos que indiquen que nuestra existencia sea necesaria para el mundo y para el universo. Por lo tanto, la pregunta que convendría hacernos es la de si hay alguna forma de suplir esa falta de necesidad.

2.1 La Desconocida Existencia Necesaria

La existencia necesaria era una cualidad atribuida a dios en las religiones abrahámicas. Concepto similar ha sido objeto de la filosofía desde Aristóteles (384-322 a.C.) quien, en su tratado *Metafísica*, desarrolla la idea de que el universo se mueve gracias al motor primario, **el primer motor inmóvil**. Es la primera causa que explicaría el movimiento del universo y, por lo tanto, el motor primario no es movido por nada. Este dios aristotélico no pasa de ser un concepto filosófico metafísico para explicar el cosmos. Un argumento similar recoge Tomás de Aquino (1225-1274) en su libro *Suma teológica*, quien usa la vía del primer motor como uno de sus cinco argumentos para demostrar la existencia de dios. A finales del siglo pasado el matemático austríaco Kurt Gödel (1906-1978) desarrolló su famoso teorema y concluyó que, según los principios de la lógica, debe existir un ser superior. Gödel reelabora la prueba ontológica de Anselmo de Aosta (1033-1109 d.C.) con la ayuda de la lógica y la matemática para inferir, a priori, la existencia de Dios. Hace diez años los científicos C. Benzmüller, de la Universidad Libre de Berlín, y B. Woltzenlogel, de la Universidad Técnica de Viena, probaron informáticamente, con un MacBook personal, el teorema de Gödel.

En realidad, el logro de estos investigadores fue la demostración de que el eminente razonamiento de Gödel se puede probar, de forma automática, con un ordenador personal. Pero de ahí a demostrar la existencia de un ser superior, que explicara el origen de todo lo conocido, hay mucha distancia. Hasta ahora nadie ha demostrado la existencia necesaria de ese motor primario, el motor inmóvil que dio la vida al universo. Ni rastro.

El científico Stephen Hawking (1942-2018) pasó su vida intentando responder a las cuestiones más difíciles a las que se enfrenta el ser humano: **¿cómo se formó el universo?**, y **¿quién lo creó?** La primera cuestión, en apariencia más fácil, la resolvió con sus aportes a la ciencia sobre la teoría del *Big Bang* y la teoría del todo. La segunda, y no menos inquietante, la obvió por irrelevante, pues decía que cuestionarse sobre qué había antes del *Big Bang* era una pregunta que se podía repetir hasta el infinito. En una de sus muchas entrevistas, que concedió a canales científicos de TV, contaba lo siguiente: «Cuando la gente me pregunta si Dios creó el universo, les digo que la pregunta en sí misma no tiene sentido». Así que sentenció: «Para mí, la solución más simple es que no hay Dios, nadie creó el universo y nadie dirige nuestro destino».

2.2 ¿Hacia la Deshumanización Consentida?

El biólogo Edward O. Wilson, ganador del premio Pulitzer, en su obra *El sentido de la existencia humana*[16], hace un recorrido por la historia del ser humano entre la ciencia y la filosofía y se pregunta si el ser humano tiene un lugar especial en el universo. ¿Por qué nuestra especie se ha adueñado del planeta? Wilson reflexiona acerca de por qué los humanos somos tan distintos del resto de las especies y lo atribuye a la **creciente intencionalidad en los seres vivos**, muy marcada en el hombre por «su habilidad de imaginar futuros posibles, de planificarlos y de escoger entre ellos». Sabato ya nos advirtió de la tendencia del hombre hacia el materialismo cientificista y propuso como contrapeso un nuevo humanismo. Sin embargo, Wilson persevera en la defensa de una visión científica del ser humano, aunque la suaviza tendiendo puentes entre la ciencia y las humanidades. Las dos perspectivas deben unificarse en lo que él llama «consiliencia[17]», pues la respuesta a las grandes cuestiones requiere de un método sistemático y verificable. Aun así, cree que las ciencias de la naturaleza tienen mucho que decir sobre el ser humano, un sesgo que no pasó inadvertido y por el que fue criticado: visión mecanicista de la vida y tendencia hacia la predeterminación genética. Wilson se quejaba diciendo que era el único científico, en los tiempos modernos, que había sido atacado físicamente (activistas radicales vertieron agua sobre él en una conferencia) por una idea: la base biológica de la naturaleza humana.

No albergo ninguna duda de que la ciencia y la tecnología, en líneas generales, han reemplazado el papel que

---

[16] Wilson, Eduard O (1976). *El sentido de la existencia humana*. Barcelona: Gedisa Editorial

[17] Wilson, Edward O. (1999). *Consilience: la unidad del conocimiento*. Círculo de Lectores; Galaxia Gutenberg.

las religiones tenían antaño. Esa unión con un ser superior que proporcionaba paz, consuelo y perdón, además de dotar de sentido a la vida, ha sido sustituida por la unión y el apego a la tecnología. La ciencia no solo satisface nuestras necesidades y resuelve nuestros problemas actuales, sino que, además, nos ayuda a **definir e imaginar nuestro futuro**.

Por eso Wilson augura que los avances de **la ciencia y la tecnología nos van a llevar al mayor dilema moral de la historia de la humanidad**. Estamos a punto de abandonar la selección natural, el proceso de creación de todos los seres vivos, y nos dirigimos a dominar nuestra propia evolución mediante **el proceso de selección voluntaria**; un proceso de rediseño de nuestra biología y naturaleza humana a la carta. Por ejemplo, ya hemos duplicado la esperanza de vida que había en la Edad Media y la inteligencia artificial nos abre un panorama del que desconocemos los límites. ¿Esto es bueno o es malo? Las dudas son más que razonables al constatar fehacientemente nuestra naturaleza egoísta y destructora con nuestros congéneres y con el planeta. **¿Tendremos la benevolencia, la generosidad, la iniciativa y la sabiduría para convertir el mundo en un paraíso de convivencia armoniosa entre todas las especies?**

Pues no me atrevo a dar una respuesta afirmativa y me debato entre la realidad y la esperanza, ya que el ser humano es una especie disfuncional y emocionalmente errática. Sin embargo, no creo que la ciencia sea capaz de borrar el alma del ser humano, que se ha expresado siempre mejor por medio de las artes y las humanidades. **El humanismo puede ser la clave para elevar la existencia humana a un estado más satisfactorio**. Pero el punto en el que estamos no es nada halagüeño.

La adaptación genética del *Homo sapiens* funcionó a la perfección a lo largo de millones de años: primero se convirtió en cazador-recolector y continuó su línea adaptativa transformándose en pastor y agricultor en asentamientos estables que, a su vez, favoreció la creación de utensilios y técnicas que le permitirían una vida más cómoda. Y a partir de ahí, una organización social que se fue haciendo más compleja a lo largo de cientos de años hasta hoy en día.

Este proceso adaptativo se inició en el Paleolítico hace 2,5 millones de años y podríamos decir que terminó con el Renacimiento. Desde entonces, el *Homo sapiens* empezó a perder parte de su capacidad de adaptación al no encontrar un encaje perfecto en la **nueva sociedad urbana y tecnocientífica global** que está creando. La clave de esta incapacidad ha sido **la rapidez con la que se han producido los cambios**, los descubrimientos, la tecnología, los nuevos estilos de vida... que el ser humano está siendo incapaz de integrar, acostumbrado al lento devenir de los siglos. Wilson, entrevistado para la revista Harvard en 2009, lo resume en una frase:

> «El verdadero problema de la humanidad es el siguiente: tenemos emociones paleolíticas, instituciones medievales y tecnología de dios. Y es terriblemente peligroso, y ahora se está acercando a un punto de crisis en general»

Realmente esta es nuestra maldición, **la maldición del Paleolítico**: hemos disfrutado de una perfecta y progresiva adaptación al medio a lo largo de millones de años y de repente no somos capaces de asimilar el exponencial desarrollo tecnológico del último siglo. Es como si tan solo dispusiéramos de 10 segundos para adaptarnos a condiciones que normalmente tardaríamos cientos y miles de años. La rapidez con la que han surgido los cambios, especialmente desde la revolución industrial, ha hecho imposible la perfecta adaptación del ser humano a las nuevas circunstancias y más bien todos esos cambios impusieron nuevas condiciones de vida. Y todo esto ha ocurrido con un nivel de conciencia muy bajo.

Casi sin darnos cuenta nos vemos inmersos en una sociedad que condiciona nuestro estilo de vida en casi todo: qué pensar, qué vestir, cómo trabajar, cómo amar... Eso sí, la tecnología se ha convertido en la imprescindible compañera de viaje; nos subyuga, la adoramos cual becerro de oro. No hay joven o adulto que se precie que no conozca la tecnología y las prestaciones de su móvil de última generación, pendientes siempre del nuevo modelo a comprar. La vida empieza a vivirse a través de las pantallas azules, brillantes, táctiles e interactivas. Es un proceso de abstraccionismo feroz, donde lo real y lo tangible pasa a un segundo plano. ¿Llegará el día en que lo virtual sustituya a lo real? Hay jóvenes que en su vida han visto, y menos acariciado, a una vaca; que no saben que el queso y el yogurt son productos de origen animal y que el pan y la pasta son procesados de los granos de trigo; y, menos aún, han pulsado el timbre de la casa de un amigo para salir juntos porque es más fácil enviar un mensaje por medio de una red social.

Del impacto de la tecnología en nuestras vidas apenas somos conscientes porque estamos inmersos en ella, del mismo modo que es imposible ver el horizonte si estamos en el corazón del bosque. Los que venimos de una época en la que no había ni internet, ni teléfonos móviles, ni otros muchos avances, hemos experimentado la evolución de nuestro estilo de vida impulsado por la ciencia y la tecnología. Las nuevas generaciones lo ven como un estado natural y habitual porque no han conocido otra cosa y el pasado reciente no deja de ser historia que pueden leer en los libros.

No considero que haya una idea social sobre la deshumanización del hombre, sino más bien asombro, admiración y complacencia ante las posibilidades de imaginar, diseñar y escoger un futuro que no parece tener límites. Desde el Renacimiento el hombre se erigió como la medida de todas las cosas; empezó a tener una nueva relación con la naturaleza e incorporó la ciencia a su vida. Así, por ejemplo, las matemáticas fueron el fundamento de la pintura, la escultura y la arquitectura. Y hoy no hay casi nada en nuestro estilo de vida que no tenga como apoyo la ciencia y la tecnología.

¿Estamos ante un nuevo amanecer en el siglo XXI? Pareciera que las posibilidades del ser humano son ilimitadas y esto hace que nos estemos olvidando de nuestra fragilidad, de nuestra pequeñez e irrelevancia para el universo. Sin embargo, las grandes cuestiones que nos acompañan desde nuestros orígenes siguen sin resolverse. ¿De dónde venimos?, ¿cuál es el sentido de nuestra existencia?, ¿cuál es nuestro futuro y destino?, ¿para quién o para qué somos relevantes? La ciencia, que nos ha aportado grandes soluciones en otros órdenes de nuestra vida, es incapaz de acercarse a dar una respuesta.

2.3 El ser Humano, ese ser Innecesario

No existe ningún dato objetivo que apoye la idea de que el ser humano es necesario para el universo. ¿El universo nos necesita? Desconocemos su origen, dinámica y destino, lo que ya de partida nos incapacita para ayudar al universo en el caso improbable de que nos necesitara. Además, nuestra vida se circunscribe al planeta azul, que llamamos tierra. Y podríamos preguntarnos lo mismo: ¿la tierra nos necesita?, ¿podría la tierra sobrevivir sin nosotros? Lo que sí sabemos es que la especie humana estuvo a punto de desaparecer en varios momentos de su historia; por ejemplo, hace 150.000 años en la época glacial conocida como la Edad del Hielo y, posteriormente, hace 70.000 años por una erupción volcánica colosal. Hemos tenido mucha suerte. Te has preguntado alguna vez ¿cómo sería el planeta sin la presencia del ser humano? No hace falta ser muy imaginativo para describir la tierra sin nosotros. Yo me la imagino como un sistema biológico casi perfecto, es decir, en retroalimentación y, a la vez, en equilibrio. Aunque esto podría no ser así si hubiera otra especie, animal o vegetal, que dominara la tierra.

Todas las especies tienen el mandato biológico de la perpetuación, pero al mismo tiempo todas ellas entran en competición, por lo que las más fuertes tienen más posibilidades de sobrevivir. Lo que sabemos es que donde no hay presencia humana la naturaleza experimenta una explosión y desarrollo inusitado. El mundo, ajeno a la contaminación producida por el hombre, estaría inmerso en una atmósfera limpia; su capa verde sería sustancial; sus aguas cristalinas y limpias de residuos serían la casa y refugio de miles de especies; sus ríos y caudales serían arterias de vida que llegarían a cualquier rincón. El mundo sería lo más parecido a un paraíso para todas las especies.

Pero estamos aquí. Y con pleno dominio del planeta. La pérdida de la biodiversidad, debido al calentamiento global, la desertización y la contaminación de océanos y ríos, tiene detrás la huella del ser humano. El exponencial aumento de población y nuestra actividad económica están afectando drásticamente el frágil equilibrio de la biodiversidad. Infinidad de variedades de vida interactúan en sus propios ecosistemas y, además, con otros ajenos como si se tratara de una red única e indivisible. Esto significa que la afectación de un ecosistema, a la larga, irá afectando a otros y la afectación simultánea de varios ecosistemas multiplicará esta contaminación. Salvaguardar la biodiversidad del planeta es lo único que puede frenar la ingente pérdida de especies animales y vegetales en la actualidad.

Es sorprendente que **la destrucción del planeta es proporcional al avance tecnológico.** Del mismo modo que no estamos sabiendo integrar la tecnología en nuestras vidas de un modo natural, de igual manera la producción tecnológica está causando un grave daño para el planeta. ¿No debiera la tecnología también ayudarnos a hacer un planeta más habitable? Según la *Unión Internacional para la Conservación de la Naturaleza* (UICN) hemos llegado a un punto nunca visto en la historia de la humanidad. La desaparición de animales y plantas actualmente lleva un ritmo muy superior al de los últimos 500 millones de años. Si no ponemos remedio en un siglo habremos fulminado el 67% de la fauna en peligro de extinción y casi el 100% estará gravemente amenazada. El daño sería tan devastador que la Tierra necesitaría de 3 a 5 millones de años para recuperarse de la sexta extinción masiva de la historia y la primera provocada por el ser humano, según un estudio de la Universidad de Aarhus en Dinamarca.

Hemos construido una sociedad concentrada en torno a grandes urbes, tecnocientífica y globalizada, que llega a todos los rincones del planeta. Pero, paradójicamente, es una sociedad muy inestable que está a merced de los vaivenes políticos y económicos y amenazada por conflictos tribales a gran escala. El *Instituto Internacional de Estudios para la Paz de Estocolmo* (SIPRI) estimó que en 2022 todavía había en el mundo unas 14.465 armas nucleares. ¿Acaso no somos como una bomba de relojería, incluso para nosotros mismos?

A tenor de los hechos no parece que seamos los seres que la tierra necesite. Sin embargo, nosotros **necesitamos un planeta habitable y acogedor**. Aunque somos la causa del problema, también podemos ser la solución. Por eso, es urgente que desandemos el camino iniciado hacia la destrucción y recuperemos el equilibrio de la biodiversidad. Es urgente que pongamos remedio a este deterioro, tanto a nivel global como individual. La alternativa es la desaparición del mundo tal como lo conocemos ahora y la extinción de muchas especies, entre ellas la del ser humano. En el hipotético caso de una destrucción total de todo lo que habita en la superficie de la tierra, esta seguiría adelante con nuevas formas de vida en el lento devenir del tiempo, según la medida de los humanos.

Somos seres innecesarios para el universo y para nuestro planeta. Nada malo hubiera ocurrido si la especie humana se hubiera extinguido en la Edad del Hielo. Aunque nos hayamos erigido como dueños y señores de la Tierra, nuestra existencia sigue siendo innecesaria. **Y a pesar de haber sido bendecidos con unas facultades mentales muy superiores a las del resto de especies no las estamos utilizando para hacer un mundo mejor, más habitable y más equilibrado.** Entre nosotros solemos decir que «nadie es imprescindible» cuando alguien hace amagos de marcharse de un proyecto. Una gran certeza sobre la que apenas reflexionamos. El ser humano es totalmente prescindible para el universo y para el mundo. No es descartable que algún día nuestra especie desaparezca de igual modo que se extinguieron otras especies. El mundo seguiría su curso y su devenir como si nada hubiera pasado. Aun así, nos creemos el ombligo del mundo, muy importantes, presumidos y egocéntricos.

Aunque somos unos seres con unas facultades muy superiores a las del resto de las especies, eso puede hacernos creer que somos especiales. Esa naturaleza prodigiosa que nos otorgó el acaecer de la existencia se contrarresta con nuestro carácter destructivo y egoísta. Por otro lado, la materia de la que estamos formados es la materia del cosmos. Todos los elementos que forman la materia existen no solo en la tierra, sino en muchas estrellas y planetas. El agua, H_2O, que es un conjunto de solo dos átomos de hidrógeno y uno de oxígeno, se ha encontrado en una galaxia masiva del universo temprano a unos 12.880 millones de años luz de la Tierra. El hidrógeno es el elemento común más abundante en el universo, seguido por el oxígeno que se genera en el interior de grandes estrellas. También se han hallado proteínas en múltiples meteoritos. Y metano, un compuesto producto de la descomposición de materia orgánica, en las atmósferas de planetas como Marte, Júpiter, Saturno, Urano y Neptuno. Además, otros compuestos necesarios para la formación de la materia viva, como el carbono, el nitrógeno, el azufre y el fósforo, son generados en los centros de núcleos calientes de las estrellas.

El cosmos está repleto de los elementos que dieron origen a la vida en la tierra. No es descartable en absoluto que haya otras formas de vida en el universo que no tienen por qué parecerse a la vida que conocemos en la Tierra. **Ni somos seres especiales, ni somos necesarios. Tomar conciencia de esta realidad puede que genere un problema a nuestro** *ego*. Para muchos quizá sea mejor vivir de espaldas a esta verdad y vivir en la ficción del ser humano como centro del universo. Pero, también, **esta conciencia nos puede servir para redefinir el sentido de nuestra existencia, para recuperar la humildad propia de un ser pequeñito en la infinitud del universo y para intentar suplir de alguna manera esa falta de necesidad del ser humano.** Hay materia orgánica y otros elementos y compuestos que claramente son necesarios, al menos para la vida en la tierra, como el agua, el oxígeno, la luz, el ozono, los árboles... Su ausencia daría como resultado un planeta distinto e irreconocible para nosotros; sin embargo, nuestra desaparición sería irrelevante o incluso beneficiosa para el planeta. **¿Queremos llegar al punto de afirmar que la vida del ser humano no tiene ningún valor? En absoluto.**

A pesar de todo el razonamiento que hemos ido desgranando, hay una verdad indiscutible: **las capacidades mentales del *Homo sapiens* lo hacen muy distinto al del resto de las especies, lo cual es algo excepcional**. No sabemos qué conjunción de elementos y misterios de la naturaleza nos dotó de un cerebro que evoluciona y cuyas facultades mentales parecen ilimitadas. **El hombre, definitivamente, ha escapado del determinismo biológico** de nacer, desarrollarse, reproducirse y morir, mandato que rige a todas las demás especies.

El ser humano tiene el poder de la creación, facultad que en la literatura se ha atribuido siempre a los dioses. Su **creatividad**, de la cual tenemos vestigios en la prehistoria, ha ido evolucionando de forma exponencial hasta nuestros días. El hombre puede imaginar, diseñar, construir, componer música, hablar, escribir poesía, viajar al espacio, dibujar mundos imaginarios, crear futuros...

La otra capacidad singular del ser humano es la **inteligencia** que nos permite hacer una lectura de la realidad, tomar decisiones, razonar, entender y aprender. Ambas capacidades tienen elementos comunes, pero son cualitativamente distintas. Resulta muy fascinante pensar que individuos de hace miles de años grabaran formas geométricas en piedras y objetos y decoraran sus cuevas con pinturas relativas a la vida cotidiana. No podemos escudriñar aquellas mentes, pero sí embelesarnos al observar unas pinturas tan antiguas y expresivas que podrían haberse dibujado en estos tiempos. A mi entender resulta claro que **la mente del ser humano, desde sus orígenes, no estaba limitada a la supervivencia, lo cual es un hecho realmente único**.

La creatividad y la inteligencia nos distinguen sobremanera del resto de las especies. Aunque lo hemos negado, en cierto modo, podríamos decir que somos seres especiales. Sin embargo, una cuestión fundamental sigue sin tener respuesta. **¿Cómo un ser tan excepcional puede ser a la vez tan innecesario? ¿Tenemos marcado un destino distinto al del resto de las especies?** Todo ello nos lleva a preguntarnos acerca del **sentido y propósito de nuestra vida** por un lado y, por otro, **si podemos convertir esa falta de necesidad de la existencia del ser humano en una virtud**.

El historiador israelí Yuval Noah Harari (1976) en su nuevo libro *Homo Deus. Breve historia del mañana*[18] afirma que «la mayoría de la gente será innecesaria el siglo XXI». Hemos logrado reducir el hambre, las guerras, la enfermedad... y nos encaminamos a prolongar la esperanza de vida y la felicidad (seguramente, para unos pocos). Tenemos la tecnología de dios y tal vez asuste la incertidumbre de cómo se proyectarán los avances actuales en un futuro. Porque **los ideales que nos han impulsado hasta aquí están en peligro y pueden desaparecer tras el esplendor de un mundo tecnologizado**.

Esto quiere decir que el pensamiento, las ideas y los valores, pueden estar eclipsados por la tecnología. Yuval Noah Harari defiende que pensar que seremos capaces de mante-

---

[18] Harari, Yuval Noah (2016). *Homo Deus. Breve historia del mañana*. España: Debate.

ner los valores humanísticos que nos guiaron en el siglo XX, con una mejor tecnología para hacerlos realidad, resulta muy ingenuo. **Es un planteamiento provocador**. Y es inevitable preguntarse hacia dónde nos encaminamos. Acaso, ¿seremos nosotros mismos los que pongamos en evidencia la falta de la necesidad del ser humano?

¿Nos encaminamos a hacer, incluso, más innecesaria nuestra existencia?

En el siguiente capítulo intentaremos aproximarnos a dar una respuesta que pueda ser satisfactoria, en la medida de lo posible.

«El mundo es un lugar peligroso, no a causa de los que hacen el mal, sino por aquellos que no hacen nada para evitarlo»

Albert Einstein

3. Sentido y Trascendencia de la Vida

«El hombre se autorrealiza en la misma medida en que se compromete al cumplimiento del sentido de su vida»

Viktor Frankl

Hace cinco mil años Gilgamesh, rey de la ciudad mesopotámica de Uruk, ejercía su gobierno con orgullo y arrogancia; motivo por el cual los dioses quisieron darle una lección y enviaron a un hombre salvaje llamado Enkidu para que lo humillara. Tras una igualada y feroz batalla, Gilgamesh derrotó a Enkidu. A pesar de todo se hacen amigos y se embarcan en aventuras y luchas contra los dioses.

Cuando Enkidu muere, Gilgamesh se hunde en un profundo dolor, empieza a comprender su inevitable mortalidad y a preguntarse sobre el significado de la vida, así como del valor de los éxitos frente a una muerte segura. Gilgamesh olvida la vanidad y el orgullo que le caracterizaban e inicia una búsqueda para encontrar el significado de la vida y de la inmortalidad. Después de atravesar montañas y océanos llega hasta los confines del mundo, donde vive el sabio Utnapishtim a quien los dioses habían otorgado el don de la inmortalidad. De regreso a Uruk, siguiendo las instrucciones del sabio, Gilgamesh encuentra la planta que devuelve la juventud a quien la toma; pero el héroe se duerme y una serpiente se la roba. Retorna a su ciudad decepcionado y convencido de que la inmortalidad solo pertenece a los dioses. Hasta aquí, un resumen de *La Epopeya de Gilgamesh* (2500-2000 a.C.), la obra épica más antigua conocida, escrita en arcadio sobre tablilla de barro con cuña. Hermoso poema que se hunde las raíces de los tiempos y expresa una de las grandes preocupaciones del ser humano.

Este gran interrogante sobre el sentido de la vida y de la muerte pareciera estar aparcado en los tiempos modernos. La alimentación, el descanso y el ocio, los hábitos higiénicos y saludables, los fármacos y el acceso a la sanidad nos han proporcionado un considerable aumento de la esperanza de vida con muy buena calidad. Si, además, añadimos la tecnología, la conectividad, la rapidez de las comunicaciones, la automatización y robotización, la inteligencia artificial... el resultado es que **el hombre se ha ido olvidando de su fragilidad**. Más aún, si el éxito nos acompaña en el entorno familiar, social, profesional y en los negocios puede que, incluso sin pensarlo, actuemos como superhombres. No obstante, el tiempo nos pone a todos enfrente de nuestra propia realidad.

Objetivamente, la vida es un intervalo finito entre dos momentos existenciales: el nacimiento y la muerte. Dos momentos de auténtica soledad. Venimos solos y nos vamos solos. Si cada día fuéramos conscientes de este inexorable destino, nuestras actitudes y comportamientos frente a la vida serían distintos. Pero no; muchas veces actuamos como si fuéramos eternos y **nuestra perspectiva de vida es ajena a esa finitud**.

3.1 Buscando un Significado y Asumiendo un Propósito

El hombre en busca de sentido[19] fue publicado por Viktor Frankl en 1945, justo después de haber vivido los horrores del holocausto en Auschwitz y Dachau y de haber perdido a su familia. Desde entonces, su propósito se dirigió a ayudar a los demás a encontrar el sentido de la vida y a adoptar una actitud firme. Viktor Frankl fue neurólogo, psiquiatra y filósofo austriaco que desarrolló la logoterapia y el análisis existencial. La logoterapia se centra en la búsqueda del significado vital ante el vacío existencial, como la causa de los síntomas psicológicos, emocionales y físicos. Frankl estaba convencido de que **las personas siempre podemos dar un sentido a nuestras vidas, independientemente de las circunstancias felices o adversas en las que nos encontremos**. Si realmente vivimos con decisión y tenemos claro cuáles son nuestros propósitos vitales, lo que deseamos alcanzar, podremos superar cualquier obstáculo. Si el sufrimiento nos sobreviene, encontraremos fuerzas. Si el destino nos trae un inesperado revés, porque la vida a veces no es justa, siempre podremos cambiar nuestra actitud ante la nueva situación. *El hombre en busca de sentido* es el viaje de Gilgamesh y pone sobre la mesa el hecho de que los hombres de todos los tiempos manifestamos las mismas inquietudes sobre nuestra existencia.

El principio de la logoterapia propone que **se puede dar sentido a la vida por medio de la consecución de tres clases de valores**, que son los que permanecen y dignifican. Los **valores de creación** hacen referencia a lo que hacemos, a aquellas tareas que realmente nos apasionan en las que ponemos intensidad, empeño y compromiso. Los **valores de experiencia** son las vivencias, las emociones, los mo-

---

[19] Frankl, Viktor (1985). *El hombre en busca de sentido*. Barcelona: Herder

mentos que realmente marcan cuando interaccionamos con la naturaleza o con otras personas. Y los **valores de actitud** representan cómo nos enfrentamos a las adversidades de la vida y cómo manejamos el sufrimiento y lo superamos. La propuesta de Frankl para dar sentido a nuestras vidas se podría resumir así: **haz algo que realmente te apasione como para poner todo lo que tú eres detrás de ello, disfruta del mundo y de las personas con las que convives y mantén una actitud positiva que te ayude a superar cualquier adversidad.**

Frankl afirmaba que **la vida nunca se vuelve insoportable por las circunstancias, sino solo por falta de significado y propósito.** La actitud que adoptamos en la vida la va a determinar y definir la búsqueda del bienestar. Queremos estar bien y huimos del sufrimiento y del dolor. Es un planteamiento básico y necesario. Cuando decimos «no estoy bien», sea física o psicológicamente, de alguna manera estamos poniendo en paréntesis nuestras vidas. Si estoy obligado a estar en una cama por la enfermedad y el dolor o si me invade una depresión paralizante, ¿qué ganas tendré yo de ilusionarme con un proyecto? Todos queremos estar bien, como un paso previo y aceptable de la felicidad.

El concepto de bienestar psicológico hace referencia al bienestar individual y subjetivo. Por hacerlo entendible, las personas buscamos ese bienestar de dos formas posibles: **los que tienen una motivación superior que da sentido a sus vidas**, ya que las dotan de un propósito, y **los que buscan satisfacción por medio del placer físico y material** (hedonismo). La psicóloga Carol Ryff, a finales de los ochenta y principios de los noventa, desarrolló un modelo determinado por seis factores que contribuyen al bienestar psicológico, a la satisfacción y a la felicidad del individuo[20]. El bienestar psicológico se logra mediante las **relaciones positivas con los demás**, el **dominio personal**, la **autonomía**, un **sentimiento de propósito y significado en la vida** y **el crecimiento y desarrollo personal**. Este bienestar se logra cuando alcanzamos un estado de equilibrio entre las situaciones desafiantes y gratificantes que afectan a nuestra vida. Resulta interesante destacar que en el modelo de Ryff **el bienestar psicológico está fijado a factores no hedónicos**, pues proporcionan mayores emociones positivas y placer. Más recientemente, Yukiko Uchida, entre otros, ha sugerido que el optimismo, que nos predispone a tener expectativas positivas, es precursor de una mejor salud física[21]. Los autores defienden que cuando disminuye la sensación de amenaza del «yo», el optimismo se asocia con un perfil más saludable de expresión genética de las células inmunitarias. Por el contrario, cuando hay respuestas al estrés, bien de lucha o de huida, se activa lo que se denomina la respuesta transcripcional conservada a la adversidad (*CTRA: conserved transcripcional response to adversity*). Lo que se traduce en **un aumento de la transcripción de los genes implicados en la inflamación** y a una disminución de la transcripción de los genes implicados en la defensa antiviral. **El optimismo está inversamente relacionado con la *CTRA*.**

Tener un propósito (metas y objetivos que dan sentido a la vida) proporciona optimismo, ánimo y convicción, y está asociado a un mejor estado de salud. Por el contrario, los que

---

[20] Ryff, C. D. (1995). Psychological well-being in adult life. *Current directions in psychological science*, 4(4), 99-104. Ryff, C. D., & Keyes, C. L. M. (1995). The structure of psychological well-being revisited. *Journal of personality and social psychology*, 69(4), 719

[21] Uchida Yukiko, Kitayama Shinobu, Akutsu Satoshi, Park Jiyoung, Cole Steve W (2018). Optimism and the conserved transcriptional response to adversity Health psychology. *Official journal of the Division of Health Psychology, American Psychological Association*; 37(11): 1077-1080

buscan el placer físico y material se enfrentan a un mayor nivel de estrés porque no siempre se cumplen sus expectativas. Nuestros genes también tienen algo que decir. En el fondo, tanto en una actitud como en otra, se manifiesta cuán intrínsecamente humana es esta lucha por dar sentido a la vida. Es el viaje de Gilgamesh. La lucha es común para todos. No he visto a nadie que quiera morirse *per se*; queremos vivir y con bienestar físico y psicológico. También creo que en esa lucha subyace un sentido de trascendencia, más consciente en unas personas que en otras. *La Epopeya de Gilgamesh*, aunque constata que la vida eterna no es posible, sin embargo, deja la puerta abierta a la esperanza. **Las decisiones que tomamos en nuestras vidas pueden afectar a las vidas de los demás, trascendiendo la nuestra.** Es la historia del héroe que se niega a aceptar una vida sin sentido.

La prueba de que muchos hombres han querido dotar de un sentido trascendente a sus vidas son las herencias que, como humanidad, hemos recibido de nuestros antepasados. Gracias a ellos es posible contemplar el *Partenón*, *Chichen Itzá*, la *Gran Muralla*, la ciudad de *Petra*, el *Coliseo de Roma*, *Machu Picchu*, el *Taj Mahal* o la *Sagrada Familia* de Barcelona. Nos deleitamos con la perfección escultórica de El *Discóbolo*, *La Pietá*, La *Venus de Milo*, la *Efigie de Guiza*. Contemplamos la elegancia y la expresión emocional del color de Fra Angelico; la enigmática sonrisa que pintó Leonardo; el esplendor barroco de Caravaggio, Velázquez y Rembrandt; el cubismo de Picasso, o el expresionismo colorista y frenético de Van Gogh. ¿Cómo serían nuestras vidas sin Einstein, Newton, María Curie, Edison, Paulov, Severo Ochoa, Ramón y Cajal...?

Hemos heredado catedrales, ideas filosóficas, el derecho romano, la electricidad, el ferrocarril, soluciones arquitectónicas, descubrimientos, inventos, tecnología... y tantas y tantas cosas que sin ellas nuestra vida actual no sería posible tal como la conocemos. Las personas que dedicaron ingentes horas de sus vidas a ideas, proyectos, inventos y descubrimientos **sabían que su legado iba a trascender a sus propias vidas**. Nunca trabajaron con la perspectiva de que lo que hacían era solo para ellos y eran conscientes de que sus aportaciones y decisiones afectarían a otros en el futuro. La catedral de Colonia, la segunda Iglesia más alta de Europa, ¿sabías que tardó en construirse más de 600 años? Si los que colocaron las primeras piedras se hubieran planteado desistir de su proyecto, porque nunca lo iban a ver acabado, jamás hubiéramos disfrutado del vertical esplendor de esta joya gótica.

Lo que hoy somos como humanidad es el resultado de las aportaciones, que se han ido cimentando una sobre otra desde la prehistoria. De esa época tan remota hemos heredado inventos como el fuego, la lanza, el arco y la flecha, la rueda, la pintura, la escritura, la lámpara, el barco, la ropa, el arado, el molino, el vidrio... De los griegos recibimos la lógica y la razón de nuestro pensamiento, la filosofía, la ciencia, la arquitectura y el arte. Los romanos nos dejaron un legado tan importante como nuestra lengua, además de la moda, el alfabeto y los números, el derecho, la arquitectura, el urbanismo, la política, el calendario... Con intencionalidad calculada, he escogido estos llamativos ejemplos para demostrar que, detrás de todo lo que hemos recibido, había personas y colectivos con un propósito que trascendió sus propias vidas. Las actitudes y las decisiones que adoptaron nos afectan y nos enriquecen hoy. Pero no es necesario ser filósofo, científico, pintor, escultor o arquitecto para que tu vida sea trascendente.

Todos podemos dejar nuestra impronta en nuestra familia y en la sociedad. Si educamos a nuestros hijos para la solidaridad, para la igualdad y la fraternidad, estamos trascendiendo lo que nosotros somos porque eso perdurará en ellos cuando hayamos desaparecido. Si en nuestra interacción social con todo tipo de personas (mayores, jóvenes y niños), demostramos valores en nuestros comportamientos estamos contribuyendo a crear una sociedad mejor. Si somos respetuosos con el medio ambiente y sabemos convivir con las demás especies animales, dejaremos un mundo mejor. Podremos avanzar socialmente solo si cada uno pone de su parte. Por supuesto, siempre habrá líderes que acelerarán las cosas, pero ello no evita el compromiso de la responsabilidad individual.

Si bien la búsqueda del sentido de la vida es una preocupación universal que ocupa a todos, el sentido de trascendencia no siempre aparece de forma consciente o, simplemente, no existe. Muchas personas dirigen su energía y su actividad a realizar obras que perdurarán cuando ellas mueran, sin ser muy conscientes de ello. No importa el tamaño, la envergadura, o el valor que puedan tener. Detrás de esta actitud se oculta el deseo del «héroe» que se niega aceptar su propio destino y que busca con sus acciones, obras o pensamientos la trascendencia.

Una vida con propósito son las metas y los objetivos que nos dan satisfacción, emoción, ganas y aliento para levantarnos cada mañana a luchar por aquello que deseamos y anhelamos. **Este optimismo nos proporciona una mejor salud.** Pero, además, si tu propósito tiene un **sentido trascendente**, aquello que dejarás cuando te vayas, disfrutarás de una vida plena y feliz. Las alternativas a no tener un propósito son el hedonismo (mero disfrute y evasión de la vida), o la insatisfacción, o la desesperanza, o la depresión... Muchos creen encontrar el bienestar psicológico en elementos externos al yo individual como en la fama, en el dinero, en el poder, en las drogas, en los elogios, en el lujo, en las modas... pero como ese bienestar no llega, el apetito por todo lo externo se vuelve insaciable e insostenible.

La vida no nos espera. Aunque no estemos preparados, sigue su curso. No se enlentece, ni se para. Busquemos nuestro propósito cuanto antes; un propósito que nos llene y nos haga felices. Con frecuencia somos de procrastinar, de aplazar y dejar para mañana como si pudiéramos suspender la vida, pero el «tiempo muerto» también cuenta. **Frankl decía que no debemos preguntar por el sentido de la vida porque somos nosotros los interrogados**. Por eso me atrevo a preguntarte, ¿cuál es el sentido y propósito de tu vida? Dedica algo de tu tiempo a meditar qué es lo que sostienes con mayor pasión y al mismo tiempo estarás contribuyendo a **la fuerza universal del bien**, sentido último que trasciende nuestra capacidad de comprensión.

3.2 Supliendo esa Falta de Necesidad

Es hora de responder a la pregunta que dejábamos en el aire en el capítulo anterior. Además de interrogarnos y de encontrar un **propósito y sentido para nuestra vida como seres individuales**, necesariamente hemos de **inquietarnos por el sentido de la existencia del ser humano como especie y de su aparente falta de necesidad**. No hay datos objetivos respaldando que somos seres necesarios para el mundo y, menos todavía, para el universo. Si la naturaleza nos dotó de una inteligencia y poder creativo muy superior al del resto de las especies, ¿significa esto que nos dio un papel especial en el universo o, al menos, en este planeta? ¿Por qué otras especies no cuentan con capacidades cognitivas similares o superiores a las nuestras? No lo sabemos y es un misterio. Por otro lado, el ser humano se rige por el mismo determinismo biológico de las demás especies de nacer, desarrollarse, reproducirse y morir. Sin embargo, dos grandes diferencias nos separan: **hemos creado un entorno artificial en el que vivir y dejamos una impronta en el mundo cuando desaparecemos para futuras generaciones**.

Vivimos en un entorno artificial, creado por nosotros mismos, al que todavía no estamos adaptados. Casi todas las especies viven en el mismo entorno donde han evolucionado a lo largo de miles de años de tal manera que han optimizado su organismo para sobrevivir y reproducirse en él. Esto es el determinismo biológico que afecta a todas las especies y del que el ser humano está logrando desligarse. No somos conscientes de ello y tal vez pensemos que los hombres de todos los tiempos han vivido en grandes urbes. Nada más alejado de la realidad. **El 99% de la existencia del ser humano ha transcurrido y evolucionado en la sabana africana**, en pequeños grupos de cazadores y recolectores, con lazos parentales, muy cooperativos y altruistas, rodeados de niños que aprendían de ellos. Nuestro organismo está adaptado para vivir en ese entorno. Sin embargo, hoy vivimos en grandes ciudades, sin depredadores, con pocas relaciones de parentesco, muy individualistas, con grandes diferencias sociales, y totalmente dependientes de la tecnología. ¿Por qué a los niños les gusta trepar a los árboles, se alejan instintivamente de las arañas o de las serpientes y, sin embargo, no temen a un cuchillo, a una pistola o a cualquier máquina doméstica? La respuesta es que la evolución a lo largo de cientos de años nos ha programado para sobrevivir y reproducirnos en nuestro entorno natural de la forma más eficiente. Son conductas innatas, no necesitan ser aprendidas y se dice de ellas que están cableadas en nuestro cerebro.

El estilo de vida actual ha cambiado drásticamente en los doscientos últimos años. Por ejemplo, comemos otros alimentos, estamos expuestos a otras bacterias y virus y llevamos una vida sedentaria. A lo largo de miles de años los hidratos de carbono estuvieron casi ausentes de nuestra dieta por lo que nuestro organismo está predispuesto para hacer reserva de azúcares y grasas. ¿Por qué nos gustan tanto los alimentos hipercalóricos? Durante la mayor parte de la existencia del *Homo sapiens* no sabía cuándo sería la próxima vez que tendría alimento, razón por la cual nuestro cerebro tiene avidez por las bombas calóricas. Un cruasán tiene alrededor de 400 calorías, que es equivalente a unas 8 manzanas. Nosotros nos comemos un cruasán en el desayuno, junto con otros alimentos, y seguramente seguiremos sentados en el transporte y en el trabajo. El *Homo sapiens* con suerte podría comer esas 8 manzanas, habiendo recorrido unos cuantos kilómetros para recolectarlas, deambulando entre los árboles. Es un ejemplo ficticio que da razón de la obesidad que sufrimos en el mundo desarrollado. Engordamos con mucha facilidad por la falta de ejercicio, pero, sobre todo, porque **la disponibilidad de hidratos de carbono y grasas, que ha sido esporádica durante miles de años, es abundante en nuestra dieta diaria**. Es tan solo un ejemplo de las consecuencias de la falta de adaptación al entorno artificial que hemos creado.

La otra gran diferencia del ser humano, con respecto a los demás seres vivos, es que cuando desaparece **deja en el mundo sabiduría y conocimiento que servirá para que nuevas generaciones recojan ese testigo y lo multipliquen**. Nos vamos como todas las especies, pero dejamos edificios, arte, ciencia, tecnología, filosofía, literatura, historia, gastronomía… que son el fundamento para nuevas creaciones. Aunque también dejamos cosas menos positivas relacionadas con la salud de nuestro planeta. No solamente transmitimos nuestro material genético, sino nuestras obras, descubrimientos y cultura desde los orígenes.

Estando a las puertas de dominar nuestra propia evolución natural y de rediseñar nuestra biología y naturaleza humana cabe preguntarnos, **¿no es nuestra responsabilidad dejar un mundo mejor que el que heredamos?** Si el ser humano ha demostrado unas potencialidades increíbles con respecto a los demás seres vivos, ¿no tendremos algún destino distinto y mejor que el de reproducirnos? Hemos demostrado que **podemos crear un entorno artificial en el que vivir** y que **multiplicamos el conocimiento heredado** ¿Significa esto que dejamos un mundo mejor que el que recibimos? Yo tengo mis dudas porque, entre otras razones, estamos diseñando un futuro cada vez más artificial y tecnologizado. ¿Esto acredita nuestra existencia? ¿Solventa nuestra falta de necesidad? ¿No deberíamos ser capaces de dejar algo más que fuera genuinamente humano?

¿Cómo lograr ser necesario en este mundo?, ¿tiene nuestra existencia algún valor?, ¿hay alguna forma de suplir esa falta de necesidad? No hay respuestas objetivamente válidas y, por lo tanto, no pretendo dar la solución a este enigma. Mi contestación es subjetiva, personal y la expongo desde mi particular visión. **La única forma que encuentro para salvar nuestra existencia es siendo necesario para alguien o para algo**. Cuando alguien nos dice «que suerte tengo de conocerte» o «gracias a ti la vida se me hace más fácil» lleva implícito que tu existencia es necesaria para esa persona. Independientemente del sentido que quieras darle a la vida, tu forma de estar en el mundo ha hecho que tu existencia se estime como necesaria para alguien. **«Ser necesario para alguien» significa salvar nuestra existencia individual** y, en el lado opuesto, «no ser necesario para nadie», conlleva a la existencia innecesaria e irrelevante. Si bien la búsqueda del sentido y propósito de la vida es un camino individual, **el de dar valor a nuestra existencia es un camino que nos conduce a los otros**. Es un desplazamiento de las inquietudes del «yo» (*ego*) a las inquietudes de «otro» (*alter*). Con frecuencia el propósito de nuestra vida va aparejado con dar valor a nuestra existencia siendo necesarios, aunque no siempre. Salvar nuestra existencia, siendo necesario para alguien, no es una decisión; yo no puedo decir: voy a hacerme necesario para tal o cual persona. Nadie puede erigirse como un ser necesario. Son los demás los que te van a estimar como un ser necesario. Ser necesario nace de la pura gratuidad, del desinterés y de la generosidad. Por eso, ser necesario para alguien no implica ningún tipo de dependencia y sometimiento de la otra parte. Es una necesidad libre.

Ser necesario para otra persona brota de la generosidad, de la empatía, de la capacidad de inspirar, es decir, del altruismo y no del egoísmo. **Ser necesario para otro es desear y hacer todo lo bueno para el otro de tal forma que ese otro estime tu existencia como necesaria.** Soy consciente de que en tu cabeza puede que resuene la palabra «amor» y, efectivamente, es «amor» de lo que hablamos, pero no del tipo de amor que seguramente estás pensando. Los griegos ya distinguían cuatro tipos de amor diferentes: *eros*, *fhilia*, *estorge* y *ágape*. *Eros* se refiere al amor apasionado que conlleva deseo y atracción. *Fhilia* es un amor que se caracteriza por ser fraternal, implica amistad, afecto y desear lo mejor para el otro. *Estorge* es un amor de carácter natural y hace referencia a las relaciones afectivas familiares como el amor entre padres e hijos. Estos tres tipos de amor tienen algo en común: **la reciprocidad y, en sentido estricto, hay un interés y beneficio mutuo**. Se da por hecho que los amantes se amen, que los hijos quieran a sus padres y que los amigos se estimen. Es algo natural que sucede en nuestro círculo más cercano y que casi no exige esfuerzo. Por el contrario, **el amor ágape es el amor incondicional**. **Tiene como prioridad el bienestar de los demás** sin importar ni el origen, ni la condición social, ni las creencias, ni los defectos, ni nada... Es un amor puro, generoso y desinteresado, es decir, no espera nada a cambio.

Esa espontaneidad de hacer algo por alguien, sin publicidad, sin esperar nada a cambio, sin ninguna otra motivación más que hacer el bien es lo que engrandece al ser humano, es lo que lo convierte en un ser necesario para ese alguien. **Ser necesario para otro implica andar el camino de la vida cultivando y practicando la bondad por pura gratuidad y desinterés. Y serán los receptores de esa bondad los que eleven y estimen tu vida como necesaria.** Serán ellos los que sientan, piensen o expresen: «qué suerte haberme encontrado contigo», «qué bien que te he conocido», «no sé qué hubiera hecho de no ser por ti», «muchas gracias» … Estoy convencido de que en la vida nos hemos encontrado con personas que necesitaban nuestra ayuda, y no necesariamente una ayuda material. Pero solemos vivir centrados en nosotros mismos y eso nos limita para poder percibir las necesidades de los demás, lo cual significa que **debemos esforzarnos para desplazar las inquietudes del «yo» a las inquietudes del «otro».**

Un buen amigo me contó una vivencia que lo dejó realmente impactado y ocupó su mente y su corazón durante varios días. Al terminar la jornada de trabajo John se dirigía a recoger su moto cuando un joven sudafricano, de no más de 30 años, se le acercó con la mano tendida para pedir ayuda. John lo único que pensó fue en quitárselo de encima y hurgó en su bolsillo hasta encontrar una moneda de un euro que le entregó, casi sin mirarlo. Efectivamente, esta persona recogió la moneda, le dio las gracias y comenzó a alejarse. Misión cumplida. Entretanto, John se preparaba para subirse a la moto cuando vio que se acercaba de nuevo y le preguntó: ¿sabes por dónde puedo ir a Reus andando? Fue entonces cuando esa pregunta hizo que John saliera de su *ego* y mirara a esta persona por primera vez. Vio a un chico joven, alto, muy delgado y con la huella del dolor y el sufrimiento en su rostro. Se fijó en sus ojos rojos y amarillentos, poco saludables... y le contestó: pero... ¿cómo vas a ir a Reus andando? (Reus está a unos 110 km de Barcelona). El joven empezó a contarle su historia. Había logrado saltar la valla de Melilla y llevaba semanas mal viajando con dirección a Reus porque allí tenía a un conocido. Estaba solo. Nadie lo había ayudado. Le enseñó sus piernas llenas de cortes mal cicatrizados y sus pies con unas callosidades que jamás había imaginado y que hacían que su talón se prolongase por fuera de la sandalia. Había caminado muchos kilómetros. John, conmovido por su estado, sintió compasión, y mostró empatía. Quiso ayudarlo. Le dio los 20 euros que llevaba en su cartera y le dijo que fuera a la estación para coger el tren a Reus. El desconocido no paraba de expresar gratitud con palabras amables, deseos y buenos augurios para mi amigo, pues esa pequeña ayuda significaba, no solo que podía llegar a su destino final, sino que alguien lo había tratado como a un ser humano que necesitaba ayuda. Se marchó contento y feliz. John me contaba la historia con pena por no haber sido más generoso y haber reaccionado con más determinación. Pasados unos minutos, incluso dio unas vueltas con su moto para ver si lo veía. Le hubiera gustado llevarlo a casa para ofrecerle una ducha caliente, comida y descanso, pero ya no lo vio.

Sin duda que John con ese pequeño gesto se convirtió en un ser necesario para el joven errante. No hace falta hacer grandes hazañas ni heroicidades para lograr ser necesario. En el camino de la vida nos vamos a encontrar incontables oportunidades para dar a nuestra condición humana un estatus diferente. ¿Cuántas de estas oportunidades habrán pasado desapercibidas? Muchas, porque vivimos muy centrados en nosotros mismos, en nuestras cosas, como para percibir cuando alguien puede estar necesitando de nosotros.

El escritor austriaco Stefan Zweig (1981-1942) lo expresaba de esta manera:

> «No es hasta que nos damos cuenta de que significamos algo para los demás que no sentimos que hay un objetivo o propósito en nuestra existencia»

Además, podemos ser necesarios para algo, para nuestro entorno, para nuestro planeta. Esto también exige salir de nosotros mismos, generosidad y conciencia para cuidar la casa común de todas las especies animales y vegetales. Y es que en este punto no se puede ser ni tibio, ni ambiguo. Podemos **escoger entre ser un consumidor de recursos y un contaminador o ser una persona equilibrada que respeta su entorno** y la naturaleza. Hay muchas pequeñas cosas que podemos hacer y que están a nuestro alcance. Lo primero es sentirse en conexión con el mundo natural, vivirlo, y formar parte de él. No podemos estar en el mundo como observadores, pues formamos parte de él, como parte de él son los animales y los árboles. Es nuestra casa común, donde encontramos todo lo que necesitamos para alimentarnos, protegernos y vivir de forma saludable.

¿Por qué ensuciar o destruir aquello que nos permite vivir? Aquí es donde puedes ser necesario para el mundo. Sería ideal que todos pudiéramos plantar un árbol o dos, tres o cuatro... Son esenciales para la vida en la tierra: producen oxígeno y reducen el dióxido de carbono, absorben gases contaminantes, regulan la temperatura, frenan la erosión, producen alimentos, entre otros muchos beneficios. Gasta el agua que necesites, pero con responsabilidad, ya que el agua dulce es un recurso escaso e imprescindible para la vida de las especies animales y vegetales. No dejes el grifo abierto y que el agua corra innecesariamente. Ayuda al reciclaje y a reducir la contaminación, separando la basura. Son nuestros desechos y debemos evitar que perjudiquen al medio ambiente. Consume productos de proximidad. A veces escogemos productos que han viajado miles de kilómetros y han generado una gran contaminación. Dales una larga vida los objetos (ropa, electrodomésticos, tecnología, utensilios diversos...) en lugar de desecharlos prematuramente por afán consumista o por esnobismo. La producción y distribución de estos objetos ha consumido ingentes recursos y ha contaminado en exceso. Seguro que el mundo necesita de nosotros que contaminemos mucho menos, que seamos equilibrados en el consumo de recursos y que seamos respetuosos con todos los ecosistemas.

Quizá te parezca muy ingenua mi propuesta de hacerte necesario, y lo comprendo, pues la corriente dominante va en otra dirección. La única alternativa que encuentro para salvar nuestra existencia es esta: **tener una significación positiva para los demás y para el mundo**. Dicho de otra forma, vivir según los mejores valores humanos y transmitirlos a la descendencia. No creo que nuestra existencia tenga valor porque seamos capaces de dejar un entorno artificial altamente tecnologizado. **¿Qué te parece si dejamos a nuestros hijos un planeta herido de muerte y una sociedad distópica, mecanizada y tecnologizada?**

La cuestión es que podemos decidir entre ser necesario o innecesario o, incluso, perjudicial para este mundo. En la encrucijada evolutiva en la que estamos, de cambio radical de nuestro entorno y rediseño de nuestra naturaleza, ¿seremos capaces de escoger el camino correcto? ¿Dejaremos que la tecnología borre las esencias del espíritu humano? ¿Llegaremos, acaso, a ser el *Homo Deus* aniquilador de los valores netamente humanos? ¿Nos encaminamos hacia la irrelevancia?

Quizá una mirada a nuestros orígenes nos ayude a recuperar algo de nuestra esencia y valores perdidos como la cooperación, el altruismo, el aprender de los mayores, la comunicación y los lazos afectivos y comunitarios. Así era el *Homo sapiens*, al menos para su grupo de proximidad.

3.3 La Vida Plena

El afán por descubrir y proporcionar sentido a nuestra existencia nos conecta con el ser humano atemporal. Cada uno de nosotros es *Gilgamesh* en su viaje para encontrar el sentido de la vida y dotarla de un propósito que sea satisfactorio. Pero, además, *El hombre en busca de sentido* de Viktor Frankl nos recuerda que **el hombre puede encontrar un sentido a su vida, incluso en las situaciones más adversas y difíciles**. Si personas que vivieron en campos de concentración, y contra toda esperanza, pudieron dar un sentido a sus vidas no hay disculpa que valga para dar a nuestra existencia un sentido motivador. Si te pregunto si tu vida merece la pena, ¿qué responderías?

El sentido de la vida es el paraguas que da significado a todas las metas y propósitos. Está profundamente ligado a nuestros valores, emociones y sentimientos, formando un conjunto que interpreta y da coherencia a nuestras experiencias. También hemos de tener en cuenta que **las antiguas concepciones filosóficas y populares de la naturaleza humana están siendo modificadas por la irrupción del conocimiento, la ciencia y la tecnología actuales**. Por tanto, es imperativo incorporar estas nuevas nociones al sentido de nuestra existencia, ya que han reescrito, de manera inevitable, la relación de la humanidad con el mundo natural. **El sentido de la vida es la perspectiva que permea todo lo que hacemos y perseguimos. El propósito engloba todas las posibles metas y objetivos hacia los cuales dirigimos**

nuestros esfuerzos, materializándose en nuestras conductas y acciones. Si consideramos que el sentido de la vida actúa como el marco de referencia de nuestras acciones, el propósito sería el conjunto de metas y objetivos que nos apasionan y que guían nuestro camino.

Muchos investigadores han dirigido sus esfuerzos a estudiar el sentido y propósito de la vida. Según Martin Seligman[22] una vida con significado o sentido proviene de **la conexión con algo más grande que nosotros mismos**; puede ser la naturaleza, la ecología, dios, la familia, un proyecto social, una pasión, cuidar de alguien... Pero hay algo común a todos ellos: **esa conexión nos conduce a los demás**. Michael Steger[23] cree que las personas tenemos la sensación de que somos valiosas y es por ello que **organizamos e interpretamos todas nuestras experiencias e identificamos lo que es importante para nosotros**. De esta forma focalizamos nuestras energías en ello. Tendemos a pensar que nuestra vida tiene significado y trasciende el efímero presente. Steager, además, revisa diversas investigaciones que confirman que **las personas que sienten que su vida tiene un propósito o significado padecen menos depresión y ansiedad y experimentan mayores niveles de felicidad** y satisfacción en la vida. En esta misma línea los investigadores Kashdan y McKnight[24] han revelado que **tener un propósito en la vida se correlaciona con la longevidad y con la salud física y mental**. Por su parte, Robert Emmons[25,] encuentra

---

[22] Seligman, M. (2011). Flourish: A Visionary New Understanding of Happiness and Well-being. New York, New York, EEUU: Free Press.
[23] Steger, M. (2009). Meaning in Life. En S. Lopez, & C. Snyder, *Oxford Handbook of Positive Psychology (2aed.)*. New York, EEUU: Oxford University Press.
[24] Kashdan, T. & McKnight, P. (2009). Origins of Purpose in Life: Refining our Understanding of a Life Well Lived.*Psychological Topics (18, Special Issue on Positive Psychology)*, 303-316.
[25] Emmons, R. (2003). Personal Goals, Life Meaning, and Virtue: Wellsprings of a Positive Life. C. Keys, & J. Haidt, In C. K. (Ed.).

que para la mayoría de las personas hay cuatro fuentes importantes que proporcionan significado a sus vidas: **el trabajo, las relaciones personales próximas, la espiritualidad y la trascendencia**. Diener y Biswas-Diener[26] defienden que **necesitamos un sentido de vida para vivir a plenitud, lo cual se consigue mediante valores y metas por las que valga la pena trabajar**. «Una de las características especiales de los seres humanos es que pueden vivir de una forma virtuosa y encontrar un propósito en la vida».

Sin duda que la psicología positiva se ha esforzado mucho por comprender los factores que elevan la vida humana y la hacen más tolerable, satisfactoria, vital y rica. **De la percepción de las personas sobre el sentido de sus vidas emanan las cualidades más sabrosas y apetitosas de una vida plena**. ¿En qué quedaría una vida sin sentido? En la sucesión de una serie de eventos inconexos e incoherentes hasta el día de nuestro destino final. Una vida sin sentido es una vida desprovista de historia, sin memoria, sin emociones, sin nada por lo que luchar y esforzarse. En mi opinión el factor que más contribuye a dar sentido a nuestra vida es **la vinculación, la conexión, la unificación de todo lo que somos y nos rodea. Vinculación con nosotros mismos, con nuestras metas, con los demás, con la naturaleza... Detrás de tales conexiones se encuentran los rasgos que definen y determinan la felicidad humana**.

Flourishing the Positive Person and the Good Life. (105-128). Washington, DC, EEUU: American Psychological Association.

[26] Diener, E. & Biswas-Diener, R. (2008). *Happiness: Unlocking the Mysteries of Psychological Wealth.* Malden, Massachusetts, EEUU: Blackwell Publishing.

El sentido de tu vida emana de las conexiones que estableces con lo que va más allá de ti mismo, encarnando los valores que dan sentido y coherencia a tus vivencias. Este marco es **el que enciende la chispa de tus** metas y propósitos, llenándote de satisfacción, **emoción, ganas y aliento** para levantarte cada mañana a luchar por aquello que deseas y anhelas. Este **optimismo te proporciona una mejor salud**, física y mental. Además, **si tu propósito va más allá de tu propia existencia** y adquiere un **significado trascendental**, lo que dejarás cuando llegue el momento de partir, **te brindará una sensación de plenitud y felicidad en tu vida presente.** Las alternativas a no tener un propósito son el hedonismo (mero disfrute y evasión de la vida), o la insatisfacción, o la desesperanza. Dar sentido a nuestras vidas no solo es bueno para nosotros, sino también para los demás y para nuestro entorno, ya que nos coloca en una perspectiva diferente de estar en el mundo, de mayor conciencia, de mayor respeto, de mayor solidaridad y de mayor vinculación. **Nos hacemos necesarios.**

4. La Vida en Abstracto

«No hay arte abstracto. Siempre hay que empezar con algo. Es preciso empezar siempre con algo. Después es posible eliminar todo rastro de realidad»

Pablo Picasso

¿Sabías que lo abstracto está en el origen de la vida? Pequeñas estructuras geométricas se fueron haciendo cada vez más complejas a lo largo de cientos de años de evolución hasta convertirse en la vida vegetal y animal que hoy conocemos. Por lo tanto, a priori, un **proceso de abstracción consistiría** en recorrer el camino inverso: **eliminar todo lo que podría considerarse superfluo y accesorio hasta llegar a estructuras básicas, simples, geométricas.**

Quizá las artes plásticas nos ayuden a comprender lo que es una abstracción. En el polo contrario de lo abstracto está la *mímesis* de Aristóteles, para quien el arte era una imitación exacta de la naturaleza. Parece razonable que, desde que se inventó la cámara fotográfica, el realismo haya dado paso a otras tendencias pictóricas. Así, el arte abstracto no pretende reproducir fielmente la naturaleza. Al contrario, se fija solo en rasgos significativos potentes y los metaforiza, de forma que tienen la capacidad de evocar la realidad que los suscitó. En consecuencia, hay un proceso de descomposición de los rasgos y selección de aquellos que tienen más significación porque, además, el abstraccionismo pretende representar visualmente ideas espirituales.

La abstracción es, pues, la obtención de lo más importante, de lo básico y la eliminación de todo lo que podría considerarse superfluo, pero aun así con la capacidad de transmitir la misma idea. La abstracción es un proceso de resumen. El *abstract*, que suele encabezar un artículo científico, no es otra cosa que un resumen del mismo.

Dicho esto, vivir la vida en abstracto no parece ser muy atractivo. Si la abstracción en el arte tiene sentido, en la vida, donde está presente más de lo que imaginamos, puede llevarnos a un proceso de desnaturalización. Antes de entrar a describir lo que sería una vida en abstracto me gustaría hacer algunos breves apuntes históricos y filosóficos para entender por qué nuestra vida se ha creado a base de abstracciones. Los procesos de abstracción acompañan al hombre desde sus orígenes: la pintura rupestre, a base de trazos, realizados con economía de recursos, limitados a lo esencial y con capacidad para evocar la realidad, es abstracta; especialmente aquella que tiene bases geométricas. El universo y la naturaleza son geométricos. Detrás del cuerpo humano, de la hoja de un árbol o de un grano de sal subyacen estructuras geométricas.

En las sociedades donde todavía no existía la moneda el trueque era solo posible gracias a un proceso de abstracción. Subyace un proceso de igualación matemática donde $A = B$, porque al intercambiar un saco de trigo por una oveja se abstraía que ambos tenían el mismo valor. Con la aparición de la moneda, cuyo uso físico va en declive, cuantificamos el valor de las cosas. Por ejemplo, decidimos que 1 Kg de harina

= 1 euro. Este proceso de simplificación no ha terminado y continúa porque preferimos pagar con una tarjeta bancaria en lugar de llevar billetes y monedas. Más aún, tenemos la posibilidad de pagar con el móvil. Y es probable que en un futuro no muy lejano podamos ir a una tienda, coger lo que necesitamos, salir sin haber interaccionado con nada ni con nadie y, sin embargo, habiendo pagado.

Las ciencias positivas (matemáticas, física, química y biología) se impusieron como el auténtico conocimiento en el siglo XIX. El positivismo, término usado por primera vez por el filósofo y matemático francés Auguste Comte, defiende que el conocimiento genuino se limita a la interpretación de los hallazgos «positivos»; es decir, reales, perceptibles sensorialmente y verificables; todo ello expresado con la matemática como su principal recurso. ¿Sabías que las matemáticas proceden de algo mucho más tangible como es la geometría? Todavía recuerdo haber estudiado en el bachillerato de mi época ejercicios de conjuntos y subconjuntos, ángulos, triángulos y líneas paralelas. La abstracción de razonamientos geométricos dio lugar a las matemáticas. Los planteamientos figurativos, propios de la geometría, a lo largo de muchísimo tiempo, se fueron haciendo numéricos. Así que la matemática resulta ser lo más abstracto, menos complejo y de mayor aplicabilidad.

El positivismo se caracterizó también por lo social, pues esta filosofía quería trasladar al orden humano los principios que rigen en el orden físico y biológico, lo cual se veía útil para reorganizar la sociedad. Del positivismo vino el progreso experimentado por las ciencias y el avance tecnológico, dando lugar a la revolución industrial: la máquina de vapor, el gas, la electricidad... Con ello se impulsó también el crecimiento demográfico, el desarrollo de una nueva burguesía, la explotación de la clase obrera, la aparición de los sindicatos, la lucha de clases... El comercio y las rutas comerciales conformarán un mundo capitalista cada vez más abstracto.

¿Qué es «la vida en abstracto»? Es un proceso de simplificación, de despojo de todo aquello que es prescindible. ¿Y qué es lo prescindible? Pues la respuesta variará, dependiendo de quién conteste. Seguramente las religiones nos darían una respuesta concisa. Distintas filosofías ofrecerían fórmulas diversas. Pero vivimos en el aquí y en el ahora, inmersos en esta sociedad capitalista y la respuesta está delante de nuestros ojos. Del positivismo hemos heredado una sociedad que gira en torno a todo lo que es cuantificable y medible: el peso, la forma, la masa, la velocidad, la longitud... A modo de ejemplo, el mundo empresarial está monitorizado por *KPIs (Key Performance Indicators)*. Los indicadores claves del rendimiento son un conjunto de medidas cuantificables que monitorizan el desempeño de una empresa en función de los objetivos.

¿Qué es lo más valioso que tiene el ser humano? En mi opinión, el tiempo, porque tiempo equivale a vida. El tiempo que conocemos, el que nos da el reloj de ruedas engranadas, es un tiempo abstracto, cuyo significado e implicaciones para la humanidad ha sido **la imposición de un ritmo de vida artificial y convencional**. Es artificial porque nos hemos inventado un tiempo en el que las horas son uniformes e intercambiables: si pido una hora libre en el trabajo, puedo poner una hora más otro día. Es convencional porque todos hemos aceptado vivir nuestra vida al ritmo que marcan las horas del reloj. Nos hemos impuesto un ritmo extraño a nuestra propia constitución natural, aun a riesgo de poner en peligro la propia felicidad. En la parte opuesta de este ritmo artificial están todas las demás especies animales que viven al ritmo de su propia naturaleza.

A partir de esta concepción del tiempo mecanizado se ha estructurado nuestra vida laboral convencional a la que dedicamos al menos, cuantificablemente hablando, ocho horas al día, cinco días a la semana. Por la cesión de estos trozos de vida aceptamos recibir una contrapartida de dinero. Si lo cuantificamos, 160 horas de vida = «x» monedas/mes. Y de aquí también surge un gran problema ético. En esa ecuación la «x» no tiene el mismo valor para todos; dicho de otra manera, los distintos trozos de vida no tienen el mismo valor monetario en nuestra sociedad occidental. Sí, sí... podemos argumentar que hay personas que se han sacrificado para estudiar y que se lo han ganado. Eso por no hablar de los que lo han conseguido de forma abusiva, de los que se lo han apropiado por sus posiciones de poder, de los que lo han heredado... En el fondo, no es más que pura ideología porque la ideología no tiene nada que ver con la verdad, sino con las creencias de un grupo social que legitima un estado de cosas. Según Louis Althusser, en su libro *Ideología y aparatos ideológicos del Estado* (1970), «La ideología es una falsa conciencia de la realidad generada por los que se encuentran en el dominio del poder político y económico».

Por otro lado, para que haya trabajo necesitamos consumir, pues el consumo demanda producir y la producción, mano de obra. Estamos atrapados en un círculo vicioso en el que producimos para consumir, **convirtiendo nuestra vida en un simplificado engranaje, según la visión de Sabato**[27]. Es una vida ordenada, casi como la querían los positivistas, medible en todos los sentidos, simplificada a la

---

[27] Sabato, Ernesto (1973). *Hombres y engranajes*. Madrid: alianza Editorial

esencia de trabajar para consumir. Es una simple ecuación: **tanto produces = tanto puedes consumir**. Ni siquiera estaría del todo mal, si tuviéramos una vida positivista, ordenada y matematizada, en la que todos trabajáramos por igual y recibiéramos por igual. Pero la revolución industrial, junto con el progreso, fruto de ese positivismo, también trajo miseria, lucha de clases y la explotación de muchos significó el enriquecimiento de unos pocos. Y es que, pese al reduccionismo y abstraccionismo al que nos hemos sometido socialmente, no hemos logrado reducir los instintos más bajos de la condición humana: la ambición, el poder, la dominación, la envidia, la avaricia, la fama...

Si nos detenemos un momento a pensar, observaremos que **las mayores abstracciones de nuestra vida se relacionan con el tiempo y con el dinero**: intercambiamos trocitos de nuestra vida por dinero que necesitamos para vivir.

Ya hemos avanzado cómo el dinero representa una abstracción de lo que es un intercambio o trueque. A su vez, este, cada día más abstracto (ya casi no pagamos con billetes, ni con monedas), nos proporciona intercambios por otros elementos que solucionan necesidades físicas (ropa, alimento, casa) o espirituales (viajes, ocio, cultura, diversión...). El psicólogo Abraham Maslow desarrolló la conocida teoría de la pirámide en su obra *Una teoría sobre la motivación humana* (1943). Maslow establece que las necesidades humanas se pueden representar en una pirámide de forma jerárquica y argumenta que conforme se satisfacen las necesidades más básicas (parte inferior de la pirámide), los seres humanos desarrollan necesidades y deseos más elevados (parte superior de la pirámide). Así, en la base de su pirámide encontramos las **necesidades fisiológicas** (respirar, alimentarse, descansar, sexo, homeostasis...). El siguiente escalón es el de **necesidad de seguridad** (seguridad física, de empleo, de recursos, moral, familiar, de salud, de propiedad privada). Los siguientes tres escalones son de carácter más espiritual: la necesidad de **pertenencia**, de **reconocimiento** y de **autorrealización**.

Al hilo de esta teoría, si reducimos la pirámide a lo esencial, es decir, hacemos una abstracción de la misma, nos quedaríamos apenas con la base y poco más (algo del segundo escalón); esto es, con lo puramente fisiológico. En nuestra sociedad capitalista lo que reciben muchas personas por la cesión de su tiempo de vida apenas les da para cubrir sus necesidades más básicas (supervivencia). Y es que, **sin las necesidades básicas plenamente cubiertas, las necesidades espirituales pasan a un segundo plano**. He aquí unos simples ejemplos: ¿quién se plantea salir a cenar con los amigos, o apuntarse a un gimnasio, o estudiar, si toda su energía está puesta para poder llegar a fin de mes? Sin embargo, vivir la vida a plenitud significaría poder llegar al último escalón: motivación de crecimiento, necesidad de ser y autorrealización; es la necesidad que está en la cúspide de las necesidades y por la que se llega a un sentido satisfactorio de la vida. **Es la autorrealización, el desarrollo de todas nuestras potencialidades, de llegar a ser lo que mejor podamos ser**.

Tal vez pienses que estoy haciendo un reduccionismo y una abstracción de la vida hiperbólico y exagerado. Y es cierto. A veces es necesario poner una lupa o desbrozar para comprender mejor la realidad y entender cuáles son las dominancias que nos gobiernan. Sin lugar a dudas, la vida es mucho más y hay cosas más importantes. Pero, tristemente, dependen en gran medida de ese intercambio de nuestro tiempo por el dinero. **Es por ello que intercedo por una rebelión pacífica contra el hecho de ser un engranaje**. Eso no significa que nos vayamos al monte a vivir de forma autosuficiente con los recursos que la naturaleza nos ofrece. Hay gente que lo hace, pero como sociedad no estamos preparados y, probablemente, tampoco queramos.

Nuestra sociedad capitalista ha creado una gran maquinaria de la cual es muy difícil zafarse porque cada uno de nosotros somos engranajes necesarios. **El ser humano capitalista es un individuo productor-consumidor, en abstracto.** Los que más producen, o se les atribuye una mayor producción, tienen mayor capacidad de consumir. Por eso hay grandes diferencias sociales; hay quien apenas puede llenar la cesta de la compra y quien puede comprar un yate. En términos cuantitativos la diferencia es abismal, pero desde el punto de vista conceptual, en términos abstractos, estamos hablando de lo mismo.

Parece que fue American Express quien inventó la tarjeta de crédito con un primer desarrollo en 1958. En España, trece años después, el BBVA se convirtió en la primera entidad financiera que implantaba la tarjeta bancaria como método de pago alternativo al dinero físico. Hoy, cincuenta y dos años después, el pago con tarjeta es de uso masivo y según el Banco de España alrededor del 40% de la población realiza los pagos diarios con tarjeta. Aunque las preferencias de pago en efectivo son mayores, el pago con tarjeta se impondrá a medida que se produzcan los relevos generacionales. La tarjeta bancaria no solo representa una abstracción (simplificación) del dinero, sino que además sirve para abstraer (simplificar) al individuo. **A través de las compras por medio de la tarjeta bancaria es posible realizar la trazabilidad de una persona y construir un perfil muy completo de los rasgos de su comportamiento y estilo de vida.** Aspectos tales como qué tipo de ropa le gusta, sus comidas favoritas, el ocio que prefiere, dónde va de vacaciones, si fuma, si bebe, si va al gimnasio, si se endeuda más de lo que puede...; pero no solo se traza los productos que consume sino también a qué horas, con qué frecuencia y dónde. De esta forma se crea una **imagen abstracta de las personas**, a la que se le ha despojado de las emociones, de los sentimientos, de las metas, de los sueños...

Sin embargo, **ese avatar de hombre consumidor es el que interesa al poder y a la economía para exprimirlo y manipularlo**. Toda la información que se recoge del uso de la tarjeta bancaria se comparte entre afines. Nuestros datos personales y perfil de consumidor circulan sin ninguna restricción por más que se invoque a la protección de datos personales. En esa letra pequeña, que nadie lee, hemos firmado, por ejemplo, que aceptamos que se compartan nuestros datos con empresas del grupo. Un truco para que nuestros datos circulen por doquier. De esta forma, el teléfono, que antes significaba una determinada esfera de intimidad, se ha convertido en algo de dominio público. Nos llaman a cualquier hora para vendernos todo tipo de productos sin importar si estamos en el trabajo o, simplemente, descansando.

Prefiero pensar que el hombre no es un engranaje productivo, sino un ser afectivo, emocional y creativo con aspiraciones sociales más nobles como la libertad, la fraternidad, la solidaridad y el respeto de la naturaleza.

Para poder visualizar mejor lo que es una **vida en abstracto** y una **vida plena** se me ocurre utilizar una comparativa. Un árbol en abstracto podría reducirse a una serie de trazos de líneas rectas. Es el árbol desnudo, con la sola estructura del tronco con sus ramas principales y secundarias. Es el ser reducido a su mínima expresión y aun así con la capacidad de poder ser identificado como un árbol. En contraposición, tenemos al árbol natural, vivo, con todo lo accesorio y lleno de parafernalia: sus verdes hojas con vivos y brillantes colores matizados, oxigenando la atmósfera; sus frutos rojos, o verdes, o amarillos; sus pájaros en el que habitan con sus nidos o, simplemente, descansan y sestean en sus ramas; sus insectos recorriendo la corteza o polinizando sus flores; su ramaje que proyecta la frondosa sombra que cobija... ¿Bajo qué árbol te gustaría descansar? **Lo abstracto tiene sentido para la ciencia y para el arte, pero no para la vida.**

Tras reflexionar acerca de nuestra vida en abstracto es inevitable cuestionarse. ¿Quiere el ser humano cambiar este curso de las cosas?, ¿es posible hacerlo?, **¿hay alguna solución que permita la convivencia de lo natural y lo abstracto?**

Ernesto Sabato miró con mucha desconfianza al positivismo; Doctor en ciencias físicas y matemáticas, abandonó la investigación científica para dedicarse a la literatura y apunta a lo que para él es más valioso de nuestra vida:

> «La ciencia estricta, la ciencia matematizable, es ajena a todo lo que es más valioso para el ser humano: sus emociones, sus sentimientos, sus vivencias de arte o de justicia, sus angustias metafísicas. Si el mundo matematizable fuera el único verdadero, no solo sería ilusorio un castillo soñado, con sus damas y juglares: también lo serían los paisajes de la vigilia, la belleza de un lied de Schubert, el amor. O por lo menos sería ilusorio lo que en ellos nos emociona»

Por un lado, tenemos lo abstracto, lo matematizable, la ciencia y la razón; y en su opuesto, lo concreto, lo no matematizable, lo cualitativo, el arte y las emociones. Parece evidente que no podemos vivir de espaldas a la ciencia, como es claro también que no debemos seguir desnaturalizando al ser humano hasta convertirlo en un engranaje o en un ente matemático. No hay nada más alienante que nuestra vida se reduzca a ser un engranaje en el mundo. Es como si entregáramos nuestra vida a merced de los intereses de la economía y del poder.

El ser humano no ha tenido tiempo para adaptarse a los cambios que ha experimentado en su vida a partir de la irrupción de la tecnología. Es más, no ha tenido tiempo, ni de pensar, ni de reflexionar. La realidad es que estamos sumidos en un mundo tecnologizado que no sabemos a dónde nos llevará. Yo creo que es necesario un cambio de rumbo en cuanto al uso de la tecnología. Por ahora, solo está enfocada para el beneficio del poder y la economía. Sin embargo, el ser humano y el planeta tienen otras necesidades: reducción de las emisiones de CO_2, la lucha contra las causas del cambio climático y la desertización, la sustitución de combustibles fósiles como el carbón y el petróleo, la prevención de terremotos y desastres naturales, la limpieza de los océanos, la lucha contra las pandemias, la energía limpia y su almacenamiento, el tratamiento de enfermedades como la demencia, el alzhéimer o el cáncer, la regulación y control de la inteligencia artificial… ¿Seremos capaces de poner la tecnología a favor del ser humano, de las demás especies y del planeta en general?

La vida en abstracto a la que nos conduce la tecnología actualmente no es interesante para el ser humano.

¿Quién o qué dirige tu vida? No es una pregunta para contestar de inmediato. Tómate tu tiempo y piensa si lo que haces se corresponde con tu personalidad, con tus dones, con tus valores, con tus deseos, con tus sueños… y respóndete desde la humildad o desde el orgullo, pero desde la verdad que anida en tu interior y que solo tú conoces.

«Este es el destino contradictorio de aquel semidiós renacentista que reivindicó su individualidad, que orgullosamente se levantó contra Dios, proclamando su voluntad de dominio y transformación de las cosas. Ignoraba que también él llegaría a transformarse en cosa»

Ernesto Sabato

5. La Vida Desde las Emociones

«No quiero estar a merced de mis emociones. Quiero usarlas, disfrutarlas y dominarlas»

El retrato de Dorian Gray. Oscar Wilde

Hace unos 100.000 años tan solo había en la tierra un millón de humanos de diferentes especies (*homos*), bastante menos que los actuales habitantes de Barcelona o Madrid. Ya eran pocos, de por sí, cuando debió ocurrir un suceso en el planeta hace unos 70.000 años que diezmó a todas las especies, incluido al *Homo sapiens*. La especie humana estuvo al borde de la desaparición; apenas quedaron unos pocos miles de ejemplares, alrededor de 5.000. ¿Cómo se ha llegado a tal conclusión? Pues por la poca diversidad genética actual que indica que **en el pasado tuvo que haber algún evento que diezmara el ADN**. Exteriormente parecemos muy diversos y variados en cuanto a color de la piel, vello corporal, altura, complexión..., sin embargo, apenas nos diferenciamos genéticamente un 10%, lo que indica que en algún momento hubo, lo que se ha llamado, un **«cuello de botella genético»**. Esto significa que somos descendientes directos de un pequeño grupo de humanos que sobrevivió a la catástrofe. Gracias a las capas del hielo del ártico se ha logrado descubrir que hace unos 70.000 años hubo un gran pico de concentración de sulfatos, lo que apunta a una catástrofe natural de dimensiones apocalípticas que solo podría tener un único origen: una supererupción. Se cree que fue la explosión del Toba (hoy un lago de Sumatra). Vomitó tal cantidad de cenizas y gases tóxicos a la atmósfera que hizo desaparecer a muchas especies y puso en grave peligro la supervivencia de la especie humana en la tierra.

¿Cómo sería la vida de entonces? Un cielo con poca luz, ambientes irrespirables y poco alimento porque muchas especies vegetales y animales habían desaparecido o estaban al borde de la extinción. **Cada día debía ser una lucha, una competición por la vida, un estado de alerta permanente.** Parece ser que fue uno de los momentos más críticos para la supervivencia de la raza humana en condiciones realmente adversas. ¿Podemos imaginar la cantidad de emociones que vivieron aquellos seres humanos? Miedo, angustia, inseguridad, desconfianza, ansiedad, solidaridad, ira, envidia... Son respuestas a los estímulos inciertos y desconocidos que suponían una amenaza para sus vidas o para la adaptación al mundo drásticamente cambiante. Nuestro cerebro era más rudimentario, más emocional y muy rápido en sus respuestas. La corteza cerebral no estaba tan evolucionada como la actual. En el hipotético caso de que nuestros antepasados hubieran podido hacer un análisis racional sobre los pros y contras de tomar una decisión en una situación crítica, quizá, eso nos hubiera llevado a la desaparición. Nuestro mundo emocional es un **tesoro milenario oculto** del que solemos tener **un nivel de conciencia bajo**, un **control limitado** y un **aprovechamiento pobre**. Te invito a realizar un recorrido apasionante para comprender el origen y significado de nuestras emociones y, lo más importante, en palabras de Oscar Wilde, para «...usarlas, disfrutarlas y dominarlas».

5.1 Los Dos Lobos o la Casa de los Huéspedes

Esta es una leyenda *cherokee*. Se dice que un anciano transmitía a su nieto las tradiciones y sabiduría de su pueblo. Le cuenta como cada día hay una lucha terrible entre dos lobos en nuestro interior. Uno es blanco y el otro negro. Uno es la maldad, la ira, la envidia, la tristeza, el egoísmo, la soberbia la mentira... y el otro, la bondad, la alegría, la esperanza, la serenidad, la humildad, la compasión, la paz... El lobo blanco representa nuestro lado luminoso y puro, mientras que el lobo negro se hace eco de nuestro lado más oscuro. El combate es feroz entre las dos fuerzas, entre el bien y el mal. El niño pregunta con curiosidad: abuelo, ¿quién ganará la batalla? A lo que el sabio responde: el que tú elijas alimentar.

Hay una ligera variación en el final del relato que lo hace aún más interesante. En esta otra versión de la leyenda, el abuelo le dice a su nieto que en realidad ambos lobos deben ganar porque no es una batalla de fuerzas opuestas, sino de fuerzas en equilibrio. Hay que alimentar a los dos lobos porque ambos se necesitan y debemos guiarlos por el buen camino. **En nosotros habitan los dos lobos buscando el equilibrio de la vida que precisa de esa tensión vital.** Unas veces dominados por la claridad, otras por la oscuridad, de ambos lobos aprendemos a dar la mejor respuesta a los retos de cada día. El modo de cómo procesamos las emociones nos permitirá guiar a nuestros dos lobos por el buen camino.

El guerrero anciano le explica a su nieto que, si elige alimentar solo al lobo blanco, entonces, el negro, hambriento, se esconderá entre los matorrales para atacarlo cuando lo vea débil o relajado. Además, el lobo negro es noble y tiene virtudes de las que el lobo blanco carece: pensamiento estratégico, determinación, tenacidad y coraje... Esta dualidad es la esencia misma del ser humano, es el *ying* y el *yang* indisoluble, por lo que no debemos eliminar, anular o acorralar a una parte. Al contrario, nos conviene tenerla en cuenta, conocerla y controlarla para que nuestra vida este en equilibrio. La lucha de los lobos es también la interacción de la razón y la emoción en la búsqueda del mejor equilibrio que dé sentido a nuestra vida. No hay emociones positivas, negativas, ni neutras, como algunos las catalogan. **Las emociones son energía y el resultado positivo o negativo de una emoción o de varias interactuando entre ellas dependerá de la manera en que las procesamos**. Y es nuestra mente la que se va a encargar de dirigir esa energía. Resulta beneficioso que dediquemos tiempo a pensar en nosotros mismos, en esas fuerzas antagónicas que hay en nuestro interior y en cómo las alimentamos y encauzamos. No matemos de hambre nuestros miedos porque es necesario que los reconozcamos, los entendamos y los transformemos. **No matemos de hambre a la rabia, a la ira, a la tristeza porque quieren decirnos algo que, sin lugar a dudas, mejorará nuestras vidas**.

No solo las tradiciones orales son una revelación del mundo emocional; también la poesía:

La casa de los huéspedes

El ser humano es una casa de huéspedes.
Cada mañana un nuevo recién llegado.
Una alegría, una tristeza, una maldad.
Cierta conciencia momentánea llega
como un visitante inesperado.
¡Dales la bienvenida y recíbelos a todos!
Incluso si fueran una muchedumbre de lamentos,
que vacían tu casa con violencia.
Aun así, trata a cada huésped con honor.

> Puede estar creándote el espacio
> para un nuevo deleite.
> Al pensamiento oscuro, a la vergüenza, a la malicia,
> recíbelos en la puerta riendo
> e invítalos a entrar.
> Sé agradecido con quien quiera que venga,
> porque cada uno fue enviado
> como un guía del más allá.
>
> (Poema de Rumi, un poeta sufí del siglo XIII)

Yalāl ad-Dīn Muhammad Rūmī fue un reconocido poeta persa que escribió esta joya poética sobre las emociones. *La casa de los huéspedes* de Rumi[28] tiene la magia de poder expresar y decir mucho con pocas palabras sobre el mundo emocional. Es de apreciar cómo las emociones son objeto de reflexión desde un punto de vista que resulta sorprendentemente actual. **El poema aborda el mundo emocional desde la unicidad, ajeno a las dualidades de contrarios que tanto nos gusta en Occidente.**

Esta sabiduría antigua y poética refleja que nuestros huéspedes (nuestras emociones) tienen personalidades diversas y aun así hemos de recibirlos a todos y tratarlos con honor, incluso cuando algunos de ellos muestren maldad o traigan tristeza. Cualquiera puede estar creándonos un espacio para la felicidad, porque **todos son enviados del más allá como un guía para nuestra vida.** ¿No es emocionante comprender que los huéspedes que habitan en nuestra casa son oportunidades para hacer que nuestra vida sea más plena y tenga más sentido? Quizá no estemos desarrollando todas nuestras potencialidades porque no tratamos a todos los

---

[28] Yalāl ad-Dīn Muhammad Rūmī fue célebre poeta místico persa musulmán que vivió entre los años 1207 y 1273.

huéspedes con el respeto que se merecen y no estamos aprovechando los beneficios que nos proporcionarían.

5.2 Las Emociones con Toda Razón

Las emociones son nuestros recursos vitales. No se aprenden o se adquieren, sino que forman parte de nuestro ser desde que nacemos. Por ejemplo, gracias a las emociones podemos reaccionar de forma automática e inmediata sin pensar. Un niño inquieto, en un momento de distracción de su madre, gatea hasta el borde de la piscina y empieza a tocar el agua con su mano. Justo en ese momento su madre lo ve caerse dentro del agua. La madre, que no sabe nadar, ¿se pondrá a pensar en las opciones que tiene? No. Sin pensarlo, se lanzará a la piscina para rescatar a su hijo. Este es un ejemplo límite para explicar cómo las emociones producen respuestas automáticas en las que no interviene la razón.

Gracias a las emociones hemos llegado hasta aquí. Sin embargo, ese automatismo, que se relaciona con una situación de alarma, es compatible con otros procesos emocionales en los que existe una colaboración cognitiva. La experiencia nos ha enseñado qué es bueno o malo para nosotros; así pues, sabemos que una víbora nos puede picar con grave riesgo para la vida, o que no podemos tocar el fuego, o que debemos evitar cortarnos con un cuchillo. Hemos aprendido que ciertos eventos, animales salvajes u objetos nos producen miedo. No aprendemos las emociones, pero lo que sí aprendemos es a conectarlas con objetos, hechos, personas y otras especies, generando sentimientos.

Estas respuestas y aprendizaje emocional también se manifiestan en los animales; sin embargo, las emociones humanas no son un mero estímulo-respuesta y son cualitativamente distintas a las de aquellos debido a **nuestras**

capacidades mentales y cognitivas. Sería muy limitativo restringir las emociones a la supervivencia. No me cansaré de repetir **que el reduccionismo biológico no es interesante para una vida con sentido, ni para la felicidad**. Las manifestaciones emocionales físicas de nuestro organismo también se asocian a las creencias, a la moral, a las costumbres, a los recuerdos, a los pensamientos, a los deseos, a las expectativas, a los objetivos personales y aspiraciones. Y es que no son independientes del pensamiento, del conocimiento y del resto de capacidades del cerebro que comúnmente se llama racional, el neocórtex.

Por otro lado, a pesar de la universalidad de nuestra vida afectiva, existen pequeñas diferencias de las emociones humanas que encontramos entre distintas sociedades e idiosincrasias. Martha Nussbaum[29] señala las siguientes: las derivadas de hacer frente a una clase de peligros que otras sociedades desconocen (el entorno), las relacionadas con las creencias metafísicas, religiosas y cosmológicas, el repertorio emocional de las prácticas, usos y costumbres, las diferencias lingüísticas y las normas sociales. En esencia, la teoría de Martha Nussbaum, sin despreciar los aspectos fisiológicos y de supervivencia asociados a las emociones, enfatiza **en los aspectos cognitivos**, ya que poseen un gran significado vital para las relaciones humanas, la moral y la política.

Coloquialmente hablando, se dice que hay una dicotomía o lucha entre la razón y el corazón (metafóricamente, donde residen las emociones y los sentimientos). Y parece aceptado socialmente que es conveniente tomar las decisiones con la razón, con la cabeza fría, y no con el corazón.

---

[29] Nussbaum, M. C. (2008). *Paisajes del pensamiento: La inteligencia de las emociones*. Barcelona: Paidós

Sin embargo, si cada uno de nosotros piensa en las decisiones importantes que ha tomado en su vida, nos daremos cuenta de que la mayor parte de ellas han sido decisiones con una carga emocional considerable. Por ejemplo, casarse, tener hijos, dejar un trabajo para dedicarse a algo que gusta, comprarse un coche lujoso... Y con esto no quiero decir que debamos tomar las decisiones de forma emocional. Las cosas no son tan sencillas, ni tan compartimentadas.

No hace mucho, incluso los científicos creían que las emociones eran resultado de estructuras cerebrales primitivas en contraposición con las complejas y avanzadas estructuras del córtex, responsables de la lógica y el razonamiento. En las últimas décadas, estudios psicológicos y neurológicos, que han contado con novedosas técnicas de imagen y escaneo, han explorado nuevos campos de investigación mental. Aunque no lo creamos, la emoción y la razón se complementan, interactúan y se influyen mutuamente. Las conexiones neuronales de nuestro cerebro son innumerables y sorprendentes. Gracias al avance en la obtención de imágenes computarizadas de nuestro cerebro se está desentrañando parte de este misterio. Pero queda mucho por descubrir y por entender, ya que **el cerebro es un todo unificado, un sistema dinámico con infinidad de conexiones colaborativas**. Las grandes áreas que la ciencia ha descrito apenas nos permiten una comprensión superficial, pues estamos ante la presencia de un universo que podríamos calificar como mágico y desconcertante. Las facultades humanas son tan resolutivas que donde no llega la ciencia siempre habrá poesía para explicar de forma intuitiva lo desconocido. Miguel de Unamuno en su *Credo Poético* sintetiza esta colaboración de la razón y la emoción con apenas seis palabras de un verso: «**Piensa el sentimiento, siente el pensamiento**». ¿Quién lo podría expresar mejor?

5.3 Las Emociones que nos Apasionan

Todos sabemos por experiencia que nuestro estado de ánimo, el estado emocional, nos afecta en el día a día. ¿Quién alguna vez no se ha levantado por la mañana y ha sentido asco y hastío de ir a trabajar? No es algo que hayamos pensado; lo sentimos y nos afecta a la hora de actuar. O, por el contrario, nos hemos levantado felices porque ese día tenemos un encuentro especial con alguien a quien queremos y nos hemos preparado y vestido para la ocasión. ¿Y quién alguna vez no ha reaccionado de forma exagerada ante un estímulo, por ejemplo, conduciendo? Otras veces las emociones nos avisan de que algo no va bien; tenemos esa intuición, decimos que «tenemos un pálpito». Esas emociones inquietantes nos avisan para que actuemos, nos previenen para que las cosas no empeoren. Las emociones guían nuestro comportamiento y dirigen nuestras decisiones, lo que nos puede conducir a situaciones de tristeza, de superación o de felicidad.

No obstante, como ya hemos apuntado, nuestras capacidades cognitivas no son ajenas a los procesos emocionales, sino que forman parte de ellos. Generalmente las respuestas son adaptadas a nuestras necesidades, a la situación, al nivel de gravedad y a la urgencia. También puede ocurrir que la respuesta no sea adecuada o proporcional al estímulo, pero no es lo habitual en nuestros comportamientos. Cuando nos equivocamos es porque hemos malinterpretado o no leído correctamente la realidad.

Somos seres racionales y emocionales. No en partes iguales, sino en una interacción dinámica, variable y adaptable a los estímulos. Las emociones se generan en nuestro cerebro mediante un cableado complejo; todavía, en parte, desconocido. Sin las emociones no habríamos superado la adversidad, ni tampoco habríamos disfrutado de los afectos, de la colaboración mutua y la socialización y de todo lo bueno que la vida nos proporciona. Las emociones tienen memoria y albergan conocimiento, lo cual permite que podamos responder de la forma más acertada a las innumerables vicisitudes de la vida diaria.

Durante mucho tiempo se desdeñó lo emocional y se consideró que solo existía el cerebro racional. Cuando alguna persona reiteradamente hacía algo mal o tomaba decisiones no acertadas era común hacer una sucinta valoración: «Es que no tiene cabeza». Así de sencillo, la cabeza, tradicionalmente, se ha asociado al cerebro racional, en entornos educativos y también sociales. Es más, las emociones nunca han formado parte del currículo educativo. Y no es raro encontrar personas con alto índice de coeficiente intelectual y notas académicas excelentes con dificultades para encajar socialmente.

El **cerebro emocional existe y su sentido no es el de antagonizar con el cerebro racional**; todo lo contrario: son cooperativos, cuyo resultado es la creación de una mente admirable que nos ayudará a tener una vida plena. El cerebro emocional, que también se conoce por el sistema límbico, es el área del cerebro que se ubica debajo de la corteza cerebral y que integra áreas como el tálamo, el hipotálamo, el hipocampo y la amígdala. Son los centros de las emociones y de la afectividad. Tanto la amígdala como el hipocampo tienen roles muy relevantes. Mientras la primera es el «centinela» que procesa las emociones, el segundo las registra creando una «memoria» a corto y a largo plazo. Además, este cerebro, del que hemos querido pensar que «iba por libre», está en constante interacción con el cerebro racional, lo que significa que **podemos controlar y modular nuestras emociones**. Sin querer complicar las cosas, faltaría decir que esta interacción cuenta con la inestimable ayuda de los lóbulos prefrontales y frontales, filtrando las señales del sistema límbico y promoviendo acciones para dar respuesta a situaciones emocionales. **Los lóbulos prefrontales y frontales forman parte del neocórtex, que es la «corteza nueva o más reciente», es decir, son las áreas más evolucionadas de nuestro cerebro.**

Las emociones son vida, auténtica vida. Sin ellas la vida habría sido imposible, pues su función original era la de garantizar la supervivencia. Imaginemos por un momento el papel del cerebro emocional en periodos de la historia en los que el ser humano estuvo a punto de la extinción. Sé que es difícil ponerse en situación e imaginarlo porque, por lo general, no nos enfrentamos a situaciones verdaderamente críticas para la vida. Nuestras emociones no se agolpan a flor de piel para solventar dificultades inmediatas y continuas. Hoy nuestras emociones tienen un **papel más dinamizador en el horizonte temporal de nuestra expectativa de vida**: nos protegen y nos informan de actuales y de potenciales peligros, pero también nos proporcionan **motivación, entusiasmo, energía e impulso** para el logro de nuestras aspiraciones, metas y deseos.

En el lado opuesto estaría la **apatía**, una vida sin motivación, sin objetivos, «sin alma», que es lo que etimológicamente significa el término. Gracias a las emociones nos protegemos y defendemos; podemos amar, experimentar la felicidad, asombrarnos ante la belleza, sentir curiosidad, mostrar empatía, poner pasión en lo que hacemos; incluso, aprender y recordar, especialmente los momentos de sufrimiento y de dolor. Por las emociones también discutimos, odiamos y tenemos miedo. Lo mejor y lo peor de nuestra vida proviene de las emociones, mejor dicho, de **cómo las procesamos**. Deseamos que nos invadan las emociones asociadas a momentos de felicidad. Cuando contemplamos un paisaje, o vemos una película, o practicamos un deporte, o nos divertimos con nuestros amigos, o nos vamos de viaje, o amamos... sentimos, pensamos o decimos: «**es emocionante**». Sin embargo, para que las emociones nos proporcionen sensaciones positivas requieren de un proceso de transformación, pues **son adaptables y procesables**, gracias a nuestras capacidades mentales.

Las emociones son respuestas a estímulos externos que provocan un cambio repentino en nuestro ánimo y pueden desencadenar reacciones diversas. De hecho, la palabra emoción viene del latín *e-motio* que significa poner en movimiento. Las emociones se generan con rapidez y duran muy poco tiempo, que no va más allá del transcurso de un día. Esto tiene su lógica, ya que están asociadas a cambios físicos que se producen en nuestro organismo. Ante diversos estímulos sensoriales la amígdala puede poner a funcionar al sistema límbico con la liberación de descargas de adrenalina. Por ejemplo, hemos recibido una mala noticia y nos hemos puesto tristes; en el metro alguien nos ha pisado sin querer y nos ha invadido la ira; hemos visto una rata en una alcantarilla y nos ha dado asco; hemos recordado nuestras últimas vacaciones y nos ha dado alegría. Estas emociones han durado poco y probablemente no han ido más allá.

Las emociones no siempre nos van a proporcionar momentos felices; al contrario: van a ser también las responsables del dolor psíquico y de la amargura. Nuestras experiencias traumáticas son huellas imborrables para la amígdala, cicatrices psíquicas que no desaparecen y que pueden estar afectando a nuestra vida actual. Los traumas son heridas emocionales que se relacionan con experiencias de terror, de dolor o de impotencia para lidiar con un peligro real o imaginario. Además, estas emociones asociadas a experiencias traumáticas se caracterizan porque suelen ser de larga duración o incluso pueden durar toda la vida. Son las que se derivan de los desastres naturales (terremotos, inundaciones…), guerras, accidentes, abusos (físicos, psíquicos o sexuales), la muerte de un ser querido, enfermedades inesperadas, suicidios y todo tipo de violencia en general. Especialmente graves son los traumas sufridos en la infancia y adolescencia; mucho más, si se sufren en soledad y sin ayuda. No soy un experto como para dar consejos y orientar en la superación de traumas emocionales severos; sin embargo, necesariamente hemos de ponerlos sobre la mesa porque minan la salud física y mental, el bienestar, la felicidad y la ilusión por la vida. **Los traumas son pesados lastres que anulan o limitan el sentido de la vida.**

Sin despreciar y minusvalorar el sufrimiento y el dolor de las personas que han padecido traumas terribles, todos en nuestra vida hemos sufrido pequeños traumas que nos acompañan. Las heridas emocionales pueden ser grandes o pequeñas, pero, heridas al fin, van a dejar una huella indeleble en nuestra alma. Lo que caracteriza a estos traumas, con los que podemos convivir y no suponen una gran traba para nuestras vidas, es que pueden llegar a desarrollar **«creencias» autolimitantes**: «no soy bueno en esto o aquello», «nadie me aprecia», «no soy importante para este grupo», «¿a quién le importa mi opinión?», «yo seguro que no puedo hacer eso», «no me merezco el puesto que tengo», «soy un impostor», «no voy a tener éxito», «no voy a encontrar un trabajo», «no le caigo bien a esta gente», «soy incapaz de hablar en público», «mejor no digo nada porque se van a reír de mí», «no tengo ilusión», «no puedo gustar a nadie»…

Las cicatrices no van a desaparecer porque representan la memoria emocional y el aprendizaje, pero es posible, y tenemos la capacidad mental para ello, transformar esas creencias en pensamientos más positivos, que nos desarrollen en lugar de disminuirnos. Si las emociones son vida, si son identitarias del ser humano, la gran cuestión es... ¿cómo dirigir toda esa energía para vivir mejor, con más sentido y más felices? **No podemos vivir sin las emociones por lo que debemos aprender cómo vivir mejor con ellas.** Antes de responder a esta pregunta tan significativa profundicemos un poco más acerca de nuestras emociones primarias.

5.4 Ese Inquieto Centinela, y las Emociones Primarias

La responsable de dirigir todos estos procesos emocionales es una parte muy pequeña de nuestro cerebro. **La amígdala**[30] es una estructura del tamaño de una almendra situada en la base de los dos hemisferios cerebrales, justo debajo del tálamo, que actúa como un centro de regulación emocional. Es un **centinela siempre alerta ante las amenazas** cuya respuesta puede ser de huida o de ataque. El tálamo se encarga de recibir y distribuir toda la información sensorial (oído, vista, olfato o tacto), pero antes de que llegue al neocórtex la amígdala es capaz de procesar la información gracias a un atajo con el tálamo de una sola sinapsis[31]. En situaciones críticas en las que, por ejemplo, nos invade el miedo, estamos sometidos a mucho estrés o simplemente estamos angustiados, la amígdala toma el control y cortocircuita al neocórtex y puede dar lugar a una respuesta exagerada, no lógica y no adaptada a la situación; pero también nos puede salvar la vida, resolver un problema o evitar consecuencias negativas.

---

[30] Del latín, *amygdala*, a su vez, del griego antiguo ἀμυγδάλη, *amygdálē*, almendra.
[31] La sinapsis neuronal es la zona de transmisión de impulsos nerviosos eléctricos entre dos células nerviosas (neuronas) o entre una neurona y una glándula o célula muscular.

Este proceso automático, exagerado y no adaptado, fue bautizado por Daniel Coleman como «secuestro amigdalar». Así, por ejemplo, cuando alguien reacciona ante una situación de forma desmesurada, es decir, grita, echa «sapos y culebras» por la boca, se enfada sobremanera, aspavienta y no escucha, decimos que tiene un secuestro amigdalar.

La amígdala se encuentra en lo más profundo del cerebro donde se generan las emociones primarias como el miedo y el desagrado y se procesa todo lo relacionado con nuestras reacciones emocionales; no es una estructura aislada, ya que forma parte del sistema límbico[32] que la conecta con el sistema nervioso autónomo y el endocrino, provocando la liberación de neurotransmisores como la adrenalina y noradrenalina. Por otro lado, el hecho de que la amígdala sea una estructura primitiva, responsable de reaccionar rápidamente ante situaciones de peligro, nos puede hacer pensar que se relaciona con el mandamiento biológico de la supervivencia. Sin duda que así es. Sin embargo, la amígdala es mucho más. Enriquece nuestra vida.

Gracias a ella procesamos todos los estímulos del entorno y los asociamos a situaciones que pueden producir placer, miedo, felicidad... y, además, anticipa una respuesta emocional preparando nuestro cuerpo, como quien calienta los motores para la acción, mediante el aumento de la frecuencia cardiaca, de la respiración, tensando los músculos, sudando o dilatando las pupilas. Esto ocurre cuando escuchamos la música que nos gusta, cuando nos encontramos con un amigo al que no hemos visto hace años, cuando nos para la policía porque hemos cometido una infracción, o cuando hacemos un examen en el que nos jugamos mucho.

---

[23] Parte del cerebro que incluye el tálamo, el hipotálamo y la amígdala cerebral, que regula las emociones, la memoria, el hambre y los instintos sexuales.

Además, este pequeño duende se encarga de consolidar y de almacenar todas las experiencias emocionales que nos dejaron huella al tiempo que modula la memoria episódica, es decir, nos ayuda a revivir todos aquellos sucesos autobiográficos como si ocurrieran ahora. La amígdala cerebral se activa también cuando interaccionamos con personas a las que no conocemos, evaluando el nivel de confianza que nos inspira su cara, o su aspecto físico en general, acercándonos o alejándonos. **En definitiva, la amígdala nos permite experimentar una gran cantidad de emociones y sentimientos que nos hacen tomar conciencia de que estamos vivos.**

Paul Ekman[33] definió en 1972 seis emociones básicas universales: **ira, asco, miedo, alegría, tristeza y sorpresa**. Fue el primero en investigar y profundizar en la psicología de las emociones y las expresiones faciales asociadas a ellas. La clave de su investigación se basó en constatar que estas expresiones faciales no estaban determinadas por el entorno cultural, sino que eran **involuntarias, inconscientes y universales**[34], lo que significa que su origen es biológico, alineado con la hipótesis de Chales Darwin[35] sobre el origen genético de las expresiones faciales. Y no es de extrañar, pues como mencionamos anteriormente, apenas hay diversidad genética en el ser humano.

En los últimos años se ha criticado a Ekman por caer en el reduccionismo biológico. Si bien no estoy de acuerdo con las simplificaciones en general, en este caso me inclino por estar del lado de este investigador. Si las emociones vienen

---

[33] Ekman P. (1992). Are there basic emotions? *Psychol Rev,99(3):*550-3
[34] Ekman, P., & Friesen, W. V. (1971). Constants across cultures in the face and emotion. *Journal of Personality and Social Psychology, 17(2),* 124–129
[35] Darwin, C. (1998). *La expresión de las emociones en los animales y en el hombre.* Alianza Editorial.

acompañadas con cambios físicos en nuestro organismo, que no dependen de nuestra voluntad, no es de extrañar que las expresiones corporales gestuales que las acompañan sean de igual manera autónomas e independientes. Y ello nos conecta con otro tema apasionante que es el de la comunicación no verbal.

En posteriores investigaciones se pone de manifiesto coincidencias al identificar cuáles son las emociones básicas del ser humano. Prácticamente la diferencia está en el número de ellas. Algunos investigadores las amplían hasta ocho o nueve, aunque un estudio de la Universidad de Glasgow del 2014 las limita a solo cuatro (miedo, tristeza, ira y felicidad). Dicho esto, y a pesar de todo, creo que las emociones básicas propuestas por Ekman nos ayudan a comprender este universo.

Pese a que se pueden encontrar lecturas que hablan de valencias positivas, negativas y neutras yo no puedo estar de acuerdo con esta clasificación, como ya he mencionado anteriormente. Ello lleva implícito un resultado predeterminado sin tener en cuenta que **detrás de cada emoción hay un individuo con capacidad de voluntad y libre decisión**. Estoy convencido de que las emociones son **recursos vitales** y su positividad o negatividad dependen de nosotros, de cómo hemos manejado esos recursos y de lo que hemos obtenido de ellos.

Supongo que el lector habrá caído en la cuenta de que la Psicología es quien ha dado nombre y caracterizado a las emociones. En realidad, la discusión sobre si las emociones básicas son cuatro, seis o nueve tiene poca importancia. Poner nombre a los fenómenos emocionales puede tener su utilidad educativa. Sin embargo, apenas se puede identificar dominancias, porque las emociones constituyen un conglomerado dinámico de energía que se mueve en todas las direcciones. Se me ocurre una imagen preciosa que puede representar el mundo emocional. Es una fotografía del telescopio James Webb del universo profundo con sus galaxias, incontables estrellas con brillos diversos, exoplanetas y polvo espacial. Ese conglomerado de energía en expansión puede ser una metáfora de nuestro mundo emocional. No obstante, identificar emociones y nombrarlas, no solo es útil para lo académico, sino también para nuestro autoconocimiento. Entonces, la clasificación de Paul Ekman puede sernos de gran ayuda.

El **miedo** es un legado evolutivo que está ligado a la supervivencia y prepara nuestro organismo para huir de una situación potencialmente peligrosa o incluso para enfrentarnos a ella. El miedo ayuda a proteger la vida, a tener previsión y a no cometer actos imprudentes. Obviamente, el miedo ha evolucionado para dar respuestas adaptadas a nuestro entorno, relacionadas con la solución de problemas. El miedo nos ayuda a reflexionar y a retrasar decisiones de las que no estamos seguros. Nos obliga reevaluar situaciones para no equivocarnos. Hoy también padecemos otras dificultades vinculadas al miedo que pueden estar al límite de lo patológico como las fobias, donde el peligro no es real o es improbable. Se calcula que el 10% de nuestros miedos son infundados. Lo peor del miedo gratuito es la parálisis, la inacción y una excelente disculpa para no salir de la zona de confort.

El miedo ante lo desconocido también nos aleja del autodesarrollo, del crecimiento personal, de la posibilidad de encontrar caminos de felicidad. Por tal motivo, es importante reflexionar y evaluar nuestros miedos para decidir si tienen un fundamento real, ya que **el miedo por el miedo no tiene ningún sentido y puede ser una auténtica limitante de**

nuestras vidas. Piensa en cuántas cosas has dejado de hacer por miedo y cuántos de esos miedos estaban justificados. Una simple evaluación de los pros y contras de una decisión nos puede dar bastante luz. ¡Lánzate!

La **tristeza** es el antónimo de la alegría que se manifiesta por un decaimiento del estado anímico de la persona. No hay energía, ni motivación, ni planes de futuro positivos. La actividad cognitiva y conductual se reduce a su mínima expresión con una experimentación subjetiva de la pena. Pero, por otra parte, **la tristeza tiende a la reintegración personal, a la introspección y nos obliga a hacer silencio para reformular esquemas**. Los duelos son importantes. ¿Cómo voy a organizar mi vida a partir de ahora? Quizá se abren nuevos horizontes, nuevas perspectivas, nuevos caminos que recorrer. **El duelo nos ayuda a reflexionar para encontrar la luz que necesitamos**. Sin embargo, lo ideal es lograr que la tristeza dure lo menos posible porque, si es muy prolongada, se convierte en una enfermedad del alma que duplica las posibilidades de sufrir un infarto.

La **ira** irrumpe súbitamente ante situaciones que nos resultan repulsivas o frustrantes, relacionadas con nosotros mismos o con los demás. El cuerpo se activa y se prepara para la autodefensa o el ataque. Los procesos cognitivos se suspenden y la energía se dirige a evitar o neutralizar la situación o a las personas que la provocan. En general estas situaciones se refieren a la integridad física, a la autoimagen o a la autoestima. El enfado excesivo (ira) es cada vez más frecuente a nivel social, laboral o familiar, quizá porque cada vez somos menos tolerantes y estamos sometidos a más presión social. La ira puede aparecer cuando nos hacen perder el tiempo, cuando las cosas no salen como esperábamos, cuando conducimos, cuando alguien nos desprecia, cuando se cuestionan nuestros principios… Sin embargo, a veces, necesitamos enfadarnos para marcar límites en diferentes entornos y evitar que abusen, o se aprovechen de nosotros, o de los demás. Si soy testigo de una injusticia en relación con una persona, probablemente, la ira, el enfado, me dará las fuerzas para defenderla. La ira, como la tristeza, tiene que ser puntual y de corta duración; además, se asocia a problemas de salud como la hipertensión, la angina de pecho, el infarto de miocardio y los trastornos gastrointestinales.

La **alegría** es una emoción placentera. La persona hace una valoración de la situación favorable en relación con sus objetivos y propósitos. **La vivencia de la alegría se caracteriza por un bajo nivel de ansiedad, niveles de energía y motivación altos y buenas vibraciones respecto al futuro**. Nos hace más sociables y nuestro pensamiento se vuelve más flexible, creativo y divergente. Es una emoción en la que siempre nos gustaría estar porque todo lo que nos proporciona es positivo, no solo para nosotros, sino también para las personas con las que nos relacionamos. Se dice que la alegría es contagiosa. Hay personas que por naturaleza tienden a ser alegres y ello supone un aire fresco y de optimismo para sus compañeros y amigos. No todo el mundo tiene este don, pero todos tenemos la posibilidad de sonreír y de mostrar una cara amable cada vez que nos cruzamos o interaccionamos con otra persona. La sonrisa denota la alegría y también es recíproca y contagiosa. **Sonríe cada día porque recibirás el doble de lo que das**. Por un lado, estás enviando señales positivas a tu cerebro y, por otro, estás contagiando a los demás con tu sonrisa. Esto lo puedes hacer de forma consciente, pero debe ser real; no un rictus labial. La verdadera sonrisa nace del corazón y llega hasta los ojos. ¿No te has percatado de que hay ojos que sonríen y otros no? Fíjate.

El **asco** o **aversión** tenía la función de protegernos ante alimentos que podían ser perjudiciales para nuestro organismo. No obstante, hoy tenemos esa sensación de rechazo con alimentos que no son peligrosos para nuestra salud. Simplemente el aspecto externo, o su olor, o su sabor nos pueden producir asco. Pero no solo las comidas provocan esta emoción; también determinados olores, sensaciones táctiles, imágenes y algunos animales como insectos, reptiles y roedores. En conclusión, nos aleja de todo aquello que nos puede perjudicar.

La **sorpresa** está causada por algo imprevisto, extraño o novedoso que nos obliga a pararnos y focalizar la atención. Aunque suele ser fugaz, desencadena otros procesos mentales como la curiosidad y el aprendizaje. **Es una emoción muy poderosa** porque es capaz de guiar nuestra atención hacia un objeto, una situación o una idea que, a su vez, puede generar proyectos y objetivos beneficiosos. Por ejemplo, si por tu trabajo necesitas hablar en público o comunicarte personalmente, generar sorpresa te ayudará a captar la atención y a transmitir mejor el mensaje a tu interlocutor. Pequeñas sorpresas ocurren en nuestro día a día cuando nos tropezamos por la calle con un amigo al que no veíamos desde hace tiempo, cuando encontramos un hueco para aparcar en una avenida abarrotada de coches, cuando degustamos un plato por primera vez, cuando sentimos curiosidad por conocer el funcionamiento de una máquina…, pero también tenemos sorpresas menos agradables como cuando recibimos una notificación de una multa de tráfico.

Estas emociones y otras nos acompañan cada jornada, como también lo hacen nuestros pensamientos. Ya anteriormente hemos argumentado que **la vida empieza a tener significación con la toma de conciencia de uno mismo y que nuestro modo de sentir influye y dirige tanto o más que**

nuestros pensamientos. Conocerse a uno mismo implica comprender la forma de cómo reaccionamos a los estímulos externos desde nuestras emociones. Todas las respuestas deberían estar adaptadas a la situación, es decir, deben ser proporcionales y útiles en su propósito. Hay personas que tienen respuestas exageradas ante cualquier inconveniente y les gusta, como se dice, coloquialmente hablando, «montar el pollo». Cuando la respuesta no es proporcional al estímulo nos aleja del objetivo que pretendemos e incluso puede provocar hilaridad. A mí siempre me ha causado muchísima risa interior los enfados exagerados de mis jefes. A alguno que otro le gustaba hacer un *casus belli*[36] de sucesos no deseables, dramatizando y exagerando la realidad y sus consecuencias. Lo peor es que creían que infundiendo miedo lograrían sus objetivos. Pero nada más alejado de la realidad. Cuanto más se enfadaban, más risa interior provocaban hasta tal punto de no poder contenerla. Y es que la hipérbole y la exageración son estrategias que habitualmente utilizan los humoristas.

La proporcionalidad de las respuestas emocionales en relación al estímulo es imprescindible para nuestro equilibrio emocional, para tomar decisiones que nos beneficien, para mantener buenas relaciones con los demás, para resolver problemas y dificultades... De lo contrario no nos van a beneficiar, ni nos van a proporcionar felicidad.

¿Cómo percibimos lo que está ocurriendo? La primera respuesta va a ser determinante. Tanto nuestros pensamientos como nuestra emotividad van a decidir qué hacemos con el estímulo. Cada uno es dueño de sí mismo y la forma de cómo alimentamos a la primera reacción depende de nosotros. De hecho, cuando alguien ha dado una respuesta

---

[36] Expresión latina que significa «motivo para la guerra»

exagerada ante un estímulo y es consciente de ello es común una disculpa: «lo siento, he perdido el control».

5.5 Las Pasiones y los Sentimientos

De las emociones derivan otros dos componentes de nuestra vida afectiva: las pasiones y los sentimientos.

Las pasiones nos empujan a convertir en realidad lo que parecía un sueño e incluso a realizar gestas inimaginables. Así como las emociones duran muy poco, las pasiones pueden ser de larga duración, con consecuencias positivas o negativas para nosotros y para la sociedad. Nos apasiona la persona amada, el arte, la música, el deporte, los viajes, los estudios, la investigación, la naturaleza, la moda, la tecnología, la lectura, las tradiciones, la concordia, la paz... Algunas personas llevaron sus pasiones hasta las últimas consecuencias y resultaron ser grandes artistas, científicos, héroes deportivos, emprendedores de éxito..., pero otras resultaron engullidas por ellas mismas porque, efectivamente, hay pasiones destructivas.

Etimológicamente pasión deriva del latín, *passio*, que significa padecer, sufrir. Las personas que sufren una pasión destructiva son en realidad víctimas de una obsesión que conduce al llanto, al sufrimiento y a la angustia. Y la pérdida de la persona u objeto de la obsesión conlleva a la desesperación de una vida vacía y sin sentido. Por eso la psicología explica la pasión desde dos perspectivas: una que es armoniosa y otra, obsesiva.

La **pasión armoniosa** por algo, por una actividad determinada, nos proporciona la experiencia de emociones con resultados positivos que, a su vez, fomentarán el aumento del bienestar psicológico e incluso físico. Todo lo contrario, podríamos afirmar de la pasión obsesiva. Sin embargo, parece que el hombre moderno no destaca por la pasión. ¿Qué sería del mundo sin personas apasionadas? Los grandes hitos de la humanidad han tenido detrás a personas apasionadas. ¿Qué empuja a un hombre a perderse en el océano desconocido hasta toparse con el Continente Americano, o a una mujer a dedicar su vida a la investigación y descubrir nuevos elementos como el polonio y el radio, o a un pacifista a enfrentarse sin violencia todo un imperio, o a un explorador obstinado a intentar cruzar la Antártida tres veces? Solo la pasión; la de Cristóbal Colón, Marie Curie, Gandhi, Ernest Shackleton y tantos y tantos otros. Pasiones constructivas que han traído grandes beneficios para la humanidad y que están ancladas en valores trascendentes. Y, por supuesto, han dotado a sus propias vidas de sentido. **¿Tienes alguna pasión armoniosa que sostenga tu vida?**

Los sentimientos, por explicarlo de forma sencilla, son las emociones después de un proceso de valoración racional, es decir, están elaborados por nuestra inteligencia y van a ser los **responsables de nuestro estado anímico del que depende nuestra energía, vitalidad y fuerza**. Son estables, duraderos en el tiempo y comprometen toda nuestra vida afectiva. Al igual que las pasiones, están ligados a los valores de cada persona. **Los sentimientos representan nuestra huella de identidad afectiva**. Son tan poderosos como las emociones en su capacidad de movilizar hacia algo bueno o malo. Sentimientos son el amor, la gratitud, la bondad, la esperanza, la motivación, la felicidad, la euforia… pero también lo son la culpa, la frustración, el estrés, el odio, la envidia, el rencor, el resentimiento…

Se podría decir que nuestro estado anímico es el resultado de la diferencia entre los sentimientos positivos y negativos. Sin embargo, esto no es una foto fija, ya que todos pasamos por distintos estados de ánimo en un mes o, incluso, en un día. Estas variaciones anímicas dependen tanto de lo físico como de lo que pensamos, de lo que «rumiamos»; por lo tanto, **cuidado con subestimar el poder de nuestros pensamientos**. Evitar los pensamientos y sentimientos negativos nos proporcionará bienestar, felicidad y paz. El no hacerlo significa abrir la puerta a la amargura, a la intranquilidad, a la infelicidad y a un estado anímico inestable. Por ejemplo, las personas que sienten odio hacia otras difícilmente serán alegres porque el odio produce amargura. Sentir animadversión, rabia u odio hacia alguien no tiene ningún efecto sobre esa persona; sin embargo, tiene un efecto muy negativo sobre nosotros mismos.

Ser una persona de buenos sentimientos no ha estado muy valorado, especialmente en entornos profesionales. No hace mucho eran frecuentes comentarios tales como «es buena persona, pero tonto» como si no fuera posible ser buena persona y, a la vez, inteligente. Para ser buen profesional es necesario ser buena persona. Un profesional que es buena persona será honesto y hará las cosas lo mejor posible, independientemente de las apariencias; un profesional que es buena persona es coherente, transparente y no tiene doblez; un profesional que es buena persona no se apropiará de los méritos de otros o no utilizará su posición para autopromocionarse; pero lo más importante, un profesional que es buena persona trabajará por el bien común de su organización en un marco ético compatible con su propósito de vida. Nuestros sentimientos impregnan todas las facetas de la vida, no solo lo profesional. Estamos hablando del **«ser»**, de lo que es consustancial a nosotros mismos y no del **«parecer»**. ¿Es posible aparentar que tenemos buenos sentimientos? No creo que por mucho tiempo, ya que el compromiso de los sentimientos es tan grande que es imposible sostenerlo a base de apariencias.

El esfuerzo por construir un corazón lleno de sentimientos positivos es uno de los elementos que contribuye a dar sentido a nuestras vidas. No quisiera que estas palabras resonaran como la defensa de un buenismo insulso y sin propósito. De hecho, el buenismo se ha identificado como un término peyorativo y da a entender que muchos de los problemas se resolverían a través del diálogo, la solidaridad, la tolerancia, pero sin tener en cuenta las dificultades y los aspectos negativos, de forma un poco ingenua.

En realidad, de lo que **estamos hablando es de la bondad, de lo bueno, que implica hacer acopio de sentimientos positivos y tener una inclinación a hacer el bien**. No te dejes embaucar por aquellos que preconizan que la vida es una lucha en la que hay que ser malo, jugar sucio y pisotear a los demás para sobrevivir. Los que así piensan y actúan están contribuyendo a hacer un mundo peor para todos. Tener buenos sentimientos no significa que seamos candorosos, pues también debemos ser conscientes de que en nuestro camino nos vamos a encontrar con personas dominadas por sentimientos negativos a las que les cuesta expresar bondad. Todos podemos ser buenos y malos en un momento dado. Nadie es bueno o malo *per se*. ¿Acaso no puede haber dentro de nosotros un Dr. Jekyll y Mr. Hyde?[37] Las circunstancias que nos tocan vivir, sin duda, influyen en nuestros sentimientos. Pero la voluntad y nuestros pensamientos son determinantes para decidir.

La educación en el seno de la familia y en la escuela, nuestras experiencias vividas y, sobre todo, nuestra personalidad y nuestra voluntad van a determinar cómo

---

[37] «Fue en el terreno de lo moral y en mi propia persona donde aprendí a reconocer la verdadera y primitiva dualidad del hombre. Vi que las dos naturalezas que contenía mi conciencia podían decirse que eran, a la vez, mías porque yo era radicalmente las dos». Jekyll y Hyde

procesamos las emociones y las transformamos en sentimientos. Hay un ejercicio racional en ello y, por lo tanto, **nuestra decisión tiene un papel determinante**. Podemos educar nuestros sentimientos. A diferencia de las emociones, caracterizadas por la impulsividad y el control amigdalar, los sentimientos son el poso que nos han dejado las emociones, transformado por nuestro pensamiento. Los sentimientos más profundos guían nuestra vida y por esta razón debemos afanarnos por transformar las experiencias vividas en buenos sentimientos que, a su vez, serán los responsables de nuestro equilibrio emocional y de la felicidad. Además, estaremos contribuyendo al bien, a un mundo mejor. Nuestro mundo precisa de personas con buenos sentimientos, solidarias, colaboradoras y que convivan en equilibrio y armonía con los demás seres vivos; pues los malos sentimientos provocan destrucción y desequilibrios a muchos niveles de la vida del planeta.

Así pues, nuestra afectividad se expresa en tres niveles que, aunque distintos, están interconectados de forma compleja: **emociones, pasiones y sentimientos**. De igual modo que necesitamos energía en forma de alimento para que nuestro cuerpo funcione, necesitamos de energía emocional para vivir. ¿Tendría sentido la vida de un cuerpo bien alimentado, incluso con capacidad racional, pero carente de emociones, pasiones y sentimientos? Definitivamente, no. Eso sería lo más parecido a un robot. ¿Qué solemos decir, coloquialmente hablando, del individuo que no expresa ni sus emociones ni sus sentimientos? Es una persona fría.

5.6 Gobernar «Nuestra Casa de Huéspedes»

La división que hacemos del sistema emocional y racional de nuestro cerebro es una separación solo pedagógica en aras de la comprensión. Sin embargo, el cerebro es un todo único en el que sus partes funcionan de forma interconectada, cooperativa y dependiente. El cerebro ha ido evolucionando desde nuestros orígenes a lo largo de los distintos periodos y adaptándose a las condiciones de vida existentes. Nuestros antepasados tenían un cerebro más pequeño que el actual, pero que fue creciendo progresivamente. Cuando se desarrollaba una nueva zona la naturaleza no anulaba las antiguas, sino que las conservaba, formándose una sección más reciente sobre ellas. Así, el cerebro emocional se sitúa justo debajo de la corteza cerebral y está en constante interacción con ella. Esto es una buena noticia porque significa que podemos tener control sobre nuestras emociones, pasiones y sentimientos. El cerebro humano tiene unas capacidades increíbles y está dotado de gran plasticidad para poder adaptarse y responder adecuadamente ante cualquier circunstancia.

En su novela *Middlesex*, Jeffrey Eugenides decía que «La biología te da un cerebro. La vida lo convierte en una mente». Hasta ahora nos hemos referido al cerebro como el órgano que es, físico y tangible, pero necesariamente debemos hablar de **la mente**. Desde el punto de vista biológico todos los cerebros humanos son estructuralmente muy parecidos, pero la función y desempeño en cada uno de nosotros es diferente, lo que da lugar a mentes únicas e individuales.

La mente es intangible, no se puede ni ver ni tocar, no tiene forma ni estructura. Es el compendio de todos los procesos conscientes e inconscientes del cerebro, es la expresión misma de nuestro cerebro. La actividad cerebral deviene, por medio de un complejo cableado eléctrico y neuroquímico, en procesos mentales: el razonamiento, los sentimientos, los pensamientos, la memoria y el lenguaje. Unos 85.000 millones de neuronas conforman una red que es responsable de todas las funciones vitales, como respirar, hacer la digestión o dormir; pero también de los pensamientos, los sentimientos y de las conductas.

Una de las características más importantes de esta compleja red es su plasticidad, es decir, su capacidad para cambiar. En la práctica esto significa que podemos aprender cosas nuevas inimaginables, modificar nuestras conductas e incluso controlar y transformar nuestros sentimientos. No obstante, la gran cuestión es el cómo. Nadie nos ha enseñado a utilizar el poder de nuestra mente para desanclar hábitos dañinos y convertirlos en saludables, o a enderezar los caminos torcidos. **¿Y si ponemos a trabajar al cerebro emocional a nuestro favor y no a nuestra contra?**

El neurocientífico Richard J. Davison saltó a la fama a mediados de los dos mil por haber registrado la actividad cerebral de monjes budistas. Lo novedoso fue el descubrimiento de que la meditación era capaz de modificar el cableado cerebral, creando conexiones más sólidas entre regiones responsables de la atención, la motivación, la empatía…, además de un aumento de la actividad cerebral[38]. Con base en este descubrimiento, Davison formuló su teoría de que las personas podemos cambiar nuestro estilo emocional modificando el comportamiento. Actualmente esta teoría es muy controvertida e incluso superada. La tendencia presente me parece más lógica: los pensamientos son capaces de cambiar los comportamientos. Sin embargo, dada la plasticidad cerebral, yo no tomaría su teoría a la ligera. En cualquier caso, lo relevante de su investigación es certificar que **la meditación produce modificaciones en el cerebro.**

---

[38] Davidson RJ, Kabat-Zinn J, et al. (2003). Alterations in brain and immune function produced by Mindfulness meditation. *Psychosomatic Medicine*; 65:564-70

Hoy disponemos de numerosos estudios científicos que, mediante la utilización de técnicas de neuroimagen y neurofisiológicas, han comprobado los cambios en la estructura del cerebro de aquellos que practican la meditación versus a los que no la practican. Todo ello ha contribuido al desarrollo de la actividad conocida como *mainfullness*[39]; en español, «**atención plena**», que consiste en tomar conciencia del momento presente sin prejuzgar, juzgar, apegarse o rechazar la experiencia, con plena apertura y aceptación. Ha tenido múltiples aplicaciones, tanto en las ciencias del comportamiento como en la medicina. En el fondo no es otra cosa que una técnica de meditación. Pero todos **estos descubrimientos y experiencias son muy alentadores porque subrayan la idea del poder de nuestra mente para conducir nuestras vidas** por un camino que al menos sea satisfactorio.

Probablemente lo que más está contribuyendo en los últimos tiempos a la autorregulación positiva de las emociones es el desarrollo de lo que se conoce como la **inteligencia emocional**. Todo comenzó a principios del siglo pasado cuando algunos pioneros empezaron a reivindicar un tipo de inteligencia diferente a la cognitiva (la memoria o la capacidad para resolver problemas). En 1920 Edwuard L. Thomdike utilizó el concepto de **inteligencia social**[40] para explicar la habilidad de comprender y motivar a otros. Posteriormente, en 1940, David Wechsler señaló que el **comportamiento inteligente**[41] depende de factores no intelectivos tales como la motivación, las expectativas y el afecto. Además, sugirió que estos factores deberían incluirse

---

[39] *Mindfulness* es un antiguo sinónimo en inglés de *attention* que estaba en desuso y se empezó a utilizar en la década de los setenta.
[40] Thorndike, R. L.; Stein, S. (1937). «An evaluation of the attempts to measure social intelligence». *Psychological Bulletin (34)*: 275-284.
[41] Wechsler, D. (1940). «Non-intellective factors in general intelligence». *Psychological Bulletin (37)*: 444-445.

en los *tests* de inteligencia. Sobre la base de estos autores, Howard Gardner en 1983 subrayó la idea de que los habituales predictores de inteligencia, tal como el **coeficiente intelectual**, no son capaces de valorar la inteligencia desde todas sus perspectivas pues no contemplan la **inteligencia interpersonal e intrapersonal**[42], ni otras inteligencias como la lógica matemática, verbal, capacidad espacial, talento musical y talento plástico.

Aunque el término de **inteligencia emocional (IE)** ya había sido utilizado por algunos autores anteriormente, fue Daniel Goleman[43] quien lo consagró tras la publicación de su libro *Inteligencia emocional* en 1995; su aparición tuvo una enorme repercusión y sentó las bases para que las emociones formaran parte del bienestar personal y del desarrollo profesional. Goleman definió la IE por exclusión, es decir, por todo lo demás que no es inteligencia cognitiva, estableciendo de esta forma dos categorías de inteligencia personal: la cognitiva y la emocional.

Por ser justos habría que mencionar que la IE también ha sido fuertemente cuestionada por falta de demostración empírica y hasta se ha dicho de ella que tiene más de mito que de ciencia. Quizá estos cuestionamientos son motivados por el hecho de que mucho conocimiento acerca de la IE proviene de la literatura comercial y de la consultoría, en principio, con menor rigor científico.

En cualquier caso, nada en la ciencia es ajeno a la controversia y siempre habrá promotores y detractores de las diversas teorías. La definición de la inteligencia no escapa a

---

[42] Gardner, Howard (2011). *Inteligencias múltiples: la teoría en la práctica*. Barcelona: Paidós.
[43] Goleman, D. (1996). *La inteligencia emocional*. Barcelona. Kairos.

esta circunstancia. *Mainstream Science on Intelligence* fue una declaración pública emitida por un grupo de investigadores. Apareció originalmente en *The Wall Street Journal* el 13 de diciembre de 1994. El borrador fue enviado a 131 investigadores de los cuales 52 lo corroboraron con su firma. A mi modo de ver, la definición propuesta es lo suficientemente amplia, nada restrictiva, y puede dar cabida a otras ideas:

> «La inteligencia es una capacidad mental, muy general, que implica habilidad para razonar, planificar, resolver problemas, pensar de forma abstracta, comprender ideas complejas, aprender con rapidez y aprender de la experiencia»

Inteligencia es un término que proviene del latín *intellegere*, formado por el prefijo *inter* (entre) y el verbo *legere* (leer, escoger), por lo que etimológicamente la palabra inteligencia significa «saber escoger algo»; es decir, la inteligencia es la correcta captación de la realidad en todas sus manifestaciones.

El poder de la mente es tan grande que influye en todos nuestros actos conscientes y, sin embargo, se estima que solo estamos utilizando el 1% de nuestra capacidad mental. ¿Podemos imaginar cómo sería nuestra vida si pudiéramos elevar ese porcentaje tan solo al 20%? Nuestra mente podría, por ejemplo, tomar el control de algunas funciones automáticas del sistema nervioso autónomo como el de la frecuencia cardiaca, la dilatación de los vasos sanguíneos, el metabolismo o, incluso, la reparación de tejidos y el combate de enfermedades. Hoy esto es ciencia ficción. Lo que está más claro es que con una mente positiva podemos llegar a ser aquello que queramos ser. **Es hora de que pienses en positivo, refuerces tu autoestima y tengas fe en ti.** Ello exige tener una mente abierta y librarse de todos los condicionamientos internos y externos que nos mantienen en nuestra «cajita» de comodidad.

Einstein decía que «La mente es como un paracaídas, solo funciona si la tenemos abierta». Ya la expresión «abrir la mente» denota que normalmente vivimos en nuestra habitación cerrada, en nuestro pequeño mundo que conocemos y en el que nos sentimos seguros. Pero en esa habitación no hay nada más que rutina y aburrimiento. Para abrir las ventanas y dejar que entre aire nuevo es necesario que tengamos una actitud receptiva y pongamos a trabajar nuestras capacidades mentales, especialmente a nuestra inteligencia para analizar la realidad y evaluar las oportunidades que se nos presentan.

Además, es preciso que soltemos los lastres del pasado que nos atenazan y nos condicionan. Esa pesada carga puede venir de nosotros mismos, de nuestra familia, de los amigos, del entorno laboral. A veces esos lastres son tan pesados que no podemos deshacernos de ellos totalmente e intentamos incorporarlos a nuevas perspectivas de nuestra vida, pero con un resultado insatisfactorio. Es como hacer una reforma parcial en una casa vieja cuyo resultado es algo que no parece viejo, ni tampoco nuevo. Sería como, coloquialmente decimos, «hacer un apaño». Pero nuestra vida no está para apaños; pues solo tenemos una y merecemos vivirla a plenitud.

La inseguridad y los miedos son los que nos impiden adentrarnos en nuevos caminos y avanzar. Sin embargo, todos los recursos que necesitamos están dentro de nosotros, están en nuestra mente. Gracias a nuestra mente podemos tomar conciencia de nosotros mismos y empezar a vivir y gracias a nuestra mente podemos dotar a la vida de sentido y propósito.

En definitiva, la mente es la expresión de todos los procesos cerebrales racionales y emocionales que están en constante interacción. **La mente somos nosotros, pues nos proporciona estado de conciencia e identidad**; pero no solo eso, ya que va mucho más allá: interpretamos y entendemos la realidad que nos rodea, establecemos relaciones afectivas y sociales, superamos los problemas y las dificultades y perseguimos metas, aspiraciones y deseos.

5.7 Poniendo las Emociones de Nuestro Lado

Las emociones forman parte de nuestras capacidades mentales, que además van acompañadas de cambios fisiológicos de nuestro organismo. Hemos reflexionado cómo estas nos pueden proporcionar momentos de satisfacción y de alegría, pero también de miedo, preocupación o tristeza. Son pura energía vital, potente y poderosa. De ellas derivan las pasiones y los sentimientos que van forjando nuestra personalidad emocional. La clave de todo está en cómo procesamos esas emociones y las alimentamos con nuestros pensamientos.

Hoy ya nadie discute que **el control emocional es posible con el objeto de lograr un equilibrio de fuerzas** que nos permita disfrutar de una vida plena. Las emociones han acompañado al ser humano desde sus orígenes y en épocas remotas tuvieron un papel muy relevante para la supervivencia. Hoy nuestra supervivencia no está constantemente amenazada y, sin embargo, **nuestro acervo emocional sigue intacto**. ¿De qué depende que las personas reaccionemos emocionalmente de forma diferente ante un mismo estímulo?

En primer lugar, esta es una característica de la condición de la naturaleza humana: **la diversificación**. La variedad de respuestas ante un mismo acontecimiento o estímulo es un fenómeno natural con el objeto de garantizar la supervivencia de los sistemas biológicos. **La vida tiene una estrategia de diversificación frente a la uniformidad;** esto se observa fácilmente en el reino animal y vegetal al estar distribuidos por familias, géneros y especies con sus específicos comportamientos. **La estrategia natural persigue que la conducta cubra toda la gama de posibilidades con el objeto de que la vida siempre salga adelante.** Es el pertinaz mandato biológico del que ya hemos hablado. La conducta humana tampoco está predeterminada, todo lo contrario, tiene una extensa variedad de opciones de respuesta, a diferencia de la de los animales, con un abanico de comportamientos mucho más limitado. Por otro lado, nuestras reacciones a un estímulo concreto no siempre serán las mismas, pues las circunstancias determinarán respuestas diferentes. No obstante, la diversidad de reacciones y respuestas ante un mismo estímulo no es caótica; hay una cierta uniformidad, lo que sugiere la idea de que nuestra mente posee algunas directrices que organizan y dirigen la conducta.

En segundo término, está el **procesamiento mental del estímulo**. Excepto en aquellos casos en que la amígdala toma el control debido a una situación emocional crítica, cualquier estímulo es procesado por nuestra mente. La percepción del estímulo a través de los sentidos ya comienza a configurar lo que será una respuesta, pues la atención es selectiva. **Nos fijamos en aquello que se relaciona directamente con nuestras necesidades e intereses o confirma nuestros puntos de vista.** ¿En qué medida me afecta a mí personalmente? La interpretación del estímulo es siempre subjetiva, es decir, tiene en consideración la educación recibida en el seno familiar, los pensamientos, las emociones almacenadas en la memoria, los sentimientos, las experiencias vividas, las creencias adquiridas y los valores. Este procesamiento, que involucra una compleja red neuronal, constituye **nuestro**

programa mental que adjudicará el significado subjetivo del estímulo. En este punto tiene gran peso el componente emocional de nuestras experiencias vividas relacionadas con el estímulo actual, de tal manera que puede imponerse una interpretación emocional sobre la lógica. Si como resultado de este proceso entendemos que hay una valoración de peligro o amenaza, con un nivel de intensidad que traspasa cierto umbral (nivel de sensibilidad), se impondrá el sistema emocional.

Una vez asignado el significado al estímulo seleccionamos la respuesta que nos parece más adecuada. ¿Y qué sería una respuesta adecuada? Pues **la que mejor representa lo que deseamos conseguir con ella, es decir, el objetivo de la misma**. No necesariamente estamos hablando de objetivos vitales que sean críticos. La mayor parte de las veces nuestras respuestas se refieren a objetivos sencillos del día a día y, por lo tanto, se producen por un simple y rápido proceso racional e incluso intuitivo.

Caso bien distinto es la respuesta a situaciones más trascendentes que tienen una implicación para nuestro futuro de vida como cambiar de trabajo, tener hijos, hacer las paces con un familiar, resolver un problema… Podemos tomarnos nuestro tiempo; la respuesta no suele ser rápida y tiene en consideración diversos factores que van desde los conocimientos y las experiencias hasta las emociones, sentimientos, motivaciones y valores. ¿Cuál de ellos tendrá más peso? Es un proceso de nuestro pensamiento. ¿En este transcurso se alimentará más a los factores objetivos, lógicos y racionales o la balanza se decantará por alimentar a los factores emocionales? Hay dos situaciones en las que nuestra naturaleza deja poco margen al cerebro racional. Son respuestas súper rápidas, automáticas, se podría decir. Esto ocurre en aquellos casos en los que la vida está amenazada de forma súbita o cuando nos invade un «secuestro amigdalar» debido a un enfado (ira) que puede tener motivos muy variados. Sin embargo, en la mayor parte de las situaciones de nuestra vida, podemos controlar, modular y matizar nuestras emociones. Y no es un proceso en el que el cerebro racional se impone sobre el emocional, anulándolo; todo lo contrario, ambos cerebros se retroalimentan, colaboran y sintetizan una respuesta lo más adaptada a la situación y a nuestras necesidades. Lo cual no significa que siempre acertemos con la respuesta, pues hay muchos factores que intervienen en el resultado final. Aunque la respuesta no haya sido satisfactoria, porque nos aleja de nuestro objetivo, siempre nos vamos a beneficiar del aprendizaje emocional. La experiencia será registrada y grabada y nos servirá para reaccionar de forma más adaptada en un futuro próximo.

Ilustremos todo este proceso con un ejemplo cotidiano que entra dentro de lo posible. Piensa que tú eres el protagonista de este episodio. Anoche estuviste de cena con unos amigos a los que no veías desde hace tiempo. Por este motivo no has descansado bien, te has levantado varias veces a beber agua, a tomar algo para la acidez de estómago e, incluso, a vomitar. La alarma ha sonado a su hora habitual a las 7 a.m. y te has despertado con la sensación de no haber dormido nada, con reseco, aturdido y muy cansado por lo que has pensado que necesitabas estar un ratito más en la cama. Te has vuelto a despertar casi una hora después y has estado valorando si llamar al trabajo para decir que estabas enfermo, pero pensando en todas las tareas pendientes has sacado fuerzas para levantarte y ponerte en marcha. Una ducha rápida y has salido a toda prisa sin desayunar. Aun así, has llegado tarde al trabajo unos veinte minutos. Tu jefa te estaba esperando muy enfadada y, sin atender a tus explicaciones, te ha llamado la atención con unas formas poco amables. En ese momento una descarga de adrenalina ha hecho que tu corazón empezara a latir con fuerza, has notado cómo tus músculos se tensionaban y tu mente se ponía a funcionar. Tu estado de alerta ha desestimado los elementos que no están a tu favor y se ha focalizado en aquellos que supuestamente te ayudan. Así, no has tenido en cuenta que anoche te pasaste bebiendo vino, que cenaste demasiado y que te acostaste tarde; tampoco, que habitualmente estás llegando tarde al trabajo entre cinco y diez minutos, algo que para ti se está normalizando.

Por contra, has pensado en el esfuerzo que has hecho para acudir al trabajo sin desayunar, estando muy indispuesto. Tu responsabilidad te ha hecho no desatender las tareas pendientes e ir a trabajar cansado y con la cabeza poco lúcida. Has sentido una cierta ira contra tu jefa porque ni ve, ni valora tu esfuerzo ni tu compromiso, pero no has pensado en su hartazgo por tu reiterada falta de puntualidad. Tu mente, en décimas de segundo, elabora una respuesta que tiene en cuenta los factores emocionales y racionales. Un primer impulso te habría provocado responder de malas formas para continuar haciéndote la víctima ante su falta de empatía. Simultáneamente, has acariciado el placer de renunciar al trabajo porque crees que eres imprescindible y eso pondría en aprietos a tu responsable directo. Pero también has tenido la visión de tu futuro cercano sin trabajo, sin salario, sin poder pagar el alquiler del piso y con la incertidumbre de buscar un nuevo empleo… y eso te ha apaciguado porque estarías lastimándote a ti mismo. Finalmente, de tu boca ha salido una disculpa que ha sido recogida por tu jefa con una cierta comprensión y os habéis puesto a trabajar con mayor implicación y energía de la habitual. Además, han ocurrido otros procesos inconscientes. Tu memoria emocional ha registrado que debes ser cauto cuando sales por la noche si al día siguiente tienes que trabajar, o que ser impuntual en el trabajo te puede generar problemas, o que mostrar humildad en determinadas situaciones te puede proporcionar comprensión.

Tu mente ha resuelto la situación de forma satisfactoria, aunque no óptima. Es lo que habitualmente hacemos en el día a día, resolvemos las situaciones de manera que podemos continuar con nuestra vida; pero ¿qué pasa con ese margen entre lo satisfactorio y lo óptimo? Es una posibilidad que nos permitiría vivir con una mayor plenitud y satisfacción. Volviendo al ejemplo, a nuestro **programa mental**, que ha procesado y ha dado respuesta al estímulo, le ha faltado incorporar información que se ha obviado de forma consciente o inconsciente. ¿Cuál es mi nivel de responsabilidad en el hecho del estímulo (enfado y llamada de atención de mi jefa)? ¿Cuál es mi nivel de empatía hacia los sentimientos de mi responsable directo? ¿Soy consciente de que mi reiterada impuntualidad está provocando alejamiento y pérdida de confianza? Si hubiéramos incorporado estos elementos, nuestro programa mental hubiera elaborado una respuesta algo diferente. El reconocimiento del problema y la muestra de empatía hacia tu jefa probablemente hubiera derivado en una conversación más fructífera para el futuro y para recuperar la confianza perdida o para sentar las bases de una nueva relación profesional.

Somos seres emocionales y, desde que nos levantamos hasta que nos acostamos, el sistema emocional está en constante interacción con el sistema racional para interpretar y dar respuesta a todos los estímulos que recibimos. **El valor del sistema emocional es innegable para la vida, no solo para la supervivencia, sino también para su sentido, disfrute y felicidad.** Del mismo modo que una vida sin emociones no es vida, una vida dominada por las emociones es una vida errática y pierde de vista el objetivo.

Habiendo entendido esto, la clave está en procesar las emociones de la manera más óptima de acuerdo a nuestros objetivos, lo que nos va a proporcionar una vida más plena y más satisfactoria. Si una misma emoción es capaz de producir resultados diferentes ¿por qué no alimentar nuestro pensamiento con los factores que nos van a proporcionar un mayor beneficio durante el procesamiento emocional? A esto es lo que llamo «**poner las emociones de nuestra parte**». Nuestra vida emocional es una «casa de huéspedes» con mucho trasiego; cada huésped trae algo que debemos aceptar con agradecimiento. El poeta Rumi utiliza esta hermosa metáfora para dibujar nuestras emociones que, dependiendo de cómo las tratemos, pueden proporcionarnos grandes beneficios para la vida: «Aun así, trata a cada huésped con honor. Puede estar creándote el espacio para un nuevo deleite».

Poner a las emociones de nuestra parte, gobernar la casa de huéspedes, nos traerá grandes beneficios para nuestra vida, para su disfrute y su sentido. Y por contra, dejar la vida a merced de las emociones nos puede conducir a la depresión, a la desesperanza y a la autodestrucción. La gran cuestión que sobrevuela es cómo conseguirlo. Pues no debe ser tan complicado porque la mayor parte de las personas lo hacemos, al menos de forma aceptable. A nuestro alrededor observamos comportamientos normales y predecibles, aunque en casos excepcionales podemos ver a personas arrastradas por pasiones destructivas. Lo que no podemos ver son las potencialidades de las personas que nos rodean con respecto a lo que ahora son. Obtener un aprobado raspado en nuestra regulación emocional no debería dejarnos satisfechos porque **lo importante no es lo que somos actualmente, sino lo que podríamos llegar a ser.**

Vivir la vida a plenitud, desarrollando todas nuestras potencialidades, con sentido, con propósito y trascendencia, solo lo conseguiremos dirigiendo las emociones a nuestro favor.

5.8. Recursos para el Dominio Emocional

Algunas herramientas se han rebelado útiles para poner las emociones a nuestro favor, de las que ya hemos comentado algunos aspectos. Son **la meditación, la conciencia plena (*maindfulness*) y la inteligencia emocional,** por mencionar las que mayor interés despiertan. Sus técnicas nos pueden ayudar a ese equilibrio emocional enriquecedor, aunque tengo que confesar que les tengo un cierto recelo porque se ha hecho de ellas un *mainstrem*[44] (corriente principal). Pues bien, todas estas herramientas por repetidas y nombradas han entrado dentro de lo convencional; pero, paradójicamente, solo para grupos con un cierto intelectualismo y mejor posición económica. Detrás de lo teórico viene la aplicación práctica, los cursos, los seminarios... Son las editoriales, las consultoras, los gurús y muchos profesionales de recursos humanos los que han dado todo el apoyo a estas herramientas, pues encontraron en ellas un beneficio económico o un medio de vida. Y finalmente, han gozado de más arraigo en el mundo empresarial; algunos de sus directivos entendieron que estas herramientas podían ayudar a sus empleados a un equilibrio que también impactaría en la productividad y por eso las financiaron. A pesar de ser *mainstream*, se han quedado en un círculo reducido de personas del entorno de los negocios y en otro grupo, más pequeño todavía, interesado en temas de la personalidad, el autodesarrollo y la psicología en general.

---

[44] Tendencia o moda dominante (corriente principal). Se entenderá mejor el concepto de lo que quiero transmitir si lo aplicamos a la música. Lo *mainstream* son las canciones que forman las listas principales, esas que las repiten tanto en la TV o en la radio que al final resuenan en nuestra cabeza; es la música comercial que incluye los géneros y las canciones que reciben el mayor apoyo de los medios.

Todo lo relacionado con el desarrollo y salud de la mente ha quedado fuera del currículo educativo, de los programas sanitarios y sociales, de los usos y costumbres, de los medios de comunicación… de tal manera que solo es accesible para personas a las que proactivamente les interesa estos temas.

La **meditación**, probablemente, sea el concepto más amplio y general, que incluso podría englobar a las otras herramientas. Es una práctica milenaria utilizada fundamentalmente por las religiones (el budismo, el hinduismo o el cristianismo). Como tal, la meditación es un proceso de entrenamiento de la mente para lograr diversos objetivos: el logro de la paz interior, la relajación, la oración, el control emocional, la concienciación… Por tal motivo la meditación puede tener diversos significados, dependientes de su contexto. Es un término compuesto por una raíz latina, *meditari* (considerar, meditar), más el sufijo *-ción* (acción y efecto). Así que, desde el punto de vista etimológico, **meditar es la acción y efecto de pensar antes de actuar**. Existen diversas técnicas de meditación que dependen de su enfoque; unas se fijan en la percepción y la experiencia, otras en un objeto determinado, e incluso en la relación mental y corporal.

La **conciencia plena o *maindfulness*** es considerada una técnica de meditación. Consiste en prestar atención a nuestra experiencia del momento, a lo que nos está sucediendo, pero de forma consciente, con verdadero interés, curiosidad y aceptación. Conceptualmente, parece algo sencillo, pero en la práctica no se logra tan fácilmente. **La mente, por medio de nuestros pensamientos, nos transporta continuamente al pasado, o nos proyecta a los miedos, o a las ilusiones del futuro, con lo cual se nos olvida que estamos viviendo en el momento actual**. Nuestro cuerpo está presente, pero la mente ha volado. Por si la dificultad fuera poca, vivimos en un mundo que no ayuda a tomar conciencia de nuestro presente, ya que está dominado por la velocidad con la que sucede todo, el ruido y el stress. Parece que el tiempo no nos llega y corremos para todo; para ir a trabajar, para hacer la compra, para recoger a los niños, para hacer ejercicio, para contestar los correos y los *WhatsApps*… Las alarmas y los relojes marcan el ritmo de nuestra vida en la que no queda espacio para la meditación. Es un ritmo de vida aceptado y autoimpuesto. Cuando escuchamos que alguien practica la meditación lo miramos casi como si fuera un friki. Así las cosas, inmersos en un mundo que muchas veces nos desborda, no es raro sentir insatisfacción con la vida que llevamos. El recurso más a mano y sin esfuerzo del que dispone nuestra mente es el de la evasión hacia los recuerdos, o situaciones felices del pasado, o hacia el ensueño de la vida que nos gustaría vivir. **La evasión comporta inacción. No moviliza, más bien paraliza y, por lo tanto, la vida queda en suspenso.** La conciencia plena es una técnica de meditación que nos puede resultar muy positiva, ya que **al reconocer y ser conscientes de nuestra realidad actual nos ayuda a vivir el presente, a sentirlo, a encararlo si no nos gusta; y es el punto de partida para la movilización hacia las metas y aspiraciones.**

La **inteligencia emocional** es una habilidad o capacidad y, como tal, se puede aprender, adquirir y potenciar. De la misma forma que hablamos del coeficiente intelectual (CI) podemos hablar de inteligencia emocional (IE) con *tests* específicos para su medición. **La inteligencia emocional es la capacidad para identificar, regular y comprender las emociones propias y las de los demás.** Es una toma de conciencia de nuestro estado emocional y, por lo tanto, de nuestra vida; resulta muy útil para crear empatías, comunicarnos de manera efectiva, resolver conflictos y expresar sentimientos sin miedo. Las empresas le han dado un gran valor porque algunos estudios apuntan a que el 80% del éxito profesional puede depender de la Inteligencia Emocional (IE). Pero lo más importante es que tú y yo comprendamos el gran valor que tiene para nuestras vidas. ¿Cómo podríamos traer paz y consuelo a un amigo que está triste si no entendemos su tristeza?, ¿cómo podríamos controlar nuestra ira si no somos conscientes de lo que nos está ocurriendo?, ¿cómo podríamos disfrutar de la alegría y expresarla si no nos permitimos los sentimientos positivos?, ¿cómo podríamos superar el miedo si no entendemos su origen y significado?, ¿cómo podríamos amar sin reparos?... Gestionar las emociones de forma inteligente significa **poner las emociones de nuestra parte**, es decir, regular nuestra respuesta de la forma que nos reporte un mayor beneficio y satisfacción duraderos.

Para comprender las emociones de los demás es necesario desarrollar la capacidad de la observación del lenguaje corporal de la otra parte. Sabemos que las emociones generan cambios físicos que son independientes de la voluntad: enrojecimiento, sudoración, tensión muscular y, sobre todo, **van a ser claves las expresiones faciales**. Las personas nos hablan con el lenguaje de su cuerpo, incluso sin ser conscientes de ello; hay gestos y expresiones que son equivalentes a los gritos y, sin embargo, ni nos enteramos. De igual manera tampoco somos conscientes de que nuestro propio cuerpo está continuamente comunicando. Es uno de los axiomas de Paul Watzlawick: «No es posible la no comunicación».

Para reconocer nuestras propias emociones es necesario entender correctamente el estímulo (lo más objetivamente posible) y lo que está generando en nuestro interior de manera que procesemos una respuesta o reacción que sea apropiada al estímulo y en consonancia con el objetivo que deseamos conseguir.

5.9 Los Cinco Pilares de la Inteligencia Emocional

Daniel Goleman, a quien en buena parte debemos la gran difusión de la inteligencia emocional, identifica cinco componentes:

5.9.1 La Conciencia Emocional (Autoconocimiento) implica tomar conciencia de cuáles son nuestros **estados internos**, conocer cuáles son nuestros **recursos** y permitir espacio para nuestras **intuiciones**. En general, no reparamos en ello de forma consciente, razón por la cual **solemos tener un bajo nivel de autoconocimiento**, especialmente en nuestra juventud. A medida que vamos madurando, vamos aprendiendo por la repetición de nuestras reacciones y, digamos, tenemos un mínimo autoconocimiento adquirido casi sin esfuerzo. Llega un momento en nuestra vida que hemos entendido que cuando estamos eufóricos, alegres, demasiado optimistas o, por contra, desanimados, tristes y decaídos no suelen ser buenas situaciones para tomar decisiones importantes. Es mejor esperar a que amaine la tormenta emocional para que veamos las cosas con más claridad y perspectiva. Aun así, sabiéndolo, podemos caer en la trampa. «No me provoques que me conozco» es una expresión que habremos oído más de una vez y que pone de manifiesto que el autoconocimiento no es suficiente, aunque por aquí empezamos.

¿Sabemos cómo nuestro estado de ánimo afecta a nuestro comportamiento? ¿Conocemos nuestras emociones y sus efectos? Para ello necesitamos hacer una correcta valoración de nosotros mismos, de nuestras fortalezas y de nuestras debilidades; pero, además, con plena confianza sobre la valoración que estamos haciendo de nosotros y de nuestras capacidades. Ponerse delante del espejo para vernos como realmente somos, sin las distorsiones con las que amenaza nuestro *ego*.

Esta humildad es imprescindible para que aprendamos de nuestra experiencia, aceptemos puntos de vista diferentes y nos ocupemos de nuestro autodesarrollo. Al tiempo, nuestra confianza se incrementará y podremos expresarnos sin miedo en línea con nuestras ideas y valores. Obsérvate desde la distancia, sin autoengaños, con humildad, pero también con sentido del humor y optimismo. Además, deja espacio para la intuición y lo que sientes en las tripas; es un indicador de nuestra capacidad para captar mensajes que nos llegan desde el almacén de nuestra memoria donde reposan los recuerdos emocionales, la sabiduría y las experiencias de todos los colores. Nuestra intuición mejora con los años, pues aprendemos de nuestra experiencia emocional; todo queda registrado y constituye nuestro patrimonio para hacer que nuestra vida tenga sentido cada día. **Este patrimonio intangible es mucho más importante que el dinero o el poder, pues en él se encuentran las claves de nuestra felicidad**.

5.9.2 El Autocontrol Emocional (Autorregulación) es la capacidad para controlar nuestros impulsos y sentimientos conflictivos y no dejarnos arrastrar por ellos. Todos hemos tenido experiencias en las que nos hemos dejado llevar por nuestros impulsos con consecuencias no muy positivas. Generalmente nos arrepentimos de ello. El autocontrol es el resultado de un trabajo colaborativo entre los centros emocionales y los centros ejecutivos de la región prefrontal. Esto significa que podemos aprender a regularnos evaluando lo que nos está ocurriendo. Basta con fijarse y conocer las propias dinámicas emocionales: los cambios físicos que se producen en nuestro cuerpo, los sentimientos que nos invaden, los impulsos, el tiempo que duran y los efectos que producen. Todo ello combinado con las experiencias pasadas por las que sabemos qué reacciones nos perjudican y cuáles nos ayudan. Finalmente, lo que obtenemos es una mejor interacción con nuestro entorno, ya que podemos contrapesar las emociones otorgando un mayor protagonismo a las emociones que nos benefician en cada momento particular.

5.9.3 La Motivación y la Automotivación. Se decía y se dice que una de las funciones gerenciales (de los jefes) era motivar a sus empleados, pero los jefes no tienen ese poder. En mi vida profesional he comprobado que esto no deja de ser una utopía y que, en el mejor de los casos, algunos creaban un ambiente de trabajo en el que los individuos se automotivaban. Lo que he visto más claro es que algunos jefes desmotivan. Sin embargo, no estamos aquí para hablar de los jefes, ni del papel de la motivación en el trabajo, sino de la motivación como un elemento importante de nuestra inteligencia emocional. Y es que la motivación es un motor interno que ponemos en marcha cuando nos apetece. Sí, cuando nos apetece, aunque esas apetencias dependan también de otros factores que no siempre están bajo nuestro control.

Me gusta recurrir a la etimología para un mejor entendimiento del significado de las palabras. Así pues, motivación deriva del latín *motus* (mover) y de sufijo *-ivus* (relación activa o pasiva) por lo que su significado etimológico se podría describir como la acción y efecto relativo al movimiento. ¿Qué es lo que nos mueve y moviliza por algo? A partir de aquí se han elaborado muchas teorías sobre la motivación humana. Hemos citado ya a Maslow para quien la motivación era el deseo de satisfacer una serie de necesidades que van desde las más básicas a las más espirituales.

Hablemos de la motivación de un modo más vívido y no tan teórico. Si me pongo a pensar en mi vida he comprobado que la motivación tiene mucho que ver con los estados de ánimo. En primer lugar, empiezo a pensar, por ejemplo, en un proyecto, algo que me gustaría hacer; lo acaricio, le doy vueltas... y, sin embargo, no puedo empezar hasta que me siento con ánimo. Cuando me veo en el momento adecuado lo inicio, empiezo a fluir y me voy sintiendo más a gusto con ello. Pensemos en algunos estados de ánimo con los que es muy difícil motivarse: la muerte de un ser querido, un despido, una pelea de pareja, un problema con tu hijo, la depresión o la apatía... Son estados de ánimo en los que no hay espacio para la motivación pues es como si nuestras capacidades mentales estuvieran en pausa. Lo ideal es tomar conciencia de ello y esforzarnos por sobreponernos. Muchas veces es cuestión de tiempo, pero la consciencia y la voluntad pueden acelerar adentrarnos en estados de ánimo más prometedores. Los pilares de la inteligencia emocional no son elementos aislados, sino que funcionan juntos y con total interdependencia; el **autoconocimiento** y el **control emocional** sin duda que tienen su papel en la motivación.

Si bien en nuestra vida tenemos estados de motivación donde fluimos con placer por algo que nos ocupa, hay una motivación superior que está por encima de todo. **¿Cuáles son nuestros motivos en esta vida por los que vivimos?** Hablamos sin duda del propósito que da sentido a todo, el gran motivo por el que nuestra existencia tiene una razón de ser para nosotros mismos. Contar con esta brújula en la vida facilita mucho disfrutar de estados de ánimo motivadores. Son muchas y variadas las formas de la motivación. Nos motiva un viaje, un nuevo amor, un trabajo, un proyecto, un encuentro con amigos, participar en un grupo, el logro en sí mismo, el éxito, el reconocimiento...

Se desconocen sus mecanismos, pero se sabe que la amígdala gobierna los circuitos cerebrales de la motivación. Hemos bautizado a la amígdala como ese «avispado centinela» que siempre está alerta. Pongamos otro imaginativo ejemplo en el que vuelves a ser el protagonista. Estás de cena con un grupo de amigos. Hay euforia en el ambiente porque hace tiempo que no os reuníais. El restaurante resulta bastante ruidoso y te cuesta seguir la conversación de los que están más alejados de ti. Has llegado al restaurante en tu moto nueva y estás deseando traerla a la conversación, pero no ves el momento. Los amigos más alejados de ti tienen una amena conversación de la que hace rato desististe seguir. De repente te parece oír algo así como «viajar en moto». A tus oídos llegaron cientos de palabras aparentemente ininteligibles, pero tu banco de la memoria emocional ha reconocido inmediatamente algo que te importaba, un dato que ha despertado tus sentimientos. Nuestras motivaciones dirigen nuestra conciencia hacia las opciones que son más interesantes para nosotros.

Goleman nos cuenta un dato curioso sobre el papel de la amígdala. Las personas que padecen enfermedades o traumas que anulan la amígdala, pero que mantienen intacto el resto del cerebro, sufren trastornos motivacionales. Son incapaces de discriminar entre lo que les importa y lo que les resulta irrelevante con lo que todo tiene la misma importancia emocional; es decir, todo es neutro y, en consecuencia, se puede caer en una apatía o bien en una fervorosa dedicación a las apetencias.

Poner nuestro motor interno a funcionar depende de nosotros mismos. Lo hemos afirmado antes de forma muy taxativa, pero no es tan fácil como poner el interruptor en modo de encendido. Casi todo en la vida que merece la pena exige esfuerzo y voluntad.

Estar motivado forma parte del compromiso con nosotros mismos, con nuestros objetivos en la vida. A veces los objetivos no son del todo explícitos porque la autoconciencia es débil, pero en nuestro fuero interno podemos sentir lo que nos moviliza. El autoconocimiento nos centra en lo que realmente es importante para nosotros.

Otro elemento que hemos mencionado es el control de nuestros estados de ánimo. **Ni la apatía, ni la euforia desmedida son buenos compañeros** por lo que necesitamos autocontrolarnos, es decir, adentrarnos en estados emocionales que son más beneficiosos. Lo bueno es que tanto esfuerzo cuenta con la inestimable ayuda de la amígdala. Siempre alerta, va a detectar lo que nos importa y va a intentar movilizarnos. Que estamos tristes, la amígdala puede hacer que pongas música para liberarte; que estás aburrido en casa, la amígdala te va a dar señales para que te levantes y des un paseo; que te apetece aprender a tocar la guitarra, la amígdala te va a impulsar a comprarte una; que quieres dejar de fumar, la amígdala va a hacer que tires la cajetilla de tabaco que tienes en las manos a la basura ahora mismo. En el día a día la amígdala nos da pequeños toques, tratando de llamar la atención hacia donde nos interesa. Son pequeños impulsos, arranques, que intentan ponernos en movimiento.

Pero no siempre seguimos estos impulsos; unas veces porque pasan desapercibidos y otras porque hacemos oídos sordos. Y es que vivimos en un mundo ruidoso, muy condicionados por el trabajo, la familia, y la sociedad en general y no nos permitimos fluir en la forma que nos gustaría. Daniel Goleman explica la motivación como un singular estado mental activo, denominado «flujo», que nos impulsa a hacer las cosas lo mejor que está en nuestra capacidad, con independencia de cuál sea la tarea que desempeñemos:

> «El flujo aparece cuando movilizamos todas nuestras habilidades o nos hallamos fascinados, por así decirlo, por un proyecto que exige lo mejor de nosotros. Este tipo de reto nos absorbe de tal modo que nos concentramos hasta quedar suspendidos «fuera del tiempo» y llegar a perdernos en lo que estamos haciendo. En ese estado parece que hagamos las cosas sin realizar esfuerzo alguno y nos adaptemos fluidamente a las exigencias siempre cambiantes de la situación. El estado de flujo es, en sí mismo, un placer»[45]

Estar motivado es un placer que nos llena de ilusión, de optimismo y nos moviliza e impulsa hacia el logro de nuestros objetivos. Toda nuestra energía y nuestras capacidades se ponen a funcionar a pleno rendimiento por aquello que deseamos y nos importa. El sistema suprarrenal está activo y libera gran cantidad de sustancias como las catecolaminas, entre las que se encuentran la dopamina y la adrenalina. Nuestro cerebro está excitado, positivamente hablando, y nos sumerge en una actividad que resulta al mismo tiempo productiva y gratificante. Si estar motivado trae tantos beneficios para nuestra vida, ¿no merece la pena esforzarnos por ello? Pongamos en marcha nuestro proceso de automotivación.

5.9.4 La Empatía es una capacidad que permite identificar y comprender las emociones y los sentimientos de los demás; pero no desde la distancia, sino **desde el compromiso y el respeto, pues de alguna manera se participa de esas emociones y sentimientos**. Coloquialmente hablando, decimos «ponerse en los zapatos de otro» para darnos la idea de su magnitud y significado. La palabra empatía fue tomada del griego (*empatheia*) por parte de la psicología a principios del siglo XX y está formada por el prefijo *en-* que significa

---

[45] Goleman, Daniel (1998). *La práctica de la inteligencia emocional*. Barcelona: Editorial Kairós

«dentro» y la raíz -*pathos* que alude a «pasión», padecimiento, sentimiento e incluso enfermedad. Por consiguiente, mi traducción libre la expresaría como **ponerse en el alma de otro**. A mi entender es un don y **la más grande de las habilidades sociales**. Por supuesto que se puede cultivar, pero hay individuos que por su personalidad tienen una facilidad especial para empatizar con los próximos. Es realmente una gran virtud, una conexión que va más allá de la simpatía. Obsérvese que simpatía, también del griego (*sympatheia*), comparte la misma raíz que empatía; sin embargo, el prefijo *syn-* que significa «reunión, convergencia» le confiere un sentido totalmente distinto. La simpatía se produce entre personas con las que coincidimos en gustos, valores, ideas de la vida, opiniones... pero no va más allá. No obstante, nos resultará más fácil ser empáticos con las personas a las que conocemos y con las que compartimos esa simpatía.

La empatía es un tipo de sensibilidad que permite entender las situaciones desde el punto de vista de la otra persona y conocer sus sentimientos sin que nos los diga. Bueno..., en realidad nos lo dice por medio de sutiles señales de comunicación, relacionadas con todos los cambios físicos que se producen en su organismo; porque el lenguaje corporal se expresa y no puede callar (los ojos, la mirada, el rostro, la boca, el tono de la voz, el movimiento de brazos y piernas, la respiración, la sudoración, el sonrojo...). Conseguir captarlo parece algo complicado, pero en realidad no lo es tanto si hemos desarrollado las competencias emocionales descritas más arriba cómo el autoconocimiento y el autocontrol. Si no somos capaces de entender nuestras emociones y sentimientos y de controlarlos de manera a adecuada, ¿cómo vamos a ser capaces de entender las emociones y los sentimientos que se producen en los demás? Este tipo de sensibilidad es muy necesaria para desenvolvernos socialmente. Por lo general, las personas con las que nos relacionamos no nos cuentan cómo se sienten, qué les preocupa o si en realidad están tristes, aunque no lo parezca.

La única forma que nos va a permitir avanzar para crear lazos sólidos, ganar influencia o, simplemente, para ayudar a los demás es el **desarrollo de competencias emocionales**. Sin ellas nos quedaremos en relaciones superficiales; en realidad, desconectados. Los **sordos emocionales** abundan; son incapaces de atisbar siquiera un mínimo de sentimientos ajenos. Los **torpes emocionales** quizá son peores porque interpretan en una dirección equivocada los sentimientos de los otros o los estereotipan desde la falta de compromiso e indiferencia. Por el contrario, cuando una persona es consciente de que entendemos su alma, sus sentimientos, lo que ocurre en su interior, automáticamente se crea un vínculo emocional con esa persona y se genera una confianza que le proporciona tranquilidad y sosiego en un momento emocional, seguramente, complicado. Mostrar empatía no solamente ayuda a resolver los problemas de otras personas, sino que implica grandes beneficios para ti mismo. En primer lugar, te ayuda a sentirte bien, entiendes tu valor como persona y refuerza tu autoestima. Por otro lado, desarrollas habilidades sociales y de comunicación, ganas influencia positiva en los demás, obtienes respeto y consideración y estimulas tu inteligencia emocional. Es una capacidad que se puede cultivar con relativamente poco esfuerzo, pero exige sinceridad y entrenar una serie de habilidades, tales como la observación. Todos conocemos personas sumamente distraídas que no se fijan en casi nada de lo que ocurre a su alrededor; tienen una **percepción muy generalizada** que no repara en los detalles y funcionan con el mínimo de información. En el otro lado están las personas que tienen una **percepción a base de detalles**, lo registran todo y reciben gran cantidad de información. Son las típicas personas que nos dicen: ¿no te has dado cuenta de…?

Para el desarrollo de la empatía necesitamos esforzarnos en captar todas las señales del lenguaje corporal de las personas. Empieza por mirar a los ojos; eso hará que te centres en la persona y te darás cuenta de la cantidad de detalles que puedes captar. Es como aprender a leer, no las palabras, sino los gestos. La observación no solo es útil para el desarrollo de la empatía; también nos ayuda a entender los objetivos y las intenciones de los demás y cómo nos pueden estar afectando. **Lo que las acciones hablan, las palabras callan**. Es por lo que el lenguaje corporal se impone siempre sobre el verbal. El nivel de congruencia entre lo que se dice y lo que se hace es un generador de confianza o de desconfianza en las relaciones interpersonales.

Si eres capaz de expresar con tus palabras lo que otra persona te ha transmitido y ella te da su conformidad, entonces, seguro que has realizado una escucha activa, que es otra de las cualidades de las personas empáticas. Te animo a que realices un ejercicio cuando tengas una conversación relevante con un compañero de trabajo o un amigo. Para mí hay tres niveles de escucha o de lectura: **lo que dicen las líneas, lo que hay entre líneas y lo que está detrás de las líneas.** Cada uno de estos estados representan un nivel de profundidad y también de información. Así pues, cuando hables con esa persona hazte las siguientes preguntas: **¿qué me dice?** (esto es lo denotativo), **¿qué me quiere decir?** (esto es lo connotativo) y **¿cuáles son los valores, las creencias que hay detrás de lo que estoy escuchando?** (esto es el ser, la esencia de la persona con la que hablas). Verás cómo la información que recibes es mayor y de más calidad.

La objetividad es otra de las cualidades de las personas empáticas. Por definición somos subjetivos y casi todo lo que nos llega es filtrado por nuestra percepción, por nuestras emociones, sentimientos, valores y creencias. Nos cuesta tomar distancia de las cosas y tendemos a prejuzgar los comportamientos de los demás según la medida de nosotros mismos; por lo que debemos esforzarnos en ser respetuosos y tolerantes, aunque no entendamos los comportamientos ajenos. **Nosotros no somos la medida de todas las cosas**. Esto nos lleva a otras características de la empatía como **la comprensión, la tolerancia y la solidaridad**; es decir, las ganas de ayudar a personas que padecen y lo están pasando mal.

La **sinceridad** es una cualidad que tiene gran valor en muchos ámbitos, pero que en el caso de la empatía es una condición *sine qua non*[46]. He conocido a algunas personas que son expertas en **empatía artificial** y tratan de parecer amistosas y comprensivas cuando en realidad lo que buscan es su propio beneficio o interés. Las personas que por naturaleza somos confiadas podemos caer fácilmente en la trampa de personas que se acercan a nosotros con objetivos y agendas ocultas, aunque su falta de compromiso hará que pronto se desvanezca la supuesta empatía. Una forma de entender si eres una persona empática es analizando hasta qué punto te sientes conmovido por el dolor o la preocupación de la persona a la que intentas ayudar. **¿Te importa de verdad o solo es una pose de conveniencia?**

5.9.5 Las habilidades sociales nos permiten relacionarnos e interactuar adecuadamente con las personas que nos rodean en los distintos ámbitos sociales y familiares. Entre las habilidades sociales la más determinante es **la comunicación**, que es la **capacidad de llegar y tocar la mente y el corazón de las personas con palabras** y, en retorno, escuchar con interés lo que la otra parte nos quiere transmitir. La comunicación es común acción, comunión, intercambio,

---

[46] Alocución latina que se emplea para subrayar la condición indispensable de algo cuyo significado es «sin la cual»

enriquecimiento, aprendizaje... Nos comunicamos no solo con palabras, sino también con todo nuestro cuerpo. En muchas ocasiones las palabras se enfatizan con la corporalidad y en otras los gestos hablan por sí solos. La comunicación une a las personas y las acerca. Dos personas que jamás se habían visto antes se ponen a conversar y eso puede ser el detonante del inicio de una amistad. Comunicación proviene originalmente del verbo latino *communicare*, que significa «intercambiar, poner en común y compartir». Cuando nos comunicamos de verdad estamos compartiendo con los demás nuestras creencias, nuestros pensamientos, pero también transmitimos mensajes e información.

Siempre he pensado que **en toda comunicación hay un deseo de influir en la otra parte**. Cuando nos comunicamos, subyace una intención, no siempre consciente, de querer que las personas piensen en una determinada dirección, se comporten de determinada manera o hagan algo. Pensemos, por ejemplo, en un grupo de amigos que están decidiendo qué hacer la tarde del domingo, o en una reunión de negocio en la que hay que escoger una estrategia de venta, o la situación de una pareja que piensa sobre la decoración de su nueva casa, o a dónde ir de vacaciones. Todos opinan, cada uno defiende su postura y se influyen mutuamente. Es un intercambio de ideas. Habrá quien sea más asertivo y se exprese con mayor emoción y vehemencia con la idea de «llevarse el gato al agua». Esto en sí mismo no es bueno ni malo y va depender de la intención con el interlocutor.

En toda comunicación debe haber reciprocidad, doble dirección y, en definitiva, beneficio mutuo. Si como resultado de la comunicación hay un ganador y un perdedor, aquella no ha existido y ha dado paso a la manipulación. Por eso entra en juego otra habilidad comunicativa que es la

asertividad; es decir, la capacidad de expresar nuestras emociones, deseos y pensamientos sin dañar la relación con el otro y entendiendo sus puntos de vista. Si después de una conversación en tu cabeza resuena... «tenía que haber dicho esto» es porque seguramente no has sido lo suficientemente asertivo. El resultado de la comunicación no ha sido satisfactorio para ti. El ser asertivos nos protege en las relaciones sociales, pues hace que expresemos nuestras ideas con seguridad y sin miedo; pero también nos hará sentir mejor y reforzará nuestra autoestima. Las habilidades sociales son los comportamientos, las emociones y los pensamientos que conducen a una comunicación eficaz y a las buenas relaciones entre las personas; están íntimamente ligadas a lo que uno piensa y siente y producen sensación de bienestar y calidad de vida. Por el contrario, las personas que tienen dificultades para comunicarse y expresar sus sentimientos y puntos de vista experimentan malestar y emociones como la frustración, el miedo al rechazo, a sentirse infravalorado o ignorado.

En cierta ocasión en una reunión de comerciales, un nuevo miembro se incorporaba al equipo; estábamos celebrando la apertura de la reunión con un refrigerio de bienvenida en el *hall* del hotel. Todos estaban charlando muy animadamente, excepto el nuevo miembro, quien tímidamente se había posicionado medio protegido por una columna. Al observarlo, me acerqué a él y le pregunté por qué no interaccionaba con los demás miembros del equipo. Me contestó: «es que no conozco a nadie». A lo que le respondí: «mira que buena ocasión para que los conozcas». Y lo cogí amablemente del brazo y lo llevé al centro del grupo.

Las personas que tienen dificultades para relacionarse sienten como si hubiera un muro insuperable entre ellos y los demás. Su aislamiento y falta de iniciativa para dar el primer paso es evidente, pese a que no vemos su padecimiento interior. Cuando nos encontramos con estas personas es hora de poner a funcionar nuestra inteligencia emocional, mostrar empatía y practicar el liderazgo con sutileza y delicadeza. Puede ser suficiente una sonrisa, una palmadita en la espalda o una pregunta que demuestre interés por esa persona. Ayudar a otros de forma altruista sienta bien y desarrolla en ti habilidades insospechadas.

Las dificultades para interaccionar socialmente son muy diversas: iniciar y mantener una conversación, aceptar las críticas, saber decir «no», resolver conflictos o, simplemente, hablar en público. Lo que para unos son dificultades para otros son habilidades de pleno dominio que les permiten relacionarse de forma adecuada. Esto significa que son capaces de expresar sus sentimientos, deseos y necesidades con naturalidad, al igual que exponen sus opiniones sin complejos. Y lo más importante: que lo hacen sin experimentar ni tensión, ni ansiedad, ni nerviosismo. Sin embargo, es muy difícil ser habilidoso en todas las facetas sociales. Todos hemos experimentado dificultades; unas veces en forma de ansiedad porque, por ejemplo, nos cuesta hablar en público, otras porque simplemente no sabemos decir que «no». Aunque seamos competentes para las relaciones sociales podemos tener alguna dificultad específica. Lo importante es ser consciente de ella y ocuparnos por superarla.

Otra competencia avanzada de las relaciones sociales es el **liderazgo**. Y no me refiero al liderazgo empresarial, político o social, sino al **liderazgo interpersonal**, ese que abarca al círculo de personas con las que nos relacionamos a diario: familia, amigos y compañeros de trabajo. Este liderazgo se caracteriza por **inspirar a los otros**. ¿Qué significa esto? Pues causar un impacto positivo en los demás de forma que esas personas se sientan motivadas por realizar acciones positivas para ellas y para los demás. Si tu amiga empieza a estudiar una carrera compatible con el trabajo a sus cuarenta, eso puede ser un ejemplo para ti, una inspiración; no para que tú hagas lo mismo, sino para que desempolves y saques del baúl algún proyecto dormido que nunca has iniciado. Te puede inspirar su determinación, su esfuerzo, su valentía... Aquellos bendecidos con el liderazgo interpersonal contagian su optimismo, o su alegría, o su energía, o su entusiasmo, o su perseverancia, o su compromiso, o su humildad... La lista puede ser interminable, tan larga como la lista de los valores.

Un **liderazgo inspirador se basa siempre en la ejemplaridad** de la puesta en práctica de principios y valores. Además, este liderazgo, si es auténtico, es reconocido y validado por los demás. Si deseas inspirar a otros debes esforzarte por ser una persona auténtica, que pone en práctica lo que piensa, aunque eso no le haga la vida muy fácil en algunas ocasiones. **Estamos preparados para odiar la incoherencia**, no podemos con ella, y no solo **es la antítesis de un liderazgo inspirador**, sino que además genera desconfianza y mina las relaciones interpersonales.

¿Cuáles son los valores que aprecias y son importantes para ti? Muchas veces esos valores nos sirven para evaluar y opinar sobre las conductas y comportamientos de los demás. Sin embargo, la evaluación que hacemos de los demás no tiene ningún impacto sobre ellos, excepto en lo que se refiere a nuestro nivel de afinidad o acercamiento. **Lo que realmente impacta en los demás son nuestras conductas cuando están en consonancia con nuestros pensamientos, nuestros sentimientos, y con lo que expresamos con palabras o con gestos**. Ese impacto puede ser positivo, cuando hay coherencia, o negativo, cuando hay incoherencia. En nuestro círculo interpersonal es imposible engañar, ya que la interacción es lo suficientemente frecuente como para que nos conozcan. ¿Han observado esas personas mis valores reflejados en acciones concretas? Es mucho más fácil que nos engañemos a nosotros mismos y que confundamos las ideas con los hechos.

Casi todas las respuestas están en nuestro interior; por eso te animo a que te preguntes: **¿hasta qué punto mis principios y valores me inspiran a mí mismo y son la guía de mis acciones?** Si tienes que pensar mucho para encontrar una respuesta es casi seguro que tus pensamientos van por un lado y tus acciones por otro. Cuando se viven los valores salen por los poros de la piel porque no son postizos, ni añadidos, sino que forman parte de la esencia de nuestro ser. **La vivencia de los valores puede ser fuente de inspiración para otros, pero de cara a las relaciones interpersonales hará que seas una persona reconocida, apreciada, con autoridad moral.**

Las habilidades sociales son imprescindibles para tener una convivencia que sea enriquecedora y que vaya en línea con nuestro propósito en la vida. Somos seres sociales y necesitamos convivir en paz y armonía. No estamos llamados a estar solos. Por eso todos tenemos las capacidades necesarias para desarrollar habilidades sociales; pero como todo desarrollo exige voluntad y esfuerzo. Desarrollar la comunicación y la ejemplaridad nos traerá grandes beneficios personales; tiene recompensa. Un proyecto de investigación de *Harvard* ha hecho seguimiento de la vida de más de 700 hombres desde el año 1938. La conclusión más importante a la que ha llegado el *Harvard Study of Adult Development*[47], después de haber examinado el desarrollo de estos adultos durante décadas, es que **las relaciones interpersonales (pareja, familia, amigos) es uno de los factores más importantes de la salud, el bienestar y la felicidad.**

---

[47] Estudio Harvard sobre el desarrollo de adultos

Hasta aquí los cinco pilares de la inteligencia emocional desde mi comprensión. Los tres primeros, **el autoconocimiento, el autocontrol y la automotivación son procesos de nosotros hacia nosotros**, mientras que los dos restantes, **la empatía y las habilidades sociales, son procesos de nosotros hacia los demás**. Parece hasta sencillo, así explicado, pero solo de cara a la comprensión. Estos cinco pilares **en realidad forman uno solo, como solo uno es el cerebro**, aunque lo descompongamos en sus partes para entenderlo mejor.

Los cinco pilares se condicionan unos a otros, dependen unos de otros, son transversales en sí mismos y entre todos ellos conforman la expresión de la inteligencia emocional. ¿Cómo podríamos controlar nuestras emociones si no nos conocemos?, ¿cómo podríamos mostrar empatía si no conocemos la dinámica de nuestras emociones?, ¿cómo podríamos mostrar interés por otras personas si no estuviéramos motivados? Actuar con inteligencia emocional nos ayuda a poner las emociones de nuestra parte y a desenvolvernos adecuadamente entre las emociones de los demás.

La vida desde las emociones, la vida emocional, es la vida con sal y pimienta, pero como en todo buen guiso no hay que pasarse nunca con alguno de los ingredientes. **El estado de equilibrio emocional es el estado de desarrollo, de paz, de armonía, de motivación, de inspiración, de ilusión por las metas y proyectos...** La vida emocional en equilibrio nos hace vibrar, nos hace sentir que estamos vivos. Pero, sobre todo, nos hace sentir que somos dueños de nosotros mismos, conociendo nuestras capacidades y limitaciones para afrontar el futuro y destino deseados.

5.10 Autoconversación: el Diálogo Contigo Mismo

Hasta ahora hemos desarrollado y analizado muchas ideas en relación a la vida desde las emociones. Seguramente algunas de ellas te han servido de inspiración para entenderte mejor contigo mismo. Sin querer ser ejemplo de nada, he de confesar que he tardado muchos años en entender y poner mi vida emocional de mi parte. En muchas ocasiones he estado dominado por emociones que no me han dejado crecer y alcanzar mis deseos. Conozco el sufrimiento, la amargura y las noches sin dormir encerrado en mi cajita y limitado por mí mismo. Nuestras emociones pueden acotarnos la vida, convertirla en un tobogán o hacerla vibrar. Las cuerdas de una guitarra suenan bien si tienen la tensión adecuada; si están flojas el sonido es grave, apagado, sin brillo; si están demasiado tensas, el sonido es demasiado agudo y cristalino con una alta probabilidad de que se rompan. **Afinar nuestras emociones es una necesidad para que nuestra vida tenga un sonido brillante, alegre y envolvente**.

En nuestra casa de huéspedes pernoctan cada día muchos visitantes; cada uno trae algo para nuestra vida y se aloja ahí por algún motivo. Hay que atenderlos y cuidarlos a todos, pero sin dejarse llevar por ninguno de ellos en particular. Lo que realmente nos conviene es ponerlos en paz y armonía a todos. Y no es tarea fácil. La clave está en descubrir las técnicas o herramientas que a cada uno le funcionen, con las que sienta mayor afinidad. Hemos hecho un repaso de las dinámicas emocionales y comentado esas herramientas útiles como la meditación, la conciencia plena y la inteligencia emocional. Y he dejado para el final la técnica que a mí me gusta más y que en mi opinión supera a las anteriores por su sencillez y facilidad de practicarla. Además, es compatible con todas ellas y, lo más importante, trae grandes beneficios: refuerza nuestra autoestima, nos reafirma, nos permite tomar las riendas, afrontar cambios y desarrollar habilidades que nos harán la vida más llana y manejable. Me refiero a lo que se conoce como **autoconversación, diálogo interno, o diálogo contigo mismo**.

Sí. Hablamos cada día con nosotros mismos y no estamos locos. Tenemos poca conciencia de ello porque la mayor parte de nuestras autoconversaciones se quedan en aspectos muy superficiales para nuestra vida. Por ejemplo, cuando comenzamos nuestra jornada solemos preguntarnos cosas tales como estas: ¿qué ropa me pongo?, ¿llevo el coche o voy en bus?, ¿qué me hago de comer hoy?… Nosotros mismos nos preguntamos y nos contestamos y de ello se derivan acciones cotidianas que tienen poco impacto vital. Sin embargo, estas pequeñas conversaciones nos ayudan a planificar nuestro día, es decir, se caracterizan por su funcionalidad… Son autoconversaciones que nos salen de forma natural y que no suponen ningún esfuerzo especial. Nos preguntamos a nosotros mismos y nos respondemos de forma satisfactoria. Siempre obtenemos respuestas. Sin pensarlo, nuestro cerebro procesa gran cantidad de información que se basa en los conocimientos y en las experiencias previas y es capaz de elaborar y proyectar nuevas respuestas adaptadas a las circunstancias actuales.

También tenemos otro tipo de autoconversaciones que no son nada positivas. Como ya lo comentamos con anterioridad, los pequeños traumas de nuestra vida son huellas imborrables para la amígdala que pueden estar desarrollando creencias autolimitantes; pero, además, un estado de ánimo actual disminuido influye en nuestros pensamientos. **Si se da la combinación de creencias autolimitantes con pensamientos negativos, vamos a estar generando mensajes unidireccionales de nosotros mismos contra nosotros mismos**. Es propio del ser humano esa capacidad de autodestrucción cuando arrastramos traumas pasados y, a la vez, somos presa de emociones que impactan negativamente en nuestro pensamiento y en nuestros estados de ánimo.

¿Cómo domar a tu Gremlin? se ha convertido ya en un clásico de la psicología. Rick Carson explica en su libro que todos tenemos un *gremlin* en nuestra cabeza, un narrador de nuestros pensamientos negativos que usa nuestras experiencias del pasado para influir en nuestra actitud. No tiene nada bueno que decir sobre ti, y desea que te sientas mal mediante tácticas de sabotaje. Te hace revivir malas experiencias del pasado y hace que te preocupes por el futuro. Tiene tanto poder que puede echar a perder las relaciones, anular tu creatividad e incluso destruir negocios, pues su objetivo es erosionar tu salud mental. Además, te hace creer que su propósito es ayudarte y protegerte, pero su intención es la de minar tu autoconfianza y deprimirte. Sin embargo, tenemos el poder de meter en una jaula a nuestro *gremlin*. **Esto ocurre cuando decidimos dejar de ser meros observadores y le arrebatamos el control**. En el momento que empezamos a tomar conciencia de su existencia nos vamos a dar cuenta de que nosotros no somos lo que este malvado narrador nos cuenta.

Los *gremlins* solo son divertidos para ver en el cine, pero cuando toman el control de nuestros pensamientos nos conducen a la peor versión de nuestra personalidad. **No queda otra que enjaular al *gremlin*.** Todos en algún momento de nuestras vidas hemos sentido cómo nuestro *alter ego* intentaba anularnos, descontarnos y disminuirnos, especialmente en momentos que, por las circunstancias que nos rodeaban, estábamos emocionalmente bajos. Además, nuestro *gremlin* se fortalece y alimenta no solo de nuestros propios pensamientos negativos, sino también de hacerte creer que las personas que te rodean ni te aprecian, ni te valoran.

Todo lo que hemos reflexionado sobre los pilares de la inteligencia emocional nos pone en la pista sobre cómo poner unos buenos grilletes a nuestro *gremlin* y arrojarlo a la mazmorra más profunda y oculta de nuestra mente. El **autoconocimiento** y el **autocontrol** van a ser claves para **cambiar los pensamientos negativos por otros positivos** y permitir puntos de vista más optimistas. Ya ves que el diálogo con nuestro «yo interno» es más habitual de lo que pensamos y no siempre con consecuencias positivas. Entonces, ¿puedes imaginar lo que es tener una conversación constructiva contigo mismo de forma consciente sobre un tema profundo? ¿Te has sentado alguna vez a hablar contigo mismo de verdad y con plena conciencia?

Recordemos nuevamente el principio de Watzlawick que dice que «No es posible la no comunicación». Y es que estamos en permanente comunicación: el lenguaje corporal comunica, comunicamos con palabras, nuestra mente está continuamente hablándonos, incluso cuando soñamos nos decimos cosas. Nuestra forma natural de estar en el mundo es comunicándonos. Es por eso que no necesitamos de ningún entrenamiento para hablar con nosotros mismos. A diferencia, por ejemplo, de la meditación que requiere de técnicas específicas como la relajación, el control de la respiración, la concentración... el dialogo interno tan solo requiere **predisposición, preguntarse y escuchar**. Por eso, la autoconversación creo que puede ser muy útil para regular nuestras emociones y ponerlas de nuestra parte. Puede servir también para otros muchos propósitos, pero aquí nos estamos ocupando de una parte de nuestro ser que tiene gran impacto en la vida.

La **predisposición** es el ánimo, la intención de hacer algo previamente; en este caso el de dialogar con nosotros mismos. Pero esa predisposición tiene que ser activa e ir acompañada de algunas acciones que nos encaminan hacia la ejecución de la autoconversación. Esto implica tres cosas bastante sencillas en principio: elegir el tiempo y momento adecuados, buscar un lugar en el que te sientas a gusto y estar en soledad. El momento adecuado es aquel espacio de tiempo en el que no vas a tener interrupciones externas, ni internas (distracciones, preocupaciones, pensamientos en general). El lugar tiene que ser psicológicamente agradable, en el que te sientas bien, como cuando vas a estar un rato a gusto con un amigo. Y la soledad es obvia porque es una conversación privada de ti hacia ti.

Preguntar es posiblemente lo más difícil, no por el hecho mismo de preguntarse, sino por la complejidad de acertar con las preguntas adecuadas. Deben ser preguntas poderosas y evocadoras que remuevan tus emociones, tus pensamientos y tu conciencia. Son aquellas preguntas que realmente te comprometen y que casi nadie se atrevería a hacerte, excepto tú mismo. Las preguntas poderosas te conducen a una honda reflexión de la realidad interna de tus emociones; te invitan a adentrarte en tu mundo interior hasta sus cimientos. Es bastante frecuente que cuando tenemos algún problema o inquietud busquemos consejo en alguien de confianza o en un amigo. No digo que esto esté mal, ni mucho menos, pues algunas personas están confusas y necesitan que les aporten claridad. Pero debemos de ser conscientes de una realidad. **Cuando buscamos respuestas a nuestras preguntas fuera de nosotros mismos nos estamos negando la posibilidad de encontrar respuestas propias** que, sin duda, serán más adecuadas a nuestras necesidades y con más alternativas. Por eso es importante tener la predisposición adecuada y **no renunciar a los recursos propios**.

Escuchar la respuesta no es lo mismo que «oír» la respuesta. La escucha implica compromiso y empatía con la otra parte, en este caso con nosotros mismos. Mientras que «oír» es una facultad física, «escuchar» es una actitud. Todas las respuestas están en nuestro interior, pero no siempre estamos dispuestos a escucharlas. A veces sucede que conocemos la respuesta de nuestra alma, pero no nos gusta mucho y buscamos a otras personas para que nos den una respuesta más parecida a lo que deseamos, aunque no nos convenga. La escucha activa nos compromete. No puede ser de otra manera. ¿Tiene sentido que nos hagamos trampas a nosotros mismos? Escuchar nuestras respuestas exige valentía y determinación para afrontar cambios.

La autoconversación con el objeto de regular nuestras emociones puede tener un **carácter general** y otro más **específico**.

Es general si conversamos sobre nuestro **ser emocional**, es decir, de cómo las emociones están configurando mi vida actualmente. ¿Cómo vivo las emociones y cómo afectan a mi vida? En definitiva, es una forma de valorar mi inteligencia emocional. Es de carácter específico si conversamos sobre **eventos emocionales concretos**, esto es, cómo un hecho o acontecimiento de nuestra vida desencadena determinadas emociones, produciendo un resultado. ¿Cómo he gestionado emocionalmente esta situación concreta para obtener ese resultado? La importancia de autoconversar sobre nuestro **ser emocional** se debe a la necesidad de conocer **las dominancias emocionales que están dirigiendo nuestra vida**. Si somos conscientes de **nuestro ser emocional** podremos trabajar para armonizar nuestras emociones, relacionarnos mejor con los demás y ser más eficientes en el logro de nuestras metas y propósitos. Son muchas las preguntas que podemos hacernos, aunque sin duda las mejores son las de cada uno, pues están íntimamente ligadas a nuestras necesidades.

A modo de ejemplo he aquí algunas de ellas por si sirvieran de guía y orientación:

Autoconocimiento

- ¿Me quiero a mí mismo?
- ¿Qué valores dirigen mi vida?
- En un día normal ¿quién o qué dirige mi vida: mi trabajo, mis objetivos, mis sentimientos, las personas y sus emociones...?
- ¿Cuáles son mis luchas interiores de cada día?
- ¿Conozco mis heridas emocionales? ¿Me están afectando actualmente o han sanado?
- ¿Qué efectos tiene en mí la depresión y la tristeza? ¿Cómo me comporto en ese estado?
- ¿Cuáles son las emociones que con más frecuencia me acompañan?
- ¿Cuáles son las emociones que claramente están en mi contra y me descuentan?
- ¿Cuáles son las emociones que van a mi favor y me potencian?
- ¿Tengo que trabajar en concreto con alguna emoción para ponerla de mi parte?
- ¿Qué es lo que me provoca la risa y la carcajada? ¿Por qué?
- ¿Qué es lo que me divierte y lo que me entretiene?
- ¿Cuál es mi mayor temor? ¿Entiendo su origen y su significado?
- ¿Qué me ocurre cuando siento ansiedad? ¿Soy hiperactivo, tengo cambios físicos? ¿Conozco la razón de mi ansiedad? ¿Qué calmaría mi ansiedad?
- ¿Qué es lo que me produce ira? ¿Cómo me comporto dominado por esta emoción? ¿Qué es lo que en el fondo me irrita, más allá de lo aparente?
- ¿Me siento mal y no sé por qué?
- ¿Hago cosas que son buenas para mi bienestar?
- ¿Soy consciente de mis sentimientos?
- ¿Qué es lo que me hace sentir bien y feliz? ¿Por qué?
- ¿Cuáles son mis deseos y aspiraciones ocultos que nunca he alcanzado y por los que nunca he hecho nada?
- ¿Soy optimista de verdad? ¿Proyecto seguridad y éxito en lo que hago?

Autocontrol

- ¿Me dejo arrastrar por los impulsos y los sentimientos conflictivos?
- ¿Con qué nivel de facilidad «estallo» emocionalmente ante una situación que me sorprende, o me desconcierta, o me desagrada, o me duele, o no comprendo?
- Cuando todos a mi alrededor «pierden la cabeza» ¿soy capaz de mantener la calma y pensar con claridad?
- Cuando no me siento bien a nivel emocional, ¿soy capaz de identificar sus causas y trabajar en ellas?
- ¿Soy capaz de poner fin a mis obsesiones? Cuando algo me da vueltas en la cabeza, ¿puedo dejarlo de lado?
- Cuando siento nerviosismo o ansiedad, ¿me puedo controlar?
- Cuando me invade el pesimismo, ¿lo achaco a factores externos o a otras personas o a mí mismo?
- Cuando las cosas se me complican y se ponen difíciles, ¿pierdo el control de mis emociones?
- Cuando tengo un problema ¿me bloqueo o soy creativo buscando soluciones?
- ¿Soy consciente de los cambios físicos (aumento de la frecuencia cardiaca, tensión muscular, agitación, sonrojo...) que se producen en mi organismo cuando algo me ofende, o me irrita, o me desagrada, o me molesta? ¿Puedo controlarlos y al mismo tiempo dar una respuesta apropiada?

Automotivación

- ¿Tengo motivos que dan sentido a mi vida?
- ¿Qué es lo que sostiene mi vida con más fuerza?
- ¿Me siento comprometido conmigo mismo para estar motivado por mis objetivos y metas?
- ¿Cómo suele ser mi estado de ánimo? ¿Soy capaz de reponerme razonablemente de estados de ánimo negativos?
- Cuando estoy desmotivado y apático ¿hago algo, me pongo en marcha para sobreponerme, tomo las riendas?
- ¿Qué actividades me entusiasman y me llenan de energía?
- ¿Quiénes o qué cosas me inspiran?
- ¿Sigo los impulsos positivos internos de mi interior o los dejo pasar?

- ¿Me dejo fluir y utilizo mis habilidades y me entusiasmo por planes y proyectos?

Empatía

- ¿Comprendo e identifico las emociones y los sentimientos de los demás?
- ¿Soy capaz de entender los sentimientos de otros desde su punto de vista y no desde el mío?
- ¿Puedo ponerme en los «zapatos de otro» de verdad?
- Cuando hablo con alguien ¿le miro a los ojos, escucho con atención e intento comprender lo que me quiere transmitir?
- ¿Sé mostrar empatía auténtica, sincera?
- ¿Soy observador de todas las señales (verbales y no verbales) que las personas me transmiten?
- ¿Tengo algún tipo de «sordera emocional»? (no percibo los sentimientos de otros)
- ¿He mostrado «torpeza emocional» alguna vez? (he interpretado en otra dirección los sentimientos ajenos) ¿Sé escuchar más allá de lo que las palabras dicen?

Relaciones sociales

- ¿Cómo soy con mis amigos? ¿Me entrego al cien por cien o me reservo por si acaso? ¿Creo que doy más que ellos? ¿Cómo me comporto cuando me decepcionan?
- ¿Mis sentimientos dependen de lo que hagan los demás?
- Cuando alguien me ignora, me desprecia o pasa de mí, ¿cómo me siento? ¿Le doy mucha importancia?
- Cuando me enfado ¿es por causa de los demás o es por mí mismo?
- ¿Qué es lo que me avergüenza delante de la gente? ¿Por qué?
- ¿Me gusta ayudar a otras personas?
- ¿Sé recibir ayuda de otros?
- ¿Ofrezco confianza cercanía y cariño en mi relación con los demás? ¿Tengo gestos de cariño con las personas de mi entorno?
- ¿Exijo mucho a las personas de mi alrededor?
- ¿Soy una persona asertiva? ¿Puedo poner límites?
- ¿Soy una persona sociable, comprendo y acepto a los demás tal como son?

- o ¿Soy una persona agradecida, expreso gratitud?
- o ¿Sé sonreír con los ojos?
- o ¿La gente puede percibir mis valores a través de mis comportamientos?
- o ¿Soy capaz de inspirar a otros por mis valores?
- o ¿Soy una persona sincera?
- o ¿Soy una persona coherente con lo que digo y hago?
- o ¿Los demás me ven como una persona fiable?
- o

Las preguntas posibles son numerosas, pero todas se relacionan con los pilares de la inteligencia emocional: **conocerse a uno mismo, control emocional, la motivación, la empatía y la relación con los demás**. Esta es una autoconversación general sobre las dominancias de nuestra identidad emocional con el objeto de estar mejor en este mundo, de encajar mejor con nosotros mismos, con los demás y con el entorno en el que vivimos. Podemos tenerla de vez en cuando porque no somos emocionalmente estáticos, sino que aprendemos y evolucionamos hacia estados de mayor satisfacción. Puede resultar útil tomar notas acerca de nuestras reflexiones, de las respuestas que nos hemos dado a las preguntas que son relevantes para cada uno de nosotros. Es como tener un diario emocional. **Quizá nos gustaría plantearnos un objetivo sobre alguna emoción en particular, bien para controlarla o para reforzarla**. Además, todas esas anotaciones pueden ser una referencia para evaluar y medir nuestros progresos y evolución en futuras autoconversaciones.

Los seres humanos no somos tan predecibles. Ser consciente de nuestras dominancias emocionales no quiere decir que siempre vamos a tener los comportamientos que se nos suponen. A veces podemos sorprendernos a nosotros mismos y a los demás con nuestras reacciones. Seguramente has escuchado comentarios parecidos a este: «no me esperaba esa reacción viniendo de ti». Hay eventos, acontecimientos concretos y situaciones nuevas que pueden generar una respuesta que no está en línea con lo que habitualmente somos. Generalmente nos traen consecuencias que no deseamos por una respuesta, que podríamos decir, emocionalmente desfavorable; bien porque la reacción no ha sido la que más nos convenía o, simplemente, no hemos sabido cómo manejar la situación. Unas veces nos pasamos con la reacción, otras no damos la respuesta adecuada o incluso la posponemos. Nos pueden invadir emociones y sentimientos diversos y simultáneos: miedo, parálisis, hiperactividad, desmotivación, felicidad y contento, sorpresa, rabia, satisfacción, desconfianza, ira… Sería idealista pensar que todos los días se mueven entre los límites de nuestra normalidad emocional, pero la realidad es que de vez en cuando suceden cosas inesperadas que no estaban en nuestros planes.

Hemos de aceptar en nuestra vida un nivel de incertidumbre. Esto es algo constante en la vida del ser humano, aunque nuestro nivel de certidumbre es muy alto si lo comparamos con otras épocas y periodos de la humanidad. Aun así, debemos estar preparados para lo que sea y lo que venga. Es una actitud positiva y constructiva que nos ayudará a volver a la normalidad lo más rápidamente posible. Recordemos que la plasticidad de nuestro cerebro es ilimitada, entre otras cosas, para desarrollar nuestra capacidad de adaptación.

A esta clase de **autoconversaciones específicas**, las hemos llamado así por diferenciarlas de aquellas más **generales** relacionadas con nuestro **ser emocional** y porque su objeto son los **eventos emocionales** concretos. Un hecho, un acontecimiento, algo que no esperábamos desencadena una serie de emociones con un determinado resultado. Estos eventos no esperados pueden ser de índole diversa: un accidente, el descubrimiento de un engaño amoroso, un despido laboral, una enfermedad, la muerte de un ser querido, un enfado monumental... pero también pueden ser eventos con connotaciones más positivas como aprobar un examen que nos parecía muy difícil, conseguir un ascenso en el trabajo, reconciliarte con un amigo, cambiar de residencia a otro país, o que te toque la lotería.

Las autoconversaciones sobre hechos específicos nos ayudan a crecer emocionalmente y a desarrollar nuestra inteligencia emocional. Uno de los beneficios más inmediatos es el aprendizaje para reaccionar de una manera más favorable en el futuro. La pregunta abierta que hemos de plantearnos es la siguiente: **¿Cómo he gestionado emocionalmente esta situación concreta para obtener este resultado?** Es una pregunta amplia que necesita ser desglosada en otras que nos darán claridad:

- ¿Cuál hubiera sido el resultado más deseable y más beneficioso para mí (objetivo)? ¿Estoy satisfecho con el resultado?
- ¿Qué emociones y sentimientos han participado? ¿Los conozco, les puedo poner un nombre?
- ¿Ha habido emociones y sentimientos contrapuestos? ¿Qué ambiente ha habido en «mi casa de huéspedes»? ¿Ha habido pugna?
- ¿Qué emociones y sentimientos eran más fuertes?
- ¿Qué emociones y sentimientos estaban de mi parte? ¿Cuáles en mi contra?
- ¿Ha habido algún tipo de reflexión, una colaboración de mi cerebro racional y emocional? ¿He estado abierto a que esto ocurra o me he dejado arrastrar por las emociones y sentimientos más fuertes?
- ¿Cómo hubiera tenido que manejar mis emociones y sentimientos para haber logrado un resultado mejor?
- ¿Qué he aprendido de esta experiencia y como lo aplicaré en el futuro?

El diálogo interno, el diálogo con uno mismo, forma parte de nuestro crecimiento emocional o, dicho de otra forma, del aprendizaje para modular nuestras emociones de forma inteligente. Las emociones están íntimamente ligadas a nuestra naturaleza; son energía vital, fuente de gozo, pero también de sufrimiento. Estas respuestas y reacciones fisiológicas pueden ser precursoras de nuestro infierno o el impulso para nuestro desarrollo y felicidad.

Nosotros somos la casa de huéspedes donde habitan las emociones. Todas quieren ser protagonistas para su propósito particular, pero nuestra casa no puede ser una alborotada residencia; es por ello que debes hablar con todos los huéspedes, escucharlos, tratarlos con el respeto que merecen y darles el sitio que les corresponde. Y no es tarea fácil porque algunos de ellos tienen un fuerte carácter y no se van a dejar controlar; otros, más ladinos, intentarán chantajearte; habrá quien utilice la lástima y la pena como arma; no faltarán tampoco los histriónicos que quieran llamar tu atención; ni los altivos y orgullosos que apenas te mirarán. ¿No es un universo complejo? Nuestra paz emocional va a depender de nuestra capacidad para poner las emociones en equilibrio y a nuestro favor.

La vida desde las emociones, el título con el que iniciábamos este capítulo, no es más que una perogrullada, una verdad y certeza tan sabida que puede parecer una simpleza. Pero también es una falsedad porque no hay una vida puramente emocional como tampoco hay una vida estrictamente racional. Todo lo que hemos reflexionado se produce con la necesaria participación de nuestro sistema racional. No obstante, el título ha sido adecuado para destacar una faceta de nuestro ser que tradicionalmente no ha tenido la debida atención. Ni en la familia, ni en la escuela, ni en la sociedad se ha hablado de nuestra vida emocional y hemos aprendido solos a gobernar nuestra **casa de huéspedes**, a puro golpe.

En mi infancia las emociones y los sentimientos había que vivirlos en soledad porque no interesaban a nadie, aunque nuestros padres nos quisieran con locura. La sociedad en general no estaba preparada para conversar de cómo las emociones y los sentimientos determinan nuestras vidas. La prioridad en la escuela era aprender a leer y escribir, a sumar, restar y dividir. Y como siempre había niños inadaptados, bien porque eran tímidos en exceso, o porque tenían otros ritmos de aprendizaje, o porque no habían madurado tan rápido como los demás. Para ellos la escuela era una casa de sufrimiento donde eran señalados y aislados. Con la modernización de la sociedad apareció en los centros educativos la figura de tutores y orientadores que han tenido un papel más disciplinario que de otra cosa. Y ya en los últimos tiempos se ha normalizado la figura del psicólogo para tratar algunos comportamientos de niños y adolescentes. Afortunadamente, hoy en día los jóvenes son más proclives a expresar sus emociones y sentimientos y los padres y educadores son más receptivos. Antes, si un niño no aprendía a la velocidad de los demás, se le llamaba «torpe» y si no se relacionaba adecuadamente, era «raro» y, salvo casos excepcionales, los educadores no se planteaban que algo emocionalmente podría estar sucediéndole.

El mundo emocional influye en la socialización y en el aprendizaje y, sin embargo, en un pasado reciente, nadie nos ayudó a regular nuestras emociones, ni a entender el papel que tienen en nuestras vidas. Es por eso que la mayor parte de las personas estamos destinadas a descubrir, regular y poner nuestro mundo emocional de nuestra parte, ya de adultos. La vida nos ha dotado de este recurso vital, quizá con un propósito ajeno a nuestra voluntad; sin embargo, **gracias al poder de nuestra mente tenemos la posibilidad de utilizarlo con la intención de darle a nuestra vida energía, motivación, dinamismo y sentido.**

Nuestra casa de huéspedes, nuestro mundo emocional, es como un sistema dinámico en el que todas las piezas trabajan coordinadas. Ninguna emoción por sí sola debe gobernar nuestras vidas; al contrario, todas las emociones son colaborativas y su resultado es muy superior al imperio de una emoción en particular. Las personas dominadas por alguna emoción, por lo general, no tienen una vida feliz y padecen los excesos de una energía que puede resultar autodestructiva. El equilibrio precisa de contrapesos, de fuerzas antagónicas, de regulación… y es nuestra mente la encargada de liberar o frenar la respuesta emocional para que sea adaptada y precisa a cada situación.

Un cuento hebreo narra la historia de un rey que tenía un gran problema: unas veces estaba dominado por la felicidad y otras por la tristeza. Cuando estaba alegre lo celebraba con fiestas interminables en las que derrochaba su riqueza y cuando estaba triste caía en una profunda depresión que lo anulaba por completo. Eran dos extremos que no podía controlar. Consciente de su problema, ofreció una cuantiosa recompensa a quien le entregara un anillo que le proporcionara el equilibrio de sus emociones. Artesanos, orfebres, magos, médicos, hechiceros… trabajaron para fabricar el anillo mágico. Le trajeron riquísimos anillos de oro con brillantes y piedras preciosas a los que se les suponía encantamientos y poderes mágicos; pero ninguno de ellos consiguió lo que tanto el rey deseaba. El anuncio de la recompensa había llegado a tierras lejanas y un viajero se acercó a su reino y le ofreció un anillo de bronce, bastante ennegrecido, sin ningún valor. El viajero le dijo al rey que a él le había funcionado y lo único que tenía que hacer era leer la inscripción que había en su cara interna, pero solo en el momento que lo necesitara. El rey decidió aceptarlo a la espera de ponerlo a prueba. Ese día no tardó en llegar, pues un ejército invadió su reino y tuvo que huir de su castillo. El rey, escondido en el bosque, se sintió solo y acabado, sin ganas ni fuerzas para vivir. Entonces se acordó del anillo que llevaba en el dedo, se lo quitó, y miro la inscripción de solo tres palabras que decía lo siguiente: *esto también pasará*. El rey cambió de humor y se dijo a sí mismo: recuperaré mi reino.

Esta narración popular nos deja varios mensajes en línea con todo lo reflexionado hasta ahora. En primer lugar, que **nada es eterno y todo es pasajero**. Es importante tomar conciencia de esta realidad porque la vida es pendular. Unas veces nos invade la alegría y vivimos momentos de euforia y felicidad; otras, la tristeza, la apatía y la desesperanza. Unas veces estamos en la cúspide del éxito y otras, sumidos en la desgracia. Hay que pensar que no somos tan buenos cuando estamos en la «cresta de la ola», ni tan malos cuando estamos sumidos en el abismo. Después de la tormenta siempre viene la calma. Pero sucede que **cuando estamos en cualquiera de los dos extremos no pensamos que eso pasará**. Las emociones y los estados de ánimo no duran para siempre y son cambiantes porque nuestras vidas no son planas en absoluto. En segundo lugar, que **el control de las emociones es imprescindible para poder avanzar en la vida y que esto no depende de factores externos**, ni de anillos mágicos que valgan, sino de nuestros pensamientos y de las conversaciones que tenemos con nosotros mismos.

La regulación y el control de nuestras emociones no compete a nuestro entorno, ni a la sociedad con todas sus normas y condicionamientos que sirven a otros intereses. **No deberíamos ceder el control de este tesoro vital a nadie.** Nuestro ser, nuestra existencia, precisa de afirmación y expansión en línea con nuestras capacidades, metas y aspiraciones; lo cual implica también la regulación y dirección de la energía. Nunca es tarde para tomar el control de nuestra vida desde nuestro interior y despojarnos de todas las limitaciones internas y externas que comprimen nuestras emociones en una forma que no es favorable a nosotros.

Las emociones constituyen el gran recurso para tu desarrollo y para tu felicidad. Son energía pura. Dependiendo de cómo las manejes, las combines, las contrapeses, las modules... podrás imprimir dinamismo, motivación y sentido a tu vida. Incomprensiblemente, este tesoro vital ha sido marginado y no ha formado parte del aprendizaje para la vida, ni en la familia, ni en la escuela, ni en la sociedad. Ojalá hayas encontrado en estas líneas inspiración, nuevas perspectivas y algunas pistas para manejar tu casa de huéspedes.

6. Sufrir o no Sufrir... esa es la Cuestión

«La gran, la tremenda verdad es esta: sufrir no sirve de nada»

El oficio de vivir. Cesare Pavese

El sufrimiento es una experiencia humana compleja y subjetiva. Algunas personas argumentan que el sufrimiento es inevitable en la vida, mientras que otras creen que se puede evitar o reducir en cierta medida. ¿Realmente existe esa disyuntiva? ¿Puede cada individuo abordarlo de manera diferente?

6.1 Tanto Monta, Monta Tanto: Dolor y Sufrimiento

Las perlas son piedras preciosas creadas por algunos moluscos como las ostras. En sentido estricto no deberíamos afirmar que las ostras producen perlas, ya que estas son consecuencia del dolor. La ostra que no ha sido herida no puede producir una perla, pues solo cuando un grano de arena o un gusano perforador entra en su interior se inicia el proceso de creación. Entonces, la ostra comienza a segregar una mezcla de cristales de carbonato de calcio y una proteína llamada «conchiolina» que, poco a poco, va cubriendo el elemento extraño con capas y capas de nácar para proteger a su cuerpo indefenso. Al cabo de unos diez años el elemento extraño se ha convertido en una hermosa perla. Este proceso natural ha inspirado a algunas tendencias de la psicología para crear una metáfora en relación con el dolor y el sufrimiento. Nosotros somos como la ostra cuando luchamos contra los problemas y experimentamos el sufrimiento que nos trae la vida. De esa lucha salimos fortalecidos y somos capaces de generar cosas buenas para nosotros mismos y para los demás de la misma forma que la ostra es capaz de crear una perla, producto de su lucha. **¿Significa esto que el sufrimiento es bueno y debemos aceptarlo? ¿Es necesario que entre un grano de arena en nuestra vida?**

Yo prefiero hacer una lectura a favor de la biología; más denotativa. A la ostra la perla le importa un bledo; para ella no es algo bello, tan solo, una cicatriz incómoda, consecuencia de sus esfuerzos por deshacerse del elemento extraño. En realidad, la perla es un escudo hecho del mismo nacarado material que recubre el interior de su concha. La perla es algo realmente molesto para la ostra, resultado de encapsular el elemento ajeno para evitar daños mayores. Nuestro sistema inmunitario se comporta del mismo modo. Cuando un cuerpo extraño entra en nuestro organismo el sistema de defensa hará lo posible por aislarlo y destruirlo. **La naturaleza busca la eliminación del dolor y la protección**. Además, como tiene memoria, se acordará de cómo luchar para tener más éxito en el futuro ante una situación similar.

La poetización del dolor y del sufrimiento para justificarlos como algo beneficioso y necesario, probablemente, hunda sus raíces profundas en las experiencias de lucha infructuosa del ser humano contra esta realidad a lo largo de su existencia. Como humanidad hemos tenido que soportar sufrimientos atroces, que en tiempos pasados no supimos aliviar. Las religiones seguramente actuaron como calmante al otorgarles un sentido espiritual. Hoy podemos sufrir igualmente, pero a nuestro alcance tenemos muchos recursos que nos ayudarán a controlar el dolor y el sufrimiento. Y, lo más importante, es que podemos hacer elecciones personales desde la libertad sobre cómo afrontarlos. ¿Qué significado tienen los últimos 200 años de la humanidad con respecto a los 300.000 años estimados de nuestra existencia? Pues realmente casi nada. No es de extrañar que en nuestro cerebro permanezcan respuestas paleolíticas ante esta verdad.

Ni científicos, ni médicos, ni biólogos tampoco se ponen de acuerdo para definir qué es el sufrimiento. Curiosamente, una realidad tan trivial con la que convivimos casi a diario, resulta ser de una complejidad extraordinaria cuando se trata de explicarlo. ¿Qué es exactamente el dolor? ¿Es una sensación?, ¿es una emoción? Es una verdad tan presente, tan experimentada por todos, que nos vemos legitimados para dar nuestra propia opinión, lo cual es muy razonable porque la experiencia individual es única. No obstante, deberíamos reconocer también que hay muchas perspectivas que afectan a su concepción (científicas, médicas, biológicas, filosóficas, religiosas, éticas, culturales…).

Me gustaría hacer una aproximación a favor de la persona en su sentido más amplio. Obviamente se trata de una posición personal y no pretendo tener razón en un asunto tan complejo. Estaría contento si mi reflexión despertara tus propios pensamientos y soluciones para convivir razonablemente feliz con esta realidad. Últimamente he leído varios artículos acerca del dolor y del sufrimiento con ideas que han causado en mí cierto rechazo. Muchas de las reflexiones parten de una frase que se atribuye a buda: «El dolor es inevitable, el sufrimiento es opcional». No se sabe con certeza si la sentencia pertenece a Buda, pero lo que parece cierto es que procede de la filosofía oriental. Los occidentales a veces nos subyugamos ante la agudeza y profundidad mística y espiritual de algunos pensamientos orientales que, en el fondo, no dejan de ser para nosotros una especie de exotismo intelectual. Vaya por delante mi más profunda admiración y respeto a las filosofías orientales. Sin embargo, las frases sueltas, sacadas de sus contextos, dan para muchas interpretaciones que probablemente chirríen en Occidente.

No acabo de comprender tanto empeño por diferenciar el dolor del sufrimiento, como si esto fuera determinante. Al sufrimiento se le quiere dar una dimensión distinta al dolor. Se dice que este último es natural, forma parte de la vida, mientras que el sufrimiento lo creamos nosotros cuando nos resistimos al dolor. Mientras el dolor es temporal, el sufrimiento lo podemos hacer eterno; mientras uno nos fortalece, el otro nos destruye; mientras uno es objetivo, el otro es subjetivo. Desde esta perspectiva el sufrimiento es considerado como una emoción que califican negativa. Ya argumentamos que las emociones no son positivas ni negativas. Este pensamiento es incapacitante pues limita la riqueza emocional y aplica sobre las emociones un maniqueísmo propio del pensamiento dominante de Occidente. **Todas las emociones son necesarias para la vida**. Todas conviven en nuestra casa y de su combinación e intensidad cada uno debe encontrar el equilibrio que le proporcione una vida plena.

A mi entender dolor y sufrimiento son intercambiables y los utilizamos indistintamente para expresar una sensación de daño, de desgaste, de atentado contra nuestra integridad, sea física o psíquica. El lenguaje con el que nos expresamos acerca de esta realidad ofrece pocas dudas, aunque la precisión de cada palabra otorga solo algunos matices en la diferenciación. Habitualmente decimos que «me **duele** la espalda» para referirnos a un dolor físico, pero también decimos «**sufro** de dolor de espalda» asignando a sufrimiento también una relación física; con lo cual **los verbos doler y sufrir tienen el mismo significado**, aunque cada uno de ellos pueda aportar un matiz diferente que lo indica su contexto gramatical. «Me duele la espalda» significa que en este momento me está doliendo, es un hecho puntual; mientras que «sufro de dolor de espalda» indica que es un padecimiento habitual. Es decir, en esos contextos estamos expresando que el sufrimiento tiene más duración en el tiempo que el dolor, pero ambos son físicos. Del mismo modo podemos utilizar la palabra dolor para referirnos a algo psíquico: «me duele cuando me tratas así», «me duele el alma», «me ha dolido mucho lo que me has dicho» …

Aunque ambos términos son útiles indistintamente para referirnos a lo mismo, según el diccionario de la RAE la primera acepción de dolor es una «sensación molesta y aflictiva de una parte del cuerpo por causa interior o exterior»; es decir, el dolor en su primer significado hace referencia a lo orgánico y, por lo tanto, es común a todos los seres vivos. Mientras que la segunda acepción lo define como sentimiento de pena y congoja. El sufrimiento solemos asociarlo más con padecimiento, pena, infelicidad, y agotamiento. Son estados de carácter psíquico, que afectan al ser humano, pero también a los animales, contrariamente a lo que se pensaba.

No dejo la oportunidad para reivindicar al ser animal y la comprensión de que son seres emocionales con una psicología propia que puede estar afectada por el padecimiento y los traumas. Por ejemplo, en las mascotas se han observado síntomas de traumas como conductas de esconderse, actuar con nerviosismo y miedo, depresión por falta de actividad, comportamientos destructivos… También en los animales salvajes se aprecia el dolor psíquico; los chimpancés hacen duelo cuando muere uno del grupo al igual que los elefantes.

Si bien dolor y sufrimiento pueden ser conceptualmente intercambiables, en el habla utilizamos con más frecuencia «dolor» para lo que se relaciona con lo orgánico y «sufrimiento» para lo relativo a lo psíquico. Pero igualmente también podríamos matizar empleando **dolor psíquico**, para referirnos a sufrimiento, y **sufrimiento físico**, equivalente a dolor. Por lo tanto, la diferenciación entre dolor y sufrimiento como discusión me parece un tanto estéril; más aún, si de ella se trata de extraer algún tipo de terapia, porque la gente no se expresa así y el «lenguaje es la sangre del espíritu», en palabras de Unamuno. Así que nosotros lo utilizaremos indistintamente, como en nuestra realidad diaria. El lenguaje, que tiene su vida propia y que refleja la realidad de un grupo humano, nos obliga a utilizar ambos términos sin distinción para evitar repeticiones constantes. Y es exactamente con este criterio con el que lo voy a utilizar durante toda la reflexión. Confío en que el lector identificará exactamente de qué estamos hablando por el contexto.

Que el dolor es inevitable es algo que sabemos con certeza porque es una realidad que afecta a todos los seres vivos. Todos hemos tenido experiencias de dolor físico. La probabilidad de sentir dolor a lo largo de nuestra vida por una caída, un accidente, o una enfermedad es altísima. Que el sufrimiento es opcional, así, expresado con pasmosa tranquilidad y utilizando un principio de autoridad (la frase se atribuye a Buda) me parece una falsedad y creo que no ayuda ni a entenderlo, ni a asumirlo, ni a evitarlo. En primer lugar, **porque pone la responsabilidad del sufrimiento en uno mismo y en nuestra capacidad de escoger y de hacer elecciones**. Estoy seguro de que nadie en su sano juicio escoge el sufrimiento, aunque hay una excepción que comentaremos más adelante. En segundo lugar, porque **el sufrimiento es un descuento para la vida y nos aleja de la felicidad**. Las sentencias y frases que necesitan explicarse y matizarse no son buenas porque habrá tantas interpretaciones como lectores. Y puestos a tirar del hilo de una frase podemos llegar a deducir ideas herradas.

Mi conclusión es que sufrimiento es un concepto amplio que implica padecimiento, sea físico o psíquico. La RAE lo define con tres palabras: **padecimiento, dolor y pena**. Es decir, para nosotros, los hablantes, el sufrimiento lo engloba todo: el dolor, el temor, la preocupación, la frustración, la sumisión, los complejos… Pero también es evidente que existe un **sufrimiento físico o dolor**, que hace referencia a lo orgánico, como lo es que existe un **sufrimiento psíquico**, que hace referencia a los procesos mentales.

6.2 Dolor y Sufrimiento como Alertas Existenciales

Sabemos con certeza que el dolor físico o el sufrimiento psíquico son realidades que deseamos evitar a toda costa. A priori, no es bueno para nosotros y, por lo tanto, nuestra actitud va a ser de huida. ¿Qué explicación tiene el dolor y el sufrimiento? **Desde un punto de vista biológico es un mecanismo que ayuda a la supervivencia**. Nuestra naturaleza nos llevará a evitar todo aquello que nos pueda hacer daño. El dolor físico es una señal de alarma de nuestro organismo. Nos avisa de que algo va mal. Si no sintiéramos dolor, nuestro cuerpo estaría cubierto de cicatrices y no tendríamos conciencia de la rotura de un hueso, por ejemplo. Si sentimos un pinchazo, enseguida reaccionamos como un resorte. Nos apartamos instintivamente de cualquier fuente de dolor externa; pero también podemos sentir dolor físico interno, es decir, puede ser un síntoma de padecimiento de una enfermedad.

Hay un cierto sentido en la realidad del dolor físico por lo que supone de **alerta sobre algo que podría ir peor**, pero en cualquier caso siempre queremos evitarlo. Si vamos conduciendo tranquilamente y de repente vemos que otro coche invade nuestro carril, inmediatamente intentaremos esquivarlo. No queremos una colisión con posibles traumatismos. Si llevamos días con dolor de abdomen que no remite, iremos al médico para hallar la causa, tratarlo y evitar mayores dolores. ¿Y qué hay del sufrimiento psíquico?, ¿tiene algún sentido? Pues me inclino a pensar que también nos puede estar avisando de algo. **Nuestra vida está llena de alertas emocionales**; por ejemplo, cuando hay una diferencia grande entre lo que esperamos y lo que obtenemos, o cuando lo que estamos viviendo nos produce incomodidad, insatisfacción, temor… y genera presentimientos e intuiciones que nos indican que no estamos en la dirección correcta.

En principio una vida sin dolor ni sufrimiento nos parecería algo maravilloso. ¿Pero cómo podríamos percibir las alertas necesarias y evitar todo lo que puede atentar contra nuestra integridad? Eso nos colocaría en una situación de riesgo y vulnerabilidad, pues no tendríamos la reacción de huida ante los estímulos dolorosos como el fuego. Pues bien, esta situación está descrita en la literatura médica como una patología de origen hereditario y las personas que la sufren no tienen sensación dolorosa alguna. Es conocida como analgesia congénita o neuropatía hereditaria sensitivo autonómica. Aquí está la gran contradicción: estos pacientes sufren agónicamente de no sentir dolor.

Existen algunas herramientas como la escala EVA para ayudar a las personas a evaluar la intensidad de sensaciones dolorosas. Se trata de una escala visual analógica representada por una línea recta en la que un extremo significa la ausencia de dolor y el otro, la presencia del peor dolor imaginable. Sin embargo, siempre es una representación subjetiva.

La realidad es que **todo sufrimiento, sea físico o psíquico, es subjetivo.** El sufrimiento de una persona a otra es distinto. **No existe ningún «sufrimómetro» para medir objetivamente su intensidad.** Cuando alguien dice que tiene dolor, simplemente creemos en su palabra porque, entre otras cosas, nosotros lo hemos padecido igualmente. Hemos tenido experiencias similares, aunque únicas. Sabemos, por vivencia propia, que un corte en un dedo es doloroso. ¿Quién alguna vez en su vida no se ha cortado con un cuchillo? Del mismo modo hemos experimentado el sufrimiento psíquico cuando hemos perdido a un ser querido, cuando nos hemos sentido humillados o cuando no hemos sido aceptados socialmente. Son situaciones habituales para la inmensa mayoría.

Por otro lado, el cómo percibimos la intensidad del dolor también es subjetivo. Hay personas que tienen una mayor tolerancia y ante los mismos hechos no refieren tanto dolor. Por todo ello no veo la utilidad de asignar al dolor características objetivas, pues cualquier acción derivada de ello, en el mejor de los casos, no tendrá los efectos deseados.

Max Scheler (1874-1928), uno de los grandes filósofos alemanes de principios del siglo XX, estudió los fenómenos emocionales. Especialmente, el sufrimiento fue una de sus preocupaciones. Para Scheler el sufrimiento está asociado a tres niveles de profundidad: el biológico, el psicológico y el espiritual. Estos, a su vez, hacen referencia a tres niveles del ser: el organismo, el yo y la persona. El **sufrimiento biológico** es el sufrimiento físico externo o interno. Un poco más profundo estaría **el sufrimiento psíquico del yo** que tiene que ver con aspectos de la personalidad. Y en el último nivel de profundidad, el **sufrimiento espiritual** que se relaciona con los actos de valor, éticos y morales, acercándonos a un plano metafísico.

6.3 El Sufrimiento Como Objeto de Reflexión

Según Scheler el sufrimiento espiritual es exclusivamente humano y su reflexión se orienta a encontrarle un sentido. ¿Cuál es la naturaleza del sufrimiento?, ¿por qué y para qué sufrimos?, ¿cuál es su significado? Normalmente el ser humano responde huyendo y apartándose de las experiencias de dolor y sufrimiento. Pues bien, Scheler choca con la idea de evitación del sufrimiento propia del mundo occidental, hasta cierto punto. Probablemente influido por la visión cristiana del dolor y la penitencia, y con una cierta sintonía con Viktor Frankl, plantea la idea de que el sufrimiento puede traernos algo positivo, siempre que logremos encontrarle un sentido. **Si bien la evitación de un daño físico es instintiva, todo lo relacionado con el sufrimiento puede ser objeto de reflexión, desvinculándonos del determinismo biológico.** Max Scheler propone la idea de que el dolor, bien sea físico o psíquico, debe servir y debe tener algún sentido, por lo que de encontrarlo nos puede llevar a un objetivo superior. Aunque no comparto la idea de Scheler de que el sufrimiento debe tener un sentido más allá de lo biológico, creo que su aproximación es muy respetuosa, **otorgando a la persona una capacidad de dominio y control del sufrimiento y al mismo tiempo rechazando de plano el padecimiento pasivo.**

El filósofo alemán señala que, desde la ética, cada uno debe buscar la razón a su propio sufrimiento y darle un significado que lo convierta en algo útil. **El sufrimiento supone siempre unos desafíos a los que se enfrenta la persona. Lo más recomendable es afrontarlos desde nuestras**

capacidades cognitivas. En primer lugar, entenderlo y descubrir cuál es su sentido profundo y, en segundo lugar, recogerse, guardar silencio, contemplar, reflexionar y meditar. Esta reflexión nos conducirá al dominio del espíritu que nos proporcionará tranquilidad, libertad y energía para pasar a la acción. Pero para encontrar sentido al sufrimiento solo puede hacerse desde la dimensión que él llama de persona y que corresponde a un plano espiritual. Por el contrario, en el plano orgánico y psicológico el sufrimiento carece de sentido pues implica un padecimiento pasivo. Únicamente desde una dimensión espiritual podemos iniciar una acción en relación a un sufrimiento concreto, dándole algún sentido existencial, es decir, **el sufrimiento se transforma en energía dirigida a conseguir un objetivo**. De esta forma el sufrimiento no es un trastorno vacío, sino que tiene un significado, se dirige a un fin mayor y puede conducir, incluso, a la felicidad. La teoría de Scheler del sentido del sufrimiento coincide en algunos aspectos con la visión cristiana, donde el dolor es un camino que lleva a la redención. **Scheler consideraba que el sufrimiento era equivalente al sacrificio y en este sentido puede traer algo positivo**. La coincidencia entre Scheler y la noción cristiana del sacrificio le ha ocasionado interpretaciones erróneas, pues el hecho de que muchas personas rechacen el sacrificio es precisamente por esa reminiscencia religiosa asociada al término.

Aunque desdeñemos el término sacrificio, estamos muy familiarizados con sus atributos. Es algo que elegimos con cierta frecuencia a lo largo de nuestra vida para alcanzar objetivos y metas. Y sin connotaciones religiosas. **El «sacrificio» es una acción que realizamos de forma consciente, a pesar de que implica sufrimiento, pero que hacemos para obtener un bien superior, una ganancia que traerá beneficios para uno mismo o para otras personas**. Escoge sacrificio quien trabaja durante el día y estudia en la universidad a distancia por la noche para sacarse una carrera. Escoge sacrificio quien hace una dieta para perder peso. Escoge sacrificio un deportista que lleva con rigor sus entrenamientos para triunfar. Escoge sacrificio quien emplea su tiempo libre para ayudar a los demás. Escoge sacrificio quien ahorra para algún fin y eso le exige hacer muchas renuncias. Y es que en la vida nada nos sale gratis. La mayor parte de los deseos y logros alcanzados han llegado debido a que nos hemos sacrificado por ello. Hay un dicho del inglés muy conocido que lo explica muy bien: *no pain, no gain* que significa, **sin dolor no hay ganancia**. En otras palabras, las personas aceptamos el sufrimiento si ello nos conduce al logro de nuestras metas y objetivos; es decir, el trastorno se convierte en algo motivador y útil.

La reflexión sobre el dolor y el sufrimiento es una tarea que no es fácil de abordar y exige un manejo sensible y empático, pues existen muchos tipos de padecimiento, de naturalezas diversas y de personalidades diversas. El dolor y el sufrimiento son dos condiciones inherentes a todas las especies animales. Las hembras paren con dolor; comer cada día puede suponer un esfuerzo agotador; y la muerte se acompaña con el duelo de los vivos. Son solo tres ejemplos vitales que llevan aparejado, dolor, sufrimiento, esfuerzo e incomodidad. Ojalá que pudiéramos hacer que desaparezcan de nuestras vidas, pero todos sabemos que no es factible. A lo largo de nuestra existencia vamos a padecer momentos de dolor físico y psíquico y habrá personas que por azar o por sus circunstancias sufrirán sobremanera. Hay dolores físicos o psíquicos tan intensos y constantes que pueden conducir a la desesperación y al suicidio. Esta realidad nos conecta con la reflexión ya hecha sobre el sentido de la vida, un sentido que es único, individual y subjetivo. No obstante, **la idea de adversidad no deberíamos identificarla con sufrimiento**, pues los obstáculos son propios de todos los caminos. Cualquiera que sea la ruta escogida para nuestra vida no estará exenta de momentos de dificultad y estrés. Es la lucha inherente a la vida que hace que no estemos cómodos. El psiquiatra y rabino Abraham Joshua Twerski (1930-2021) cuenta una expresiva metáfora para explicar cómo crecer a través de la adversidad:

> «La langosta es un animal suave y pulposo que vive dentro de un caparazón rígido. Ese caparazón no se expande. Entonces ¿Cómo crece la langosta? Bueno, mientras la langosta crece, el caparazón se vuelve una gran limitante y la langosta se siente bajo mucha presión e incómoda. Se va debajo de una formación de piedras para protegerse de los depredadores, deja su caparazón y produce uno nuevo. Eventualmente ese caparazón también se vuelve muy incómodo cuando crece, entonces regresa a las rocas y cambia nuevamente su caparazón. Y la langosta repite esto varias veces. El estímulo que permite a la langosta crecer es el sentirse incómoda. Ahora, si las langostas tuvieran doctor, nunca crecerían, porque cuando se sintieran incómodas, irían para conseguir un *Valium* o un *Percocet* y todo estaría bien. Nunca se quitarían el caparazón. Así que debemos darnos cuenta de que los tiempos de estrés, también son signos de crecimiento y si utilizamos la adversidad de manera correcta, podemos crecer a través de la adversidad...»

No es dolor. No es sufrimiento. Es incomodidad y forma parte de la vida. Nada, excepto la lluvia, nos cae del cielo y todo lo conseguimos con mucho esfuerzo. Pero el esfuerzo tiene su recompensa, ya que nos hacemos más competentes para lograr nuestros objetivos. En realidad, **la incomodidad no deja de ser un estímulo que nos empuja hacia adelante con mayor determinación porque, como queremos estar cómodos, haremos lo que sea para superar las adversidades.** Al igual que la langosta nos quitaremos el caparazón que nos impide crecer y que nos aprisiona. El caparazón puede representar también la mochila con la que cargamos y que nos impide avanzar. Son los miedos, las inseguridades, los prejuicios, los pensamientos autolimitantes, el falso confort... Es necesario soltar lastre para disfrutar de nuestro desarrollo y evolución.

6.4 Las Caras Ocultas del Dolor y el Sufrimiento

En términos generales se puede asegurar que, así como la felicidad constante es una utopía, el sufrimiento constante es poco probable. No sería soportable. Las heridas suelen sanar, las enfermedades suelen curar y nos cansamos y agotamos de sufrir de forma consciente. Afortunadamente, el dolor y el sufrimiento se nos olvidan. Es un mecanismo de defensa inconsciente que ayuda a continuar con nuestras vidas. Dicen que si fuésemos capaces de recordar y sentir en un segundo todos los momentos de dolor y sufrimiento que hemos padecido a lo largo de nuestra existencia caeríamos fulminados.

También existe un **sufrimiento inconsciente** debido a que la persona no tiene sensación de padecimiento. Probablemente te habrá pasado alguna vez, pero no fuiste consciente de ello, al menos, en ese momento. Está ocasionado por situaciones de estrés continuado, bien sea físico o psíquico. Por ejemplo, en el entorno laboral, puede afectar a personas sometidas a una alta exigencia por alcanzar resultados, a educadores con alumnos conflictivos a su cargo o a profesionales sanitarios que tienen que convivir con el dolor y las desgracias. En general, afecta todas las personas a quienes se les demanda una alta exigencia (física, psíquica o ambas) y están sometidas a un estrés constante en el entorno que sea (familiar, laboral o social). Incluso, estando motivados y sintiéndose autorrealizados con la actividad desarrollada, el sufrimiento puede manifestarse como cansancio, o agotamiento extremo, o con cualquier otra somatización.

Por entender la **naturaleza del sufrimiento** desde todos los ángulos posibles no debemos obviar una perspectiva que puede ser sorprendente. **El dolor también puede conducir al placer.** Hay diversas actividades que en sí mismas son dolorosas, pero que proporcionan placer a algunas personas: correr, masajes fisioterapéuticos, tratamientos faciales que implican pinchazos, tatuajes, prácticas sexuales como el *bondage* o sadomasoquismo… ¿Por qué esto es así? Es una cuestión de nuestra fisiología. Ante cualquier dolor el organismo reacciona poniendo en marcha el sistema nervioso central que ordena la liberación de unas proteínas llamadas endorfinas. Esta liberación tiene por objeto el bloqueo de la sensación dolorosa, pero al mismo tiempo produce euforia, igual que lo hacen los opiáceos como la morfina.

Probablemente hayas oído hablar del «subidón del corredor». Las personas que corren a diario o hacen ejercicio intenso saben muy bien que el dolor asociado al esfuerzo se ve contrarrestado rápidamente por una sensación positiva en su organismo. Las «endorfinas», liberadas a causa del dolor, también traen sensación de bienestar, actitud positiva y mejora de la salud. Adicionalmente, el ejercicio intenso hace que se liberen otros analgésicos como las «anandamidas», conocidas como «químicos de la felicidad», pues se unen a los receptores del cerebro para bloquear las señales de dolor y al hacerlo inducen un cálido placer. Estos procesos biológicos explican por qué correr a diario se puede volver algo adictivo al igual que evidencian la delgada línea que existe entre el dolor y el placer.

¿Y el sufrimiento psíquico nos puede proporcionar placer? Pues también, aunque no llegaría a calificarlo exactamente como placer. Somos de una extraña naturaleza, difícil y sorprendente. Nos gustan las emociones fuertes, aunque para ello tengamos que sufrir. El sufrimiento, a pesar de que lo veamos innecesario, puede incluso llegar a seducirnos. Seguro que todos conocemos algún experto sufridor de nuestro entorno. Utilizan el sufrimiento como una táctica para llamar la atención y sentirse apreciados y escuchados. Les funciona y se vuelve adictivo. Otros pueden buscar en el sufrimiento el reconocimiento y la admiración de los demás, mostrando lo mucho que se esfuerzan y los sacrificios que hacen. Todos hemos padecido en algún momento una mala racha y lo hemos contado a diestra y siniestra buscando la empatía y compasión de los demás y nos hemos sentido bien al contarlo una y otra vez. De vez en cuando encontramos en el sufrimiento algún beneficio. En el fondo, pensándolo bien, son formas de supervivencia pues **nuestra naturaleza hará lo que sea para sobrevivir**. Obviamente, estos estados de sufrimiento no pueden ser permanentes. Deben ser solo un respiro para que reaccionemos y salgamos de esa situación que no es deseable.

Una actitud del ser humano, cuando menos curiosa, es la de querer ganar hasta en el sufrimiento. El sufrimiento no es un concurso. Es muy común que la gente publique en las redes sociales sus desgracias y sufrimientos, haciendo inevitable que nos comparemos y puede que pensemos: «eso no es nada comparado con lo que he sufrido yo». Cuando alguien cuenta que está pasando una mala etapa no es tan extraño que alguien responda: «… que te voy a contar yo. Si tú supieras». Y es que nuestros sufrimientos los utilizamos como vara de medir de los sufrimientos ajenos para minimizarlos.

El sufrimiento comparativo mide el sufrimiento de los demás desde nuestra óptica y experiencia. No solo invalidamos la realidad de otras personas, sino que les impedimos que se expresen con libertad sin ser juzgadas por ello. La única actitud posible ante el sufrimiento ajeno es la empatía. Pero lo mismo ocurre cuando minimizamos nuestras experiencias al exponerlas a los demás y le quitamos hierro a nuestro dolor o comparamos la vida de los demás mejor que la nuestra. Esa latencia es muy dañina para la vida. El dolor ajeno no sirve de nada a nuestro dolor, ni lo incrementa ni lo disminuye; el compararnos de forma prepotente acrecienta nuestro egoísmo y falta de empatía; el infravalorarnos tampoco es una buena actitud porque inhibe las emociones que necesitamos para superar las adversidades. **La mejor aproximación ante el dolor de los demás es la empatía y ante el propio, la entereza la valentía y la superación.**

Dolor y sufrimiento son condiciones inherentes a la vida que el *Homo sapiens* ha aprendido a lo largo de más de 100.000 años de evolución. En ese largo camino desaparecieron muchas especies animales, entre ellas el *Homo neanderthalensis*, hace 28.000 años. La vida es competitiva por lo que sobreviven los que son más fuertes y se adaptan mejor. La cadena trófica o alimentaria implica que unas especies se comen a otras. La energía y los nutrientes fluyen de un organismo a otro; pero, obviamente, esto trae mucho sufrimiento. Un cocodrilo puede comerse a una cebra viva y una hiena a un antílope. Afortunadamente, nosotros hemos logrado no ser alimento para las demás especies debido a nuestra posición de dominación en el mundo. No tenemos depredadores; sin embargo, estamos expuestos a otros potenciales peligros causantes de dolor derivados de nuestra civilización.

La propia selección natural va a hacer que los especímenes más fuertes y con mayor capacidad reproductora sobrevivan; ello implica, entre otras cosas, la evitación de los peligros y del dolor. **Incluso el mundo emocional juega un papel importante en la selección natural, ya que la supervivencia dependerá también de qué especímenes juegan mejor o peor con sus emociones.** La naturaleza tiene claro cuáles son las prioridades y decide quién vive y quién muere. Por lo tanto, el dolor y el sufrimiento se relacionan con el mandato biológico de la supervivencia, lo que significa que por naturaleza vamos a querer superarlo y evitarlo. La vida, a pesar del sufrimiento, se impone con los más fuertes para seguir adelante.

Dolor y sufrimiento son realidades de nuestra existencia que nos acompañarán en momentos de nuestra vida. Lo que más nos conviene es comprenderlos y aceptar la posibilidad de que algún día nos los encontraremos cara a cara. Esto no significa que debamos abrazarnos al sufrimiento, ni que la imposibilidad de negar su realidad implique su aceptación. **Lo ideal sería que no hubiera sufrimiento, pero forma parte de la existencia de los seres vivos y de la supervivencia. Y es que la evolución no optimiza la felicidad, sino la eficacia biológica, lo que trae gran cantidad de sufrimiento a la naturaleza.** Que el sufrimiento tenga su explicación y utilidad no significa que lo deseemos. Todo lo contrario. Sabiendo que esto es así, es legítimo preguntarnos si hay alguna manera de evitarlo o de esquivarlo y, si esto no es posible, cuál sería la mejor manera de afrontarlo.

Sabemos por experiencia que cuando nos sobreviene un dolor orgánico no buscado es una señal de alerta. Nos defiende y nos ayuda a reaccionar para que las cosas no empeoren. Puede ser un golpe, el ataque de un animal o de otra persona, una caída, un pinchazo o un síntoma de enfermedad. Sin duda que, una vez que la alerta está dada, no tiene sentido prolongar ese dolor y, consecuentemente, nos alejaremos de su origen o lo trataremos adecuadamente (lucharemos). Por lo tanto, la manera de afrontar el sufrimiento físico es apartándonos o tratándolo con los calmantes y analgésicos necesarios.

Realmente no solemos pensar hasta qué punto el dolor está íntimamente ligado a la supervivencia. La vida del hombre a lo largo de miles de años, desde que estuvimos a punto de desaparecer hasta nuestros días, ha estado en constante lucha por dominar el entorno y sobrevivir. Esto significa que los momentos de dolor han sido constantes en forma de enfermedades, traumatismos, cortes, ataques de animales, disputas y peleas… Aquellos que fueron más inteligentes para evitar el dolor y más resistentes para afrontarlo tuvieron más posibilidades de sobrevivir. Al mismo tiempo ese dolor indeseado fue forjando el carácter. Los temerosos y apocados seguro que nos sobrevivieron al ataque de las bestias, ni tampoco aquellos que no soportaron el dolor de los traumatismos o de las enfermedades. «Lo que no te mata te hiere de gravedad y te deja tan apaleado, que luego aceptas cualquier maltrato y te dices a ti mismo que eso te fortalece». Esta frase de Friedrich Nietzsche, a la que se le ha quitado parte de su significado, parece ser el origen de la popular sentencia: «Lo que no te mata te hace más fuerte».

El dolor, más allá de que ayuda a la supervivencia, no tiene ningún sentido. No es necesario sufrir sin motivo. No obstante, eliminar el dolor no es algo instantáneo y no siempre tendremos a mano los medios para alejarnos o para tratarlo, lo que significa que el dolor puede durar. Además, el dolor físico también provoca alteraciones emocionales y cognitivas que afectan a la calidad de vida en aspectos psicológicos, funcionales, laborales y sociales.

Cuando no podemos eliminar el dolor de forma inmediata, por la razón que sea, es el momento de mostrar fortaleza, entereza y concentración para dominarlo, tanto como nos sea posible. Y aquí es donde entra la competitividad, ya que los más resistentes podrán continuar con sus vidas. Habrá personas que por el dolor físico suspenderán sus vidas y perderán la concentración y la motivación. Otras, afectadas por dolores permanentes e insoportables, decidirán poner fin a sus días como cura definitiva.

Ante situaciones así solo nos queda mostrar respeto y empatía. Si bien el dolor físico no es deseable, y con mucha probabilidad lo padeceremos en momentos de nuestra vida, puede que ayude a forjar nuestro carácter y a extraer aprendizajes. En primer lugar, es imposible no pensar en nuestra fragilidad y dar valor a una vida sin dolor. Por otro lado, fortalece nuestra resistencia (supervivencia), nos hace conscientes de la realidad y nos ayuda a entender el dolor ajeno (compasión y empatía).

6.5 Sufrimiento del Alma

¿Y qué hay del sufrimiento, de ese dolor del alma? Igualmente nos va a acompañar en nuestra vida. Este dolor se relaciona con nuestro mundo emocional, con los sentimientos, los valores y también con los pensamientos. Es decir, su tratamiento, control y dominio depende de nuestras capacidades cognitivas y de la experiencia. Sufrimos por lo que nos ha pasado o por lo que creemos que va a pasar en un futuro, pero también por la manera de cómo interpretamos la realidad. Se puede sufrir por muchas causas. Por la ausencia de un ser querido, por un desprecio, por falta de reconocimiento, por un maltrato a otra persona, por falta de amor, por la soledad, por no poder desarrollarse, por lo que crees que va a pasar, por un engaño, por envidia, por temor a algo, por el cambio, por no ser uno mismo y agradar a los demás, por no poder fluir, por el vacío interior… Esta última causa es una emoción profunda, más frecuente de lo que se puede pensar, y que produce un sufrimiento severo que si no se trata puede llevar a la autodestrucción personal.

El **vacío interior** es uno de los sufrimientos asociados a nuestro tiempo. ¿Te has sentido alguna vez triste, sin ilusión, insatisfecho e irritado sin saber por qué? Estos son algunos de los síntomas de la vaciedad interior. Las personas que lo padecen y se dejan arrastrar por esas emociones experimentan una gran ansiedad. Por otro lado, intentarán llenar ese vacío con cambios constantes a nivel afectivo, en cuanto hábitos de vida, recurriendo a las drogas o realizando todo tipo de actividades sin coherencia; pero lo único que conseguirán es ahondar el agujero interior. Se desconoce cuál es el origen de este trastorno y, aunque la predisposición personal va a ser determinante, se barajan dos posibilidades: el haber sufrido una depresión y la desconexión interior.

Una de las características de nuestra sociedad es que vivimos conectados a gran cantidad de aparatos que, a su vez, nos conectan socialmente (familia, amigos, trabajo) y fuerzan nuestra mirada hacia lo exterior. Nuestro «yo» interior queda totalmente ignorado y olvidado. A muchas personas les horroriza quedarse a solas consigo mismas. Quizá no queramos mirar a nuestro interior porque tal vez no nos guste lo que vamos a encontrar. Tenemos miedo a encontrarnos con nosotros mismos. Es más fácil buscar estímulos y actividades externas, pero como con ello no llegará ni la satisfacción, ni la paz, **lo único que se consigue es perder la vinculación con uno mismo**. Cuando la desconexión es total, emerge la tristeza, la desesperanza y la angustia. Si en alguna ocasión te reconoces en esta situación mi mejor recomendación es que busques la ayuda de un especialista. No siempre tenemos a nuestra mano las herramientas para resolver por nosotros mismos un sufrimiento de carácter más complejo. Todo tiene solución y si uno quiere podrá volver a reconectarse y a recuperar su vida; pero es importante ponerse en marcha cuanto antes.

Como se puede intuir no todos los sufrimientos son iguales, ni por su **naturaleza**, ni por la **intensidad**, ni por la **duración**. Lo común de todos ellos es que nos descentran y conducen nuestra mirada al asunto que nos hace sufrir. Es equivalente a lo que ocurre con el dolor físico. Si te duele un pie y caminas con dificultad, la mayor parte de tus pensamientos y de tu atención estarán en tu pie y pasarás por alto muchos detalles de tu vida. Si has tenido un desengaño amoroso, porque tu pareja te ha dejado por otra persona, tus pensamientos estarán en esa situación dolorosa y no disfrutarás de la compañía de tus amigos, por ejemplo. El sufrimiento también provoca alteraciones emocionales y cognitivas que afectan al bienestar y salud mental en el entorno familiar, social y laboral. El aspecto más determinante del sufrimiento es la duración. Algunos sufrimientos pueden ser momentáneos y pasajeros; otros, más permanentes, pueden ser un telón de fondo en nuestras vidas; y, lamentablemente, algunos pueden impregnarlo todo.

Algunas teorías psicológicas a esto le llaman dolor y la no aceptación del mismo sería lo que provoca el sufrimiento. Esto es tanto como decir que sufre el que quiere porque si aceptamos el dolor parece que no sufriremos. No creo que sea útil esta aproximación. De hecho, **cualquier no aceptación de una realidad supone sufrimiento, no solo del dolor**. Por ejemplo, los padres que no aceptan a las parejas de sus hijos, o el profesional que no acepta que su compañero haya sido promocionado, o el hincha que no acepta que su equipo ha perdido un partido... En general la no aceptación de la realidad nos provoca sufrimiento. Pero no es lo único que provoca el sufrimiento, como hemos descrito más arriba. **Tanto el dolor como el sufrimiento estarán presentes a lo largo de nuestras vidas. Ambos tienen una función pragmática; nos avisan para que reaccionemos, pero una vez que esta función está cubierta no tiene ningún sentido prolongarlos.** Por ejemplo, si la alarma contra incendios suena y recibimos el aviso ¿qué sentido tiene no desconectarla?

Otro asunto es que el sufrimiento nos traiga algunos aprendizajes, ayude a forjar la personalidad y a entender las limitaciones humanas. Pero nunca escogeríamos sufrir solo para aprender y para fortalecer nuestro carácter. La vida, de por sí, ya nos dará las dosis de sufrimiento que necesitamos. **Lo que sí podemos escoger es el sacrificio, el esfuerzo, la renuncia a algunas cosas con la idea de alcanzar metas y objetivos.** Los matices son importantes, no solo por lo que conceptualmente representan, sino porque nos hacen sentir de manera distinta. Se puede sufrir por una ruptura emocional inesperada o por tener que estudiar por la noche. En el primer caso el estado emocional es de dolor, molestia, tristeza, incomodidad, depresión... mientras que, en el segundo, aunque haya cansancio físico, el estado emocional es de motivación, de autodesarrollo, de visualización optimista de un objetivo. Por eso **es más beneficioso sacrificarse para forjar el carácter, cultivar la resiliencia, alcanzar objetivos, cultivar la humildad... en lugar de aceptar un sufrimiento sin sentido que no te conecta con tus objetivos, aspiraciones y metas.**

Que el dolor y el sufrimiento traigan algunos beneficios (esto siempre es subjetivo porque lo que a uno le fortalece a otro le puede matar) no justifica que se deba aceptar o buscar. **¿Acaso buscamos enfermarnos para fortalecer nuestro**

sistema inmunitario, aunque la enfermedad lo fortalezca? El hombre, desde su aparición, siempre ha evitado el dolor y el sufrimiento y ha buscado por todos los medios deshacerse de ellos. Las religiones los escogieron como el peor de los castigos que los dioses infligieron a los hombres. En los infiernos o inframundos las almas de los pecadores muertos padecerían torturas eternamente. También los hombres escogieron la tortura como medio para quebrantar y destruir a las víctimas aplicando dolores y sufrimientos continuados, físicos y mentales.

En esencia, padecer y sufrir no es bueno. Y aceptarlos, mucho menos, porque es consentir una vida con descuento y, lo peor, es que tal aceptación significa renunciar a pasar a la acción. Cuando te sobrevenga el sufrimiento mi mejor consejo es que recojas «el aviso» y te deshagas de aquel cuanto antes, por ti mismo o con ayuda. No voy a enaltecer las virtudes del sufrimiento, ni te recomendaré que te entregues a él cual monje anacoreta. Una vez que el sufrimiento ha cumplido con su función no tiene sentido prolongarlo; es inútil. **Lo natural en nuestra vida es que busquemos la felicidad** y todo aquello que nos resulte placentero. Y no me refiero a una visión hedonista de la vida de buscar el placer por el placer. Intentaré poner algo de metodología a esta idea porque realmente deshacernos del sufrimiento no es un trabajo fácil y necesitaremos esfuerzo.

Te sugiero una reflexión en tres etapas:

1. Sentir el dolor. Significa tomar conciencia de nuestro sufrimiento desde su origen. Necesariamente hemos de mirar hacia nuestro interior y conectarnos con nosotros mismos. **Es imprescindible entender su origen, la causa que nos hace sufrir**. ¿A qué se debe que yo esté sufriendo? Además, necesitaremos honestidad y valentía para reconocer la verdadera causa sin hacernos trampas. Es muy importante distinguir si la causa del sufrimiento está en ti u objetivamente puedes afirmar que está en otra persona o situación. A veces sufrimos por celos, o por envidia, o porque alguien nos ha superado en algo y nos buscamos otras causas que maquillan la verdadera situación.

Pongamos un ejemplo sencillo. Imagina que has participado en un proceso de selección para promocionar a jefe de equipo. Para tu sorpresa y desilusión un buen día la empresa hace el nombramiento de una compañera tuya. Tú te sientes muy dolido por las formas, pues esperabas que la empresa te hubiera comunicado personalmente la decisión de que otra persona había sido elegida. Y así lo comentas informalmente con tus compañeros, ante quienes te muestras indignado por lo que consideras una falta de respeto. En esta hipotética situación deberíamos preguntarnos... ¿si la empresa me hubiera comunicado la decisión personalmente habría actuado, pensado y sentido de manera diferente?, ¿me habría alegrado por mi compañera y le hubiera felicitado en lugar de sufrir por la decisión adoptada? Tal vez mi sufrimiento proviene de la envidia o de ser consciente que mis superiores no me han visto con suficientes habilidades y conocimientos.

Necesitamos sentir el dolor desde la reflexión para entender su origen y significado. Hay sufrimientos que se generan en nuestro interior, emergen de nuestro mundo emocional, y su origen se puede relacionar con la envidia, la vaciedad interior, la inseguridad personal, la apatía, la infravaloración, los celos, la falta de metas, los miedos infundados, la incomunicación, la timidez... Otros sufrimientos tienen su origen en estímulos externos, tales como un desprecio, falta de reconocimiento, la violencia verbal, la manipulación, la no aceptación en un grupo social, el trato discriminatorio, el acoso laboral... Es muy fácil que nos confundamos bajo los efectos del sufrimiento porque nuestra «casa de huéspedes» puede convertirse en una alborotada residencia. Por eso es importante reposar nuestro mundo emocional para ver con claridad lo que nos está ocurriendo. A mi juicio, el sufrimiento de origen externo es más fácil de tratar porque incluso, físicamente, nos podemos alejar de aquello que nos hace sufrir. Pero obviamente esto no es suficiente. Sin embargo, el sufrimiento que se genera en nosotros nos acompaña en todo momento. La diferencia entre identificar la verdadera causa o no es muy relevante, pues dependiendo de ello podremos pasar a la acción atajándolo desde su origen. **Solo hay dos opciones: o recogemos el mensaje y pasamos a la acción o ahondamos en el sufrimiento.**

2. **Escuchar el dolor**. ¿Cuál es el mensaje, el aviso, la advertencia, la recomendación… que este sufrimiento trae para mi vida? ¿Qué estoy aprendiendo de este sufrimiento? Si hemos sido capaces de identificar la causa de nuestro dolor todo lo demás puede venir rodado. **Del reconocimiento sincero vendrá también la lectura del mensaje que nos trae el sufrimiento**. En el ejemplo anterior es fácil continuar con la reflexión. La envidia se ha apoderado de nosotros y nos hace sufrir. Si nos quedamos ahí, ese sufrimiento será absolutamente inútil y, probablemente, ahondaremos en él con consecuencias perjudiciales para nuestra actitud. Por el contrario, si reflexionamos y leemos su mensaje reconoceremos que nos está poniendo en alerta de que tal vez no nos hemos esforzado lo suficiente, de que nos hemos confiado y de que quizá hayamos subestimado a nuestros compañeros.

3. **Invitar al sufrimiento a marcharse**. Ello conlleva pasar a la acción con positividad y recuperar la normalidad de tu vida. Siguiendo con nuestro ejemplo, y una vez escuchado el mensaje, podrías adoptar una serie de decisiones

encaminadas a cumplir con tus objetivos. Por ejemplo, involucrar al responsable de desarrollo de personas de la empresa en tu plan de carrera, realizar un máster o siendo más proactivo en general. El sufrimiento desaparecerá, pues la energía estará puesta en la consecución de tus objetivos profesionales.

Realmente nuestro ejemplo es bastante simple y **hay sufrimientos que son muy complejos.** La cuestión es que para pasar de un estado a otro es necesario aplicar **energía.** Pudiera ser, inclusive, que el sufrimiento te haya sobrevenido sin tu participación activa, al menos conscientemente; pero para salir de él necesitarás ser proactivo, actuar y tomar decisiones. No queda otra que esforzarse. Pero como hemos dicho, el primer paso para combatir el sufrimiento es identificar la causa y así poder pasar a la acción más adecuada. Los sufrimientos internos y profundos, que tienen que ver con pensamientos y creencias autolimitantes, suelen ser bastante complejos. Además de la energía personal es posible que se necesite ayuda externa. La clave está en escoger a un buen profesional que genere confianza, aporte claridad y motive a la acción.

Una técnica sencilla para decirle al sufrimiento que se vaya es **dejar de pensar en aquello que nos hace sufrir** y pensar en cosas más positivas; es como «cambiar de película». Lo contrario a esto es **la rumiación**, un término que la psicología ha tomado prestado de la medicina. La rumiación es un trastorno alimentario que básicamente se traduce en la regurgitación de los alimentos. Para la psicología significa **darle vueltas a un pensamiento casi de manera obsesiva y circular** (metafóricamente, regurgitar continuamente los pensamientos). En muchos casos los pensamientos se centran en problemas que nos producen sufrimiento. Se trata de no pensar en aquello que nos produce dolor. Y esto es posible porque nuestras capacidades cognitivas tienen un potencial inmenso.

El ser humano ha ido descubriendo el poder de la mente en su evolución y hemos llegado a un punto de un dominio del entorno desconocido hasta ahora; pero es tiempo también de aplicar nuestras capacidades para el dominio de nosotros mismos. **La fijación obsesiva en el sufrimiento significa ayudar a la perpetuación del mismo y esto es posible gracias a la mente.** Además, tal como comentamos, el sufrimiento puede llegar a ser adictivo y es posible encontrar en él algún tipo de placer que puede consistir en atraer la atención de los demás mediante la lástima. Pues hagamos lo contrario, pensemos en otra cosa, dirijamos nuestra mirada hacia objetivos que nos proporcionen motivación e ilusión y nos hagan olvidar aquello que nos hace sufrir.

El **olvido** también es una capacidad mental que muchas veces nos centra en nuestros propósitos. Se nos olvidan pequeñas cosas que podrían distraernos mucho. Ya hay investigaciones que van en la línea de que recordarlo todo no es bueno. Blake Richards[48] y Ronad Davis[49] alzan las voces para decir que deberíamos **considerar la memoria como un equilibrio entre la persistencia y la desaparición del conocimiento**, es decir, como un conjunto de patrones y datos que continuamente se están actualizando con la incorporación de nuevos elementos y la eliminación de otros que no son necesarios, de la misma forma que lo hacemos con nuestro ordenador personal. Si fuéramos capaces de recordarlo todo seguramente nuestra vida sería insoportable.

---

[48] Richards, Blake A. et al. (2017). The Persistence and Transience of Memory. *Neuron, Volume 94*, Issue 6, 1071 – 108
[49] Davis RL. (2011). Traces of Drosophila memory. *Neuron. Apr 14;70(1)*:8-19

Al parecer nuestro sistema nervioso utiliza un mecanismo denominado **olvido activo o intrínseco,** mediado por la activación de una proteína llamada *scribble* que elimina conexiones sinápticas. Es decir, nuestro cerebro utiliza energía para reestructurar la arquitectura celular deshaciendo y rehaciendo los contactos neuronales. Nuestra vida es un cúmulo de experiencias, algunas buenas y otras no tan buenas que pueden impactar en nuestra realidad actual, en la idea que tenemos de nosotros mismos y en nuestros propósitos y aspiraciones. **Aprender a olvidar todo aquello que nos hace sufrir es algo tremendamente positivo** y, lo mejor, es que nuestra mente nos ayuda a ello.

Otro proceso mental que puede ser causa de un sufrimiento leve, pero constante, es la preocupación. **La preocupación tiene su función; sirve como recordatorio de una tarea pendiente, es decir, es un estado previo a la ocupación. Esto quiere decir que la preocupación debe tener una duración corta para dar paso a la resolución.** Más allá, la preocupación no tiene sentido porque genera un estado de intranquilidad permanente. Y aquí es donde surge el problema. Lo que debería ser un recordatorio se puede convertir en una situación crónica. No se puede vivir eternamente preocupado porque esto, sin duda, causa dolor y nos aleja de la felicidad. Las personas poco resolutivas, que no se enfrentan a los problemas, o bien las personas procrastinadoras, que dilatan su resolución, suelen padecer de estados de preocupación permanente. Constantemente repiten y se repiten el «tengo que hacer...» pero nunca hacen. Caso distinto es el de las personas preocupadas sin necesidad. Su preocupación es gratuita pues se alimenta de miedos y malos presagios o se intranquilizan por algo que no está en su mano solucionar. Esta clase de preocupación no es una alerta para realizar una tarea. Con seguridad la solución corresponde a otra persona, aunque el asunto puede tener relación con ellas. Seguro que todos hemos tenido experiencias de este tipo y, por supuesto, que resulta difícil dejar de preocuparse en situaciones en las que podemos estar afectados.

Sin embargo, el hecho de preocuparnos no va a cambiar el curso de los acontecimientos. ¿De qué sirve preocuparse, entonces? Esta situación está representada en la película «El Puente de los Espías» protagonizada por Tom Hanks. Hay una escena de esas que hacen historia. El abogado (Tom Hanks) defiende a un espía ruso, interpretado por Mark Rylance. La acusación de espionaje lo puede conducir a la pena de muerte. El abogado se dirige a su cliente explicándole que las cosas no van bien, pero el espía apenas se inmuta; entonces el abogado, un tanto desconcertado, le pregunta: «**¿Nunca se preocupa?**». El espía responde: «**¿Ayudaría?**». Hay mucha sabiduría y templanza en la respuesta del espía. ¿Cuáles serían nuestros sentimientos y nuestra actitud, si supiéramos que estamos a punto de ser condenados a muerte? ¿Seríamos capaces de mantener esa calma y poner nuestra energía en algo positivo? Al menos, yo no. En nuestra vida seguro que nunca nos vamos a encontrar en esa tesitura, pero sí en otras en las que nos vamos a preocupar de forma innecesaria, sin ningún efecto sobre la causa de la intranquilidad y con gasto inútil de energía. **La preocupación y el sufrimiento terminan con la tranquilidad, el bienestar y la alegría.**

Otras veces estamos pasando una mala racha. Es una expresión que utilizamos para describir una serie de acontecimientos seguidos que no son buenos y nos traen sufrimiento. No es que tengamos un sufrimiento concreto incapacitante, pero el cúmulo de situaciones percibidas como dolorosas llegan a ser una gran carga que no nos deja avanzar. Es como estar metidos en un círculo vicioso en el que nada de lo que sucede es positivo. En esas situaciones, por las que todos hemos pasado, lo más importante es tomar conciencia de ellas y cambiar. **Es una llamada a «espabilarnos».** De nada sirven las lamentaciones y apelar a la mala suerte como explicación de nuestros males. Lo único que nos salva es la voluntad de cambiar y para redirigir nuestra vida hemos de aplicar energía (esfuerzo), de igual manera que lo hace nuestro cerebro cuando quiere que olvidemos cosas. **Si el cerebro reestructura con esfuerzo y energía la arquitectura celular para actualizar nuestra memoria, ¿por qué no nos esforzaremos nosotros para actualizar nuestra vida, desechando todo aquello que supone un lastre y adquiriendo perspectivas nuevas?** Los comportamientos físicos de nuestro organismo siempre buscan la reparación, aunque a veces no lo logren como es el caso de las enfermedades crónicas. Sin embargo, **nos indican el camino y la actitud a seguir que deberíamos tomar en la vida.**

El tratamiento del dolor y del sufrimiento necesariamente nos lleva a la reflexión y nos invita a mirar hacia nuestro interior. Por eso **es importante que dediquemos tiempo a estar con nosotros mismos, ya que tanto el dolor físico como el sufrimiento psíquico son procesos íntimos que vamos a padecer en soledad.** Podremos encontrar personas empáticas que nos comprendan y que incluso nos acompañen, pero en sentido estricto serán meros observadores de nuestro dolor. Estarán a nuestro lado, apoyándonos, orientándonos, aconsejándonos, acompañándonos…, pero seremos nosotros los que estaremos sufriendo y los que emprenderemos acciones para superar el dolor y, si no es posible, para convivir con él. Sentir y pensar acerca de nuestro dolor nos puede llevar a familiarizarnos con él, como si fuera un incómodo invitado del que esperamos ansiosamente que se vaya.

Me parece útil la idea de Scheler de que **el sufrimiento puede ser objeto de reflexión,** que no significa aceptación, sino que, **a partir de la inevitabilidad de su existencia, cada uno, de forma individual, le pueda encontrar alguna utilidad. Puro pragmatismo.** Puede ser para el momento actual o para extraer aprendizajes para el futuro. Sé que esto suena extraño, pero, si ello no es posible, no pasa nada, pues la reflexión interior siempre nos va a reportar beneficios para nuestra resiliencia. Enfrentarnos cara a cara con el sufrimiento significa conocerlo, identificar su origen y su naturaleza. Este conocimiento disipará el miedo y nos abrirá nuevas perspectivas para lidiar con él.

Aunque batallar con el sufrimiento es un acto individual, conviene rodearse de personas que realmente nos aporten y nos enriquezcan. La relación con los demás es un camino de ida y vuelta; entregamos algo y recibimos algo. Ya dedicamos una reflexión a las relaciones personales como un pilar importante de la inteligencia emocional que no vamos a redundar. De los demás podemos recibir afecto, consejo, acompañamiento, ayuda, empatía... y en retorno podemos ofrecer algo similar. En su conjunto esta interacción proporciona bienestar a nuestra vida. **Convivir con el sufrimiento puede ser más soportable cuando recibimos refuerzo positivo de los demás.** No es que aquel vaya a desaparecer, ni mucho menos, pero unas relaciones interpersonales positivas nos aportarán seguridad, fortaleza y equilibrio en un momento de nuestra vida que no precisa de más complicaciones. Rodéate de personas que realmente hagan más rica tu vida. Si, finalmente, alguna vez te encuentras en una situación en la que el sufrimiento es demasiado para ti o no ves luz, consuelo o salida, que no te dé vergüenza pedir ayuda. Es tan lícito y tan bueno como sobrellevarlo en soledad. **A la supervivencia le da igual cómo lo superes; lo importante es que puedas seguir**

adelante con tu vida. Lo único que no sería aceptable es rendirse y tirar la toalla.

La realidad del dolor y del sufrimiento es compleja como compleja ha sido nuestra argumentación por lo que unas líneas finales recogerán sucintamente todo lo expresado. Dolor y sufrimiento son dos términos que utilizamos los hablantes para referirnos a lo mismo, aunque asociamos más frecuentemente el dolor con lo orgánico y el sufrimiento con lo psíquico. Son condiciones inherentes a la vida que todos padecemos y se asocian con mecanismos para la supervivencia. Nos ponen en alerta de peligros para que reaccionemos y sigamos adelante, fuera de peligro.

La vida es competición de modo que se garantiza que los más fuertes, física y emocionalmente, sobrevivan. Esto también significa que **la vida nos ha dado una dosis de resistencia** con posibilidad de mejorarla a lo largo del camino. Los hombres siempre hemos evitado el dolor físico porque una vez que cumple con su función de ponernos en alerta deja de tener sentido. Lo mismo puede aplicarse al sufrimiento. Tanto el dolor como el sufrimiento son estados que deben durar lo menos posible y, desde luego, hemos de hacer todo lo que esté a nuestro alcance por desterrarlos. A veces escogemos voluntariamente un sufrimiento, que llamamos sacrificio, porque es el medio para alcanzar metas y objetivos. Este es sustancialmente distinto por su propósito, porque es escogido voluntariamente y porque tenemos el control de su intensidad.

El dolor y el sufrimiento, más allá de su función biológica, no son buenos, son inútiles. La naturaleza nos enfrenta a esta realidad para que sigamos viviendo, no para morir. Y como hemos dicho, **la vida prioriza el dolor frente a la felicidad por pura supervivencia**. Es importante entender esto. Una vez que el dolor ha cumplido con su función lo mejor para nosotros es combatirlo y erradicarlo. No tiene sentido seguir sufriendo. Y menos sentido tiene buscar el sufrimiento para forjar el carácter. La vida lo tiene todo pensado. Nos dará las dosis de sufrimiento que necesitamos para adaptarnos al entorno en el que por azar nos ha tocado vivir. El sufrimiento físico o dolor lo podremos combatir en la mayor parte de los casos con los avances médicos. El sufrimiento psíquico lo dominamos gracias a nuestras capacidades mentales y al manejo eficiente de nuestras emociones.

¿Qué sentido tiene una vida dominada por el sufrimiento? Ninguno. Pues para nuestra admiración, el sentido de supervivencia es tan poderoso que aún en el dolor y en la degradación más profunda el ser humano es capaz de buscarle un sentido. Muchas personas que vivieron en campos de concentración, sometidos a sufrimientos, torturas y humillaciones horribles, fueron capaces de mantener la esperanza de una vida mejor y más feliz. Es lo que nos ha contado Viktor Frankl.

La vida siempre se abre paso en las condiciones más extremas. Estamos marcados por el determinismo biológico, sí; pero que eso no nos confunda. **Nuestra prioridad en la vida es la búsqueda de un sentido que nos dé paz, autodesarrollo, bienestar y felicidad.**

Evita el sufrimiento. Si te sobreviene, escucha lo que ha venido a decirte y procura que dure lo menos posible. Si es físico, recurre a la ciencia y a la medicina. Si lo necesitas, pide ayuda para combatirlo. Si es inevitable, no te queda otra alternativa que mostrar entereza y utilizar tus capacidades mentales para aliviarlo; por ejemplo, haciendo que otras realidades adquieran más importancia en tu vida. Los griegos mitigaron el sufrimiento rodeándose de arte, poesía y pensamiento. Dedica tu energía para a ser feliz porque «Ni tu peor enemigo puede hacerte tanto daño como tus propios pensamientos», en palabras de Buda.

7. Un Mundo Feliz

«La felicidad real siempre aparece escuálida por comparación con las compensaciones que ofrece la desdicha. (…) Y estar satisfecho de todo no posee el hechizo de una buena lucha contra la desventura, ni el pintoresquismo del combate contra la tentación o contra una pasión fatal o una duda. La felicidad nunca tiene grandeza»

Un mundo feliz. Aldous Huxley

Cuenta una leyenda hindú la historia de un almizclero, un pequeño ciervo de pelo corto y gris que habita en los bosques del Tonquín y del Tibet. Se dice que este almizclero recorría inquieto e incansable los bosques en busca de un aroma que en cierta ocasión había llegado a su olfato. Era un olor muy suave y agradable del que había quedado prendado y que despertaba todos sus sentidos. Dedicaba su tiempo y sus días a buscar afanosamente entre la maleza. Palmo a palmo olfateó toda la espesura del bosque. De vez en cuando una fragancia más intensa le hacía creer que se encontraba cerca de su ansiada meta. ¿De dónde venía aquel maravilloso olor? ¿Sería de las pequeñas flores de los prados verdes?, o ¿de las hierbas que crecían en las cumbres de las montañas?, o, quizá, ¿de un animal desconocido? Esta búsqueda se convirtió en la razón de su vida, casi como una obsesión. Subió a las cimas más altas, bajó a los valles más profundos, superando todos los obstáculos. Llegó a perder el miedo al peligro; se olvidó de comer, de beber y de descansar. Un día, al borde de un precipicio, el joven cervatillo, exhausto, dio un mal paso y se precipitó al vacío. En su caída se golpeó varias veces contra las rocas, rodó y terminó tendido en el suelo con el vientre abierto. Agonizante, abrió sus ojos con asombro al comprobar que una bolsa ovalada de su interior segregaba el almizcle. Era de ahí, dentro de él mismo, de su mismo pecho, de donde procedía aquel maravilloso olor que le había subyugado toda su vida. ¡Por fin lo había encontrado!

7.1 Hacia la Búsqueda de la Felicidad

La búsqueda de la felicidad constituye el gran deseo del ser humano. De hecho, la felicidad ha sido siempre objeto de la filosofía desde la antigüedad y a su alrededor han surgido diferentes escuelas de pensamiento. La felicidad, según Aristóteles, consistía en conseguir la autorrealización y alcanzar las metas que nos hemos propuesto hasta llegar a un estado de plenitud y armonía del alma. El cinismo creía que la clave de la felicidad estaba en la autonomía individual, pues todos llevamos dentro los elementos necesarios para ser felices e independientes en un entorno natural. Los estoicos, más espirituales, afirmaban que solo se podía alcanzar la felicidad mediante el rechazo de todo lo material y adoptando un estilo de vida basado en la razón, la virtud y la imperturbabilidad. Por último, los hedonistas de Epicuro defendían que la felicidad se lograba por medio del placer, tanto a nivel físico como intelectual. No obstante, recomendaban evitar los excesos porque finalmente provocan angustia. Y es que una de sus claves era la huida del sufrimiento. En resumen, el concepto clásico de la felicidad está dominado por dos ideas: la satisfacción de los placeres y el cultivo de la virtud y de la sabiduría.

A partir de los humanistas del siglo XV se vuelve a ligar la felicidad con el placer, pues ya el Renacimiento, al menos entre los intelectuales, había eliminado la idea de que la felicidad estaba en el cielo. Y con los filósofos de la ilustración (Voltaire y Rousseau) **se enfatiza el derecho del ser humano a ser feliz aquí y ahora,** en la tierra. Tal es su repercusión que dos textos fundamentales de la política de la época como son la *Declaración de Independencia de Estados Unidos* (1776) y *la Declaración de los Derechos del Hombre* (Francia, 1789) establecen el derecho a «la felicidad de todos». **Los seres humanos inician una grandiosa búsqueda que va a estar amparada por los estados y su política.**

Muy poco tiempo después, a mediados del siglo XVIII, se inicia la revolución industrial, el periodo de mayores y profundas transformaciones económicas, tecnológicas y sociales que vivió la humanidad desde el Neolítico. Supuso un vuelco total en el estilo de vida, de una economía rural, basada en la agricultura y el comercio, a otra de carácter urbano, industrializada y mecanizada. La introducción de la máquina de vapor (y su uso en la industria, en barcos y ferrocarriles), el motor de combustión y la electricidad significaron un avance tecnológico sin precedentes. Todo ello trajo un incremento desconocido de la capacidad de producción, dejando atrás la mano de obra y la tracción animal.

Al mismo tiempo, el nivel de vida de la gente común experimentó un crecimiento sostenido y aumentó la longevidad gracias a las nuevas tecnologías productivas, las condiciones higiénicas y el reparto de la riqueza. Sin embargo, también dio origen a una separación de clases sociales muy marcadas: el proletariado y la burguesía, con una distribución muy desigual de la riqueza. La revolución industrial suscitó, además, problemas sociales y laborales y protestas populares que exigían mejores condiciones de vida de las clases menos favorecidas. Las nuevas ideologías encauzaron el descontento popular por medio del sindicalismo, socialismo, anarquismo y comunismo. La gente empieza a descubrir que tiene «derechos» y que puede aspirar a algo más que la mera subsistencia. **La idea de la Ilustración del derecho a la felicidad empieza a convertirse en un derecho universal.**

La mecanización de occidente, proceso que para Sabato comienza en el Renacimiento, y de la que ya nos advirtió, ha dado como resultado una sociedad tecnológica y tecnocéntrica que avanza a una velocidad de vértigo y que alcanza a todos los órdenes de la vida. ¿Nos está ayudando la tecnología a conseguir la ansiada felicidad? Hablar de la felicidad en el siglo XXI necesariamente nos obliga a reflexionar también acerca del contexto en el que el ser humano está sumido. Y es que los aspectos sociales, políticos, económicos y tecnológicos nos afectan como individuos, y mucho, en la búsqueda de la felicidad.

Probablemente hayas oído mencionar alguna vez la novela de ciencia ficción y crítica social *Un mundo feliz* (*Brave New World*). Fue escrita por el inglés Aldous Leonard Huxley y publicada en 1932, casi veinte años antes de que Sabato divulgara su ensayo *Hombres y engranajes*. La novela es una distopía que predice un futuro deshumanizado, que usa la tecnología para cultivar humanos y producir alteraciones genéticas de acuerdo a un sistema de castas. Las emociones son controladas por medio de drogas que cambian radicalmente a la sociedad y esta es manejada de forma totalitaria.

Un mundo feliz describe un mundo utópico, ilusorio, tecnológico, altamente regulado, donde la humanidad es permanentemente feliz y donde no existen guerras, ni pobreza. Las personas se sienten libres, tienen buen humor, son saludables y tecnológicamente avanzadas. Detrás de esta perfección está la crítica mordaz e irónica de Huxley, ya que el Estado Mundial, el órgano que gobierna el «mundo feliz», logra este mundo perfecto mediante la eliminación del individuo, la familia, la diversidad cultural, el arte, la ciencia, la literatura, la religión y la filosofía. Para ello existen cuatro mecanismos. El primero es el uso de la **hipnopedia** para inocular ideas y aprendizajes a los niños en sus diferentes fases del sueño. Le sigue la **producción de seres humanos mediante un sistema de castas** a las que se les asigna una función y jerarquía social y económica. Los *Alfa* son los más elitistas, pues son los que realizan los trabajos que demandan más inteligencia; el grupo *Beta* son los ejecutores; los *Gamma* son empleados subalternos y, por último, los *Delta* y *Epsilones* son los que desarrollan las tareas más sencillas. Todos son «felices» dentro de su condición. El **uso de una sustancia llamada *Soma***, sin efectos adversos, permite al Estado controlar las emociones, la melancolía y los sentimientos negativos. De esta forma, se evita que el individuo se enfrente a los problemas de forma natural. Por último, la eugenesia crea a los humanos en tubos de ensayo con el fin de evitar errores y genes indeseables y así conseguir la **perfección y uniformidad de la raza humana**. El objetivo final de este sistema es el logro de individuos constantemente satisfechos, mediante un diseño genético.

En el relato se elimina todo rastro del ser individual y de sus relaciones y lazos que caracterizan al ser humano. **Los individuos no pueden razonar y carecen de libertad propia**; al contrario, deben pensar y actuar de acuerdo a los roles de la casta asignada. Todo está controlado por el sistema y las máquinas; por encima del ser humano, determinan su desarrollo y hacen que pierda su identidad. Es una sociedad mecanizada y deshumanizada en la que los individuos creen que son libres; sin embargo, están diseñados y controlados desde su creación por un Estado que quiere garantizar la «felicidad». Son seres a quienes se anula sus emociones por medio de drogas y son totalmente prescindibles. Es una dictadura perfecta, vestida de democracia, tal como la describió su autor:

> «Una dictadura perfecta tendría apariencia de democracia, pero sería básicamente una prisión sin muros en la que los presos ni siquiera soñarían con escapar. Sería esencialmente un sistema de esclavitud, en el que, gracias al consumo y el entretenimiento, los esclavos amarían la servidumbre»

Sin duda que Huxley fue un visionario, pues se aventuró a escribir una novela para explicar, desde la ficción, a dónde nos podría conducir la mecanización y la tecnología. Con este recurso literario el autor nos transmite una serie de mensajes que hay que leer conceptualmente, más allá de la exactitud anecdótica. Huxley envuelve su mensaje en una novela que para 1931 debió ser muy transgresora; incluso lo es hoy en día. Los paralelismos con nuestra sociedad occidental actual son evidentes. Sin duda que es **una interpelación de cómo el derecho universal a la felicidad lo estamos llevando a cabo desde nuestra sociedad actual**.

Un mundo feliz representa **la antítesis de la felicidad** como consecuencia de una sociedad mecanizada y tecnológica:

- o La deshumanización del individuo, carente de personalidad, sin metas, ni aspiraciones.
- o La ausencia de libertad para decidir el propio destino.
- o La falta de lazos sociales, relacionales y familiares.
- o La supresión de las emociones.

- La anulación del pensamiento y sus manifestaciones culturales, científicas, filosóficas y religiosas.
- La eliminación de la creatividad y las expresiones artísticas y literarias.
- La satisfacción del individuo mediante la droga, el entretenimiento y el consumismo.

Abordar una de las grandes inquietudes inacabadas del ser humano, como es el deseo de ser feliz, es una tarea demasiado retadora, una osadía que espero el lector acepte disculparme. Filósofos y pensadores han dado sus respuestas, algunas de las cuales hemos recogido por parecer que tenían una mayor significación histórica. La intención, al rescatar la novela de Huxley, es la de dar continuidad a la reflexión incorporando **el elemento que más ha cambiado nuestras vidas desde los orígenes: la ciencia y sus aplicaciones tecnológicas.** El impacto de la tecnología es tan grande que modifica nuestra manera de estar en el mundo, no solo como individuos, sino también como sociedad. Y, obviamente, este nuevo contexto afecta a la búsqueda de la felicidad individual.

¿Qué es la felicidad? Si se lo preguntáramos a muchas personas obtendríamos muchas respuestas diferentes; lo cual quiere decir que lo que le hace feliz a uno, no necesariamente hace feliz al otro. Y, en definitiva, hemos de aceptar un componente subjetivo en la concepción de la felicidad. Pero hay más; ese concepto subjetivo no tiene que ser verdadero; es decir, lo que creo que me hace feliz puede que no me conduzca a la felicidad. Reconozcamos que somos seres complejos y erráticos, que nos equivocamos con frecuencia y que cambiamos de opinión muchas veces. No son pocas las personas que han iniciado caminos que creían que les conducían a ser felices y que han abandonado al constatar en un punto concreto que ese camino no los llevaba a ninguna parte.

Las diferentes concepciones de la felicidad a lo largo de la historia del pensamiento evidencian esa variabilidad de opciones de búsqueda. El camino que conduce a la felicidad es una encrucijada de caminos. ¿Cuál de ellos escogeremos andar? ¿Acaso no somos como el almizclero, recorriendo y olfateando caminos en la búsqueda del mágico aroma?

Las personas que han hecho «El camino de Santiago» cuentan una experiencia y aprendizaje que siempre me ha llamado la atención. Inicialmente cuando deciden hacer este recorrido todo su énfasis y afán está puesto en el destino: la Catedral de Santiago de Compostela. De hecho, se planifica cuidadosamente las rutas, los kilómetros que deben hacerse cada día, como si el objeto único del camino fuera llegar a la meta. Sin embargo, una vez iniciado, **el camino empieza a ser el verdadero protagonista, dejando en un plano muy secundario la meta**. El camino te lleva a encontrarte contigo mismo, a caminar con tus pensamientos y a observar tu vida desde una perspectiva diferente. El camino te conecta con el paisaje, con la naturaleza, con los árboles, con el agua, con el sol, con el frío y la lluvia. El camino te conduce a conocer costumbres y gentes que te acogen y te enriquecen. El camino te conecta con otros peregrinos. Durante el camino se va soltando lastre y la enorme mochila se va haciendo cada vez más pequeña, la física, pero también esa otra mochila que frena nuestro desarrollo. Y a medida que se va acercando a la meta, el peregrino está contento por abrazar al apóstol, pero triste y melancólico por terminar el camino que tanta satisfacción le ha proporcionado.

Al hilo de tales testimonios es inevitable pensar en el camino de la vida, en el camino de la felicidad. Entender esta como una meta y un destino es iniciar una búsqueda interminable que nos puede llevar toda la vida. Nuestra existencia es demasiado breve como para situar la felicidad en un horizonte, en un destino. Esto puede implicar incluso que nos conformemos con no ser felices porque creamos que estamos en el camino hacia una expectativa de felicidad que puede que llegue o que no. El poder de lo que pensamos determina nuestro comportamiento de forma drástica; ya reflexionamos sobre ello. ¿Quién no se ha visto en esa situación de esperar para ser feliz hasta conseguir lo que se deseaba?

En mi caso particular, cuando echo la vista atrás, veo innumerables oportunidades de pequeños momentos de felicidad que dejé pasar y que ya no volverán. ¿Has pensado en alguna de esas oportunidades de ser feliz con tu familia, con tus amigos e incluso con tus compañeros de trabajo que has dejado escapar? Probablemente tus pensamientos y tu ilusión estaban en un futuro que nunca llegó. La felicidad puede estar siempre con nosotros, podemos permitirnos ser felices. La puerta de la felicidad está aquí y ahora, y la llave está en nuestra mano. Depende de nosotros abrirla o no.

La felicidad no es un mito inalcanzable, como tampoco es un estado permanente. Con frecuencia nos estresamos porque pensamos que tenemos que ser felices en todo momento, pero en realidad esto es imposible. **Nuestra propia naturaleza hace irrealizable el deseo de la felicidad permanente porque la vida es competición para sobrevivir**, circunstancia que compartimos con los demás seres vivos, animales y vegetales. La vida es lucha desde nuestro nacimiento y nuestro carácter se va forjando en el día a día, en los pequeños contratiempos y dificultades, pero también en los momentos de alegría, de risa y felicidad.

Piensa en los obstáculos que has superado, en los sacrificios y esfuerzos que has tenido que hacer, en los momentos de desánimo y desilusión; pero también momentos en los que, casi sin darte cuenta, has sido feliz. Unas veces nos ha tocado luchar contra la enfermedad, o nos hemos visto envueltos en problemas relacionales y afectivos, o hemos atravesado dificultades laborales. Otras veces hemos vivido su opuesto: momentos saludables y pletóricos, con una vida afectiva ilusionante y una situación de progreso y éxito en el trabajo. La combinación y variabilidad de las situaciones que nos toca vivir van a dar como resultado un estado de satisfacción y felicidad con diferentes niveles de intensidad. Por eso **la felicidad no es un destino al que se llega o se alcanza, sino un estado cambiante en el camino**.

En el transitar de nuestra vida nos encontramos con intersecciones de caminos y tomamos decisiones sobre cuál de ellos seguir. Pero la vida es compleja y en el camino emprendido descubriremos desvíos y atajos que nos invitan a pasar. Todos los caminos tienen caminantes con los que nos vamos a topar e incluso algunos de ellos pueden convertirse en nuestros compañeros de viaje. En un momento determinado podemos llegar a sentir que estamos recorriendo un camino que no es el nuestro y que nuestros compañeros de viaje no nos llenan. Tenemos derecho a equivocarnos, por supuesto.

Nunca es tarde para desandar el camino y comenzar otro que nos proporcione más serenidad y más felicidad, aunque cada día tenga su afán y su preocupación.

Escoger el camino correcto es una decisión individual que nadie debería hacer por ti. No hace mucho, y en algunas culturas todavía existe, los padres escogían el camino para sus hijos. Creían que era lo mejor para ellos. Pero en la mayor parte de las ocasiones el resultado era el de padres satisfechos e hijos desgraciados. Y es que **solo hay un buen camino para cada uno de nosotros porque este se relaciona con nuestra personalidad, con nuestros valores, con nuestras aspiraciones, deseos y metas**. Y lo más importante, solo hay un camino reservado para ti que te puede hacer plenamente feliz. Para descubrir el camino de la felicidad es necesario que busques dentro de ti; allí encontrarás las claves que harán que tu camino se ilumine.

7.2 Caminos Intransitables para la Felicidad

Soy consciente de la dificultad de esta reflexión, ya que puede sonar abstracta y difícil de poner en práctica. La manera que encuentro de hacerla más vivaz es que reflexionemos juntos sobre algunos **caminos que claramente no son transitables para la felicidad**.

7.2.1 Sin Camino

El peor de todos los caminos es el «no camino», es decir la privación de la libertad, de la libertad física o de la libertad del pensamiento. La privación de libertad es siempre coercitiva y es ejercida por un tercero que puede ser otro individuo, una institución o un estado. El «no camino» es la privación del ser, por eso no es de extrañar que tantas personas lucharan hasta la muerte por este bien. «La libertad, Sancho, es uno de los más preciosos dones que a los hombres dieron los cielos; con ella no pueden igualarse los tesoros que encierra la tierra ni el mar encubre; por la libertad, así como por la honra se puede y debe aventurar la vida, y, por el contrario, el cautiverio es el mayor mal que puede venir a los hombres».[50]

---

[50] *El Quijote* (Cap. LVIII)

Una de las críticas dominantes de *Un mundo feliz* es la privación de la libertad del individuo para decidir su propio destino. Los personajes de la novela de Huxley, aparentemente, no están encarcelados y, sin embargo, no son libres. Esto tan terrible puede estar sucediendo hoy en día. Algunas personas que vemos en la calle y que transitan libremente puede que estén sometidas y privadas de libertad. Individuos y colectivos vulnerables por alguna razón pueden estar sufriendo la ausencia de libertad para tomar las riendas de su vida y, por lo tanto, para ser felices. Huelga decir que este camino no lo escoge nadie y el que lo padece es por la fuerza.

La falta de libertad es una gran limitación para el desarrollo general del ser humano y, obviamente, para buscar el camino que le haga feliz. Nuestro problema en Occidente no suele ser la falta de libertad física, sino una esclavitud consentida y sutil que no permite el desarrollo de la individualidad, ni la satisfacción de sus necesidades. **Vivimos en una sociedad que nos condiciona, y mucho, y que nos hace emprender caminos que sirven a otros intereses que no son los nuestros**. Los condicionamientos sociales nos empujan hacia la uniformidad de los individuos porque, por ejemplo, es más rentable hacer un único producto para todos que producir una gama completa que cubra las necesidades de diferentes grupos de individuos. La sociedad de consumo nos impone un estilo de vida y unos valores que no siempre nos van a dar la felicidad. Por eso es importante que te preguntes si estás viviendo la vida que quieres o estás atrapado en un estilo de vida que te resulta insatisfactorio.

Sin embargo, la mayor privación de libertad es la que nos imponemos nosotros mismos. Son los pensamientos y las creencias autolimitantes las cadenas más fuertes que frenan nuestro desarrollo. Son como una pesada mochila que no nos permite avanzar con la agilidad que debiéramos y nos obliga a hacer innumerables descansos. No es necesario profundizar en un tema ya tratado como es la «autoconversación», pero resulta imprescindible que hables contigo mismo acerca de tu responsabilidad en tu propia libertad.

Conviene evaluar en qué medida nuestra libertad está limitada por los condicionamientos sociales y o por los pensamientos y creencias autolimitantes. Puede que esté en el origen de nuestra insatisfacción. ¿Tienes tu propio camino que andar?

7.2.2 Vivir en la Casilla de Salida

El **comportamiento errático y la vida en bucle** son dos formas de vida ajenas a la felicidad. Una vida errática supone un triste derroche de energía pues no lleva a ninguna parte. Afecta a las personas que no encuentran un camino satisfactorio y por tal motivo inician una y otra vez un camino diferente con la esperanza de encontrar el suyo. Es una búsqueda basada en el ensayo y error que evidencia un limitado autoconocimiento, reflexión y proyecto de vida. La vida en bucle es un comportamiento parecido, aunque con matices distintos. En algún momento de nuestra vida puede que hayamos sentido que nuestros días son calcados uno sobre otro. Cuando entramos en bucle desaparece la motivación, la sorpresa, la improvisación y la creatividad, dejando paso al aburrimiento y a la apatía. Las personas que no son capaces de salir del bucle y mantienen su vida atrapada en él experimentan una gran frustración, se cuestionan el sentido de su vida y, desde luego, no son felices.

Esta situación se refleja en la genial comedia de Bill Murray, *Atrapado en el tiempo,* de 1993. Phil Connors (interpretado por Murray) es un engreído y quisquilloso hombre del tiempo. Por cuarto año consecutivo es enviado junto con su equipo de televisión a cubrir el festival de Punxsutawney; ese en el que una marmota viene prediciendo, desde el 2 de febrero de 1887, cómo será el tiempo. Pero Phil se verá obligado a repetir una y otra vez ese 2 de febrero en un bucle hasta el infinito. Todos los días se despierta a las 6 de la mañana, en el mismo hotel y en la misma cama cuando en la radio de su mesilla de noche suena la misma canción: *I Got You Babe* de Sonny & Cher. Los locutores animan a todo el mundo recordando que hoy es el Día de la Marmota: «¡excursionistas, arriba!». Así todos los días. Nada podrá remediarlo, ni las oraciones, ni los psicólogos, ni el suicidio.

Únicamente cuando Phil aprende a ser humilde, empático y comprensivo podrá romper el bucle en el que estaba atrapado. **Solo hay una forma de salir de un círculo vicioso: atravesándolo. Eso significa que hay que poner fuerza, energía y determinación para romper esa inercia.** Estos dos comportamientos o posicionamientos vitales (la **vida errática** y la **vida en bucle**) comparten varios elementos. En ambos se repite el comienzo y la persona siempre está en la casilla de salida; ambos tienden a perpetuarse y ambos conllevan insatisfacción vital e infelicidad. La solución está en la forma en la que se maneja la energía; si en uno hay que canalizar y dirigir la energía en la dirección fructífera, en el otro hay que imprimir más energía.

Son dos situaciones bastante comunes, que seguramente hemos padecido en algún momento de nuestra vida. Es el mito de Sísifo en el siglo XXI. Sísifo fue castigado en el inframundo por engañar a los dioses; tenía que empujar una enorme piedra redonda cuesta arriba hasta la cúspide de una colina, pero, justo antes de llegar a la cima, la piedra rodaba hasta los pies de la montaña por lo que Sísifo siempre tenía que empezar de nuevo a rodar la piedra hasta la cima, una y otra vez durante toda la eternidad. El castigo de Sísifo es terrible como terrible es vivir sin ser feliz.

Los existencialistas escogieron este mito como metáfora del esfuerzo inútil e incesante del hombre. **El mito nos habla del esfuerzo sin sentido, de la rutina, de la repetición absurda y de la falta de objetivos e ideales**. La única forma de no ser Sísifo es la de escoger el camino correcto, ese camino que puedes hacer tú, que es único y está destinado para ti. La vida errática y la vida en bucle nos convierten en Sísifo y convierten nuestra vida en un absurdo. Y, desde luego, no son caminos que conducen a la felicidad. Perderse en el laberinto de la vida, sin saber a dónde ir ni por qué estar, significa subyugarse al nada atractivo mandato biológico de luchar para sobrevivir con la posibilidad de procrear.

7.2.3 La Vida en Clave de Preocupación

En mi experiencia personal la preocupación es el estado que más me ha alejado de la felicidad cotidiana y que viene acompañado por la inquietud, el desasosiego o el temor. Y no me refiero a la preocupación patológica, que tiene un componente de ansiedad importante y que es permanente, sino a preocupaciones habituales del día a día. La preocupación es una reacción automática que nos recuerda un problema o situación a resolver. La complicación llega cuando identificamos problemas que no son reales y, por lo tanto, no deberían preocuparnos; cuando a ciertos problemas les damos una importancia excesiva y reclaman nuestra atención más de lo que deberían; cuando no somos resolutivos, damos mil vueltas, y dilatamos la solución; cuando nos preocupan situaciones con muy baja probabilidad de que ocurran o cuando nos preocupa algo que no tiene solución. Seguramente recordarás momentos de tu vida en los que experimentaste alguna de estas o parecidas situaciones. Una de las características de la preocupación es que somatiza con facilidad y enseguida nuestro lenguaje corporal se hace eco; de hecho, solemos decir «tienes cara de preocupación» a las personas de nuestro entorno cuando esto sucede.

La preocupación, además de no dejarnos ser felices, tiene un efecto en nuestra relación con los demás. Pueden vernos ausentes y distraídos y eso, sin duda, afecta a la interacción. Etimológicamente preocupación proviene del verbo latino *praeoccupare* formado por el prefijo *prae-* (antes) y el verbo *occupare* (ocupar); es decir, es una ocupación previa o anticipada. Por lo tanto, es un estado que nos incita a pasar rápidamente a la acción, a la ocupación.

La preocupación debería durar poco, tras un análisis muy pragmático de la situación. ¿Es una preocupación real o producto de mi imaginación?, ¿qué importancia tiene el problema o hecho que causa mi preocupación?, ¿está en mi mano resolverlo?, ¿cuánto tiempo llevo con esta preocupación sin hacer nada?, ¿es un asunto que tiene solución? Una pequeña reflexión nos puede ayudar a dimensionar bien la preocupación y, si está en nuestra mano, a pasar a la acción. **Más nos vale estar ocupados que preocupados**. La intranquilidad que nos producen las preocupaciones hace que no disfrutemos del momento. Generalmente nos distraemos, nos abstraemos y nuestra mente echa a volar por lo que podemos estar de cuerpo presente, pero ausentes. Estas preocupaciones, propias de la vida y del día a día, son como una piedra en el zapato; podemos caminar, sí, pero resulta muy fastidioso. A veces incluso nos da pereza quitarnos el zapato para sacar la molesta piedra y somos capaces de caminar con ella. Al final, no hay más remedio, hay que descalzarse y quitarla.

7.2.4 Yoísmo

En cierta ocasión alguien me preguntó: ¿cómo harías para que alguien que nunca ha leído un periódico leyera al completo la primera página, pero de buena gana? Yo contesté: ¡no tengo ni idea! A lo que me replicó: pues es muy fácil; basta con decirle que en esa página solo se habla de ella. Que nosotros somos lo más importante para nosotros mismos no es ningún secreto. Nos importa lo que se pueda pensar o decir de nosotros y nos gusta saberlo. Querernos a nosotros mismos forma parte de nuestro ser y está en el mandato de nuestros genes. Ahora bien, **quererse en exceso o infravalorarse son desviaciones que tienen implicaciones para la vida**. En concreto, hay personas que no son felices si no son el centro de atención de todos los demás y su manera de estar en el mundo solo la entienden si ellos son los protagonistas. Con mucha ironía se dice de estas personas que quieren ser «el niño en el bautizo, el novio en la boda y el muerto en el entierro».

Siempre me han parecido personajes muy pintorescos aquellos que hacen del *ego* la bandera de su vida. Es una actitud que no alcanzo a comprender, a menos que estemos hablando de algo patológico. El narcisismo es un trastorno mental por el cual las personas que lo padecen creen que son importantes en extremo. Tienen necesidad imperiosa de ser el centro de atención y admiración. Sus relaciones suelen ser conflictivas y carecen de empatía hacia los demás. Y es que se expresan y se afirman delante y por encima de los demás sin rubor alguno. Desde la perspectiva patológica no tendría mucho sentido incluir aquí esta reflexión. Sin embargo, sin llegar a lo patológico, **algunas personas creen que siendo el centro de atención conseguirán ser felices**. Esto es una quimera porque es imposible ser el centro de atención en todo momento. Y lo peor, es el esfuerzo continuo de estas personas por conseguir ser el foco de todas las miradas. Además de resultar muy cansado y antinatural, está la frustración y la pena que sobreviene cuando no se consigue lo que se pretende.

Todos nos hemos topado en nuestra vida con personas que todo el día tienen el «yo» en su boca. Sus vidas carecen de sentido si no se colocan en todos los escenarios. Son los más importantes, los que mejor hacen las cosas, los más inteligentes, los más populares, los que se ponen como ejemplo de todo, los que lo hacen todo, los que tienen experiencias más interesantes... La vida de los demás dejaría de tener sentido sin ellos. Por otro lado, estas personas «yoístas» no tienen conciencia de lo tremendamente aburridas y cargantes que son para los que tienen que padecerlas. En sus interacciones sociales no muestran ningún tipo de empatía, ni interés real por los sentimientos y necesidad de expresarse de los demás por lo que, lejos de causar admiración, consiguen el rechazo.

En entornos profesionales son las típicas personas que se adjudican todos los méritos y tienen una seria incapacidad para utilizar el «nosotros». La situación se agrava si son responsables de dirigir equipos, pues actúan como auténticos dictadores (a veces disfrazados de paternalismo) que exigen una lealtad ciega. Y no tienen ningún reparo en utilizar todos los recursos de las empresas para darse el autobombo que naturalmente creen que merecen y valen.

Afortunadamente este tipo de personas son las menos. ¿Cómo sería nuestra sociedad si todos fuéramos narcisistas? Sería un mundo imposible porque los narcisistas necesitan de la admiración de los demás, ya que no les basta con admirarse a sí mismos. Conseguir la admiración, la consideración, el respeto y el aprecio de los demás es posible pero no por la vía del narcisismo. Todo lo contrario, esto se logra mediante la generosidad, la humildad, la empatía, la bondad… y, en definitiva, poniendo a los demás por delante de nosotros mismos. Así se consigue también el liderazgo. Nadie puede erigirse como líder, pues la esencia del liderazgo está en el reconocimiento que hacen los demás.

Sin embargo, el narcisismo también tiene una vertiente positiva. ¿Te sorprende? Hay algunas características del narcisismo que son positivas y que tienen que ver con el espectro de la autoestima. Entre la autovaloración máxima y la mínima hay un punto intermedio que puede aprovechar algunas de las características del narcisismo: la sociabilidad, la perseverancia, el optimismo, la autoconfianza, la proactividad…

Dicen que a nadie le amarga un dulce y realmente disfrutamos con el reconocimiento de los demás. Aunque tengamos el pudor propio de las personas humildes, este aprecio nos enriquece y nos hace felices. Es como la recompensa al esfuerzo y a un trabajo bien hecho. Ahora bien, hacer de ello el objeto de tu vida no tienen ningún sentido, pues el reconocimiento es la consecuencia de una vida ejemplar en muchos aspectos. Y esto es imposible si no se es auténtico.

No es posible parecer lo que no somos, ya que tarde o temprano nos descubrirán. El camino de las apariencias es tortuoso, complejo y agotador. Ser auténtico es mucho menos cansado y más fructífero. El «yoísmo» no conduce a la felicidad, necesita ser alimentado de forma constante y nunca nos proporcionará aquello que necesitamos.

7.2.5 El Precio del Éxito

Un matiz algo diferente son las personas que persiguen el éxito en la vida como el camino hacia la felicidad. Su tono es totalmente distinto al del «yoísmo», ya que estas personas pueden estar buscando la autorrealización legítima. Sus conocimientos y habilidades son reales y están puestos al servicio de una idea. Son capaces de sacrificarse lo que haga falta y no resulta atractivo para ellos apropiarse de las ideas y méritos de otros. Desean triunfar por ellos mismos y por tal motivo no van a escatimar ningún esfuerzo y van a ser abnegados hasta la extenuación.

Con frecuencia estas personas se olvidan de sí mismas, de su vida, de su familia, de su tiempo libre y no entienden que los demás les reprochen tanta dedicación y sacrificio. Por otro lado, suele darse la paradoja de que las personas que no son del círculo cercano, y desconocen las implicaciones, atribuyen su éxito al azar y a la suerte. En general, las personas que han conseguido el éxito han traído algo bueno para los demás, es decir, de su éxito puede beneficiarse la sociedad. La pregunta en cuestión es si tanto esfuerzo y energía, con el descuido de facetas importantes de la vida, merecen la pena. ¿Son compatibles el éxito y la felicidad? Pues habría que discutir mucho sobre el asunto y seguro que cada uno tiene una opinión y argumentos para lo uno y para lo otro. Lo cierto es que la persecución del éxito te lleva a renunciar a otros elementos de la vida que te pueden hacer muy feliz. Para mí **el punto crítico es que, si tu objetivo en la vida te lo planteas en términos de conseguir el éxito, estás siendo muy poco ambicioso porque la felicidad está mucho más allá del éxito.**

Sin duda que el éxito legítimo es uno de los elementos en la vida que te puede proporcionar felicidad. Lo ideal sería tener un propósito en la vida que te haga feliz y que, además, te proporcione éxito. **Pero si de verdad tenemos que escoger entre el éxito y la felicidad, ¿cuál sería tu elección?**

7.2.6 Consumismo

En nuestros días el camino fácil que más personas escogemos para conseguir la felicidad es el consumismo. Ni siquiera creo que es un camino totalmente libre. **En el mundo desarrollado el consumo se ha convertido en el mayor aliciente para vivir**. Y es que parece que cuanto más consumimos, más reconocimiento social tenemos y más satisfechos estamos. Una de las características del consumismo es la necesidad de mostrar y exhibir las cosas y objetos de los cuales somos poseedores. El que se compra un coche carísimo y exclusivo tiene la necesidad de mostrarlo y conducirá de forma casi temeraria haciendo rugir con fuerza su motor para causar la máxima expectación; con exageración irónica lo expreso. Nos gusta mostrar la ropa, las joyas, el último móvil, el reloj inteligente y todo tipo de accesorios. El dinero y la riqueza son exhibicionistas por naturaleza. Yates, mansiones, aviones privados, moda, un estilo de vida de lujo son mostrados sin pudor por los que tienen fortuna, dando a entender que son personas extremadamente felices. Y los demás observamos casi con admiración y deseo de llegar a poseer ese talismán de la felicidad. Pareciera que a mayor consumo hay mayor reconocimiento social y mayor felicidad. Consumen los gobiernos, las administraciones públicas y las familias. Si no hay dinero, no pasa nada; para eso están los bancos y hemos llegado a un punto de excesivo endeudamiento a todos los niveles. Se nos ha hecho creer que los bienes materiales nos traerán la ansiada felicidad. Merece la pena leer la obra del sociólogo polaco Zygmunt Bauman, quien retrata a la sociedad de consumo de forma cruda, sin piedad. En su libro *Vida de consumo*[51] afirma lo siguiente:

> «El valor característico de una sociedad de consumidores, el valor supremo frente al cual todos los demás valores deben justificar su peso es una vida feliz. Y, es más, la sociedad de consumidores es quizá la única en la historia humana que promete felicidad en la vida terrenal, felicidad aquí y ahora y en todos los «ahoras» siguientes, es decir, la felicidad instantánea y perpetua»

Basta con oír las noticias para caer en la cuenta de que nuestra clase política en el continente está preocupada, casi de forma exclusiva, por el crecimiento económico y la discusión en las instituciones financieras es acerca de si las previsiones de crecimiento de los estados son razonables. El crecimiento económico depende del consumo. Y el consumo exige la fabricación y la explotación de recursos. Y finalmente, lo que se sabe de forma objetiva, es que el nivel de consumo está relacionado con las emisiones de CO_2 que provocan el efecto invernadero y el calentamiento del planeta. Detrás del consumo hay una consideración ética que no interesa y se trata de ocultar. Todos los recursos son limitados, es decir, llegará un momento en que se agotarán. El consumo excesivo e innecesario de unos pocos (estamos hablando de no más de un 20% de la población mundial) no solo limita el consumo de otros muchos, sino que, además, impacta en las condiciones de su vida futura. Esa falsa felicidad del «aquí y ahora» de unos pocos está trayendo condiciones de vida muy difíciles e infelices a otros muchos.

¿Hasta qué punto el consumo nos proporciona la felicidad? El consumo de bienes materiales nos va a pro-

---

[51] Zygmunt, Bauman (2007). *Vida de Consumo*. México: Fondo de Cultura Económica

porcionar sensación de bienestar y felicidad momentánea hasta cierto punto. Hemos de recordar la teoría de la pirámide de Maslow, que ya fue motivo de reflexión en un capítulo anterior. Según este autor, una vez que se tienen cubiertas las necesidades básicas, esto es, el alimento, la ropa, la casa y la seguridad, el ser humano aspira a necesidades de carácter más espiritual como las sociales, la autoestima y la autorrealización. También es muy común la creencia de que tener y poseer bienes materiales nos abrirá la puerta para entrar en círculos sociales que nos parecen atractivos. En el fondo está el deseo del ser humano de ser aceptado y admitido socialmente. La forma de satisfacer este deseo no nos sale gratis; por ejemplo, nos puede empujar a luchar por lograr puestos de trabajo mejor retribuidos que, a su vez, nos exigirán más compromiso, más horas de trabajo y menos desconexión. Este sobresfuerzo puede impactar en la salud en forma de estrés o depresión, entre otras manifestaciones.

A pesar del coste personal, **el consumismo se muestra en nuestros días como un aliciente para vivir, pues parece extendida la idea de que cuanto más consumimos y más bienes materiales tenemos, más felices somos**. El consumismo es lo que mueve a la economía y a la sociedad hoy en día. Es el motor de nuestro siglo. Todo a nuestros ojos nos invita a consumir. Las televisiones, los periódicos, las redes sociales se hacen eco de las, ya populares, campañas comerciales como la Navidad, San Valentín, Black Friday... Si no consumimos entramos en crisis. Esa necesidad de consumir, cada vez más y más, evidencia la incapacidad del consumo para proporcionar serenidad y felicidad. Sin embargo, es adictivo y perseveramos en ese camino que en realidad es una vía muerta. Es como un medicamento que alivia los síntomas momentáneamente, pero que no cura. En la novela de Huxley, el consumismo es una de las estrategias del Estado Mundial para mantener anestesiada y controlada a la sociedad. Y es que, **al consumir y consumir, lo que estamos haciendo es sostener y fortalecer el «sistema»; en lugar de procurar nuestra propia satisfacción** mediante el amor, los sentimientos y las experiencias inmateriales que realmente son las que nos pueden poner en el camino de la felicidad.

La **falta de libertad**, el **no tener un proyecto de vida**, la **preocupación innecesaria**, el **querer ser el centro de atención, inmolar tu vida por el éxito** y **el consumismo** no son caminos transitables para la felicidad. Son solo algunos ejemplos de los muchos caminos que no proporcionan felicidad. Algunos de ellos pueden tener componentes adictivos o patológicos como la maldad, el alcohol, las drogas, el dinero, el juego, el poder… y pueden sumir a la persona en un verdadero infierno. Afortunadamente, estos últimos solo afectan a unos pocos. Por el contrario, el consumismo, muy ligado a la tecnología, quizá sea el camino que más personas seguimos, casi sin darnos cuenta, y el que más daño nos está haciendo como individuos y como sociedad.

7.3 ¿Hay Algún Camino que Conduce a la Felicidad?

Si hay caminos que con claridad no conducen a la felicidad, entonces, la pregunta resulta obligatoria: ¿hay algún camino que nos lleva a ella? No, no lo hay. La respuesta es taxativa y atrevida y por ello necesita ser matizada. La principal razón de mi negación es que **la felicidad no es un destino**. No es un bien aislado e independiente. No es un trofeo. Es una forma de estar y vivir en el camino. Eso significa que hay dos elementos claves para ser feliz: **lo que yo soy** y **el camino escogido**.

Tengo la certeza y el convencimiento de que la felicidad depende de lo que he cultivado en mi persona y del propósito de mi vida. Además, ello nos conecta con otros caminantes que nos acompañan o con los que nos encontramos. Esta es la combinación que nos va a proporcionar mayores momentos de felicidad, y mayor disposición de ánimo para luchar contra las adversidades. Cuanto más convencidos estemos del camino que hemos emprendido, nuestra andadura será más firme, nos irá llenando cada vez más y tendremos la serenidad de haber escogido el camino correcto. Habrá piedras, polvo y obstáculos en el camino, pero encontraremos en nuestro interior la fortaleza, la templanza y la motivación para superarlos y ser feliz, incluso en la lucha.

Esto es perfectamente compatible con el hecho de que los individuos estamos inmersos en una sociedad que, a la vez que nos acoge, también nos atrapa. Nuestro ser, nuestra identidad y nuestro yo está condicionado por las circunstancias, por la manera de estar en el mundo y en la sociedad. Por lo tanto, va a ser determinante cómo encajamos los condicionamientos derivados de nuestro carácter social con nuestro carácter individual en la búsqueda de la felicidad.

Hay una gran verdad en relación a la existencia que la hemos mencionado de muchas maneras y perspectivas a lo largo de estas líneas: **nuestro cerebro promueve comportamientos para la supervivencia, no para la felicidad.** Durante el proceso adaptativo del ser humano al entorno ha adquirido variedad de comportamientos con el objetivo de sobrevivir. Muchos de ellos fueron aprendidos hace más de 100.000 años y forman parte del cableado de nuestro cerebro. Sin embargo, pese al sello indeleble del ADN, el ser humano siempre busca desviarse del determinismo biológico. La búsqueda de la felicidad es una desviación, sin duda, desde el punto de vista biológico. Imaginemos por un momento al *Homo sapiens* que vivía en la sabana africana; si se hubiera ocupado afanosamente por la búsqueda de la felicidad, como prioridad de su vida, es muy probable que no hubiera desarrollado otros comportamientos necesarios para su supervivencia. La vida siempre escoge seguir viviendo antes que la felicidad. Pero, actualmente, **nuestras capacidades cognitivas están imponiendo voluntariedad, capacidad de decisión y rediseño de nuestra naturaleza y biología,** donde antes había imperado el determinismo biológico que rige a todas las demás especies: la supervivencia. Por eso Wilson decía que **nos estamos enfrentando al mayor dilema moral de nuestra existencia y en un entorno nuevo al que no estamos totalmente adaptados.**

Por suerte, **gracias a estas capacidades cognitivas, podemos promover comportamientos para la felicidad**. El estado emocional y el camino que nos hace felices siempre es unipersonal, aunque coincidamos con otras personas. Somos seres individuales, singulares e irrepetibles por lo que hay una forma específica de ser feliz, única para cada uno de nosotros. **Cada quien define las realidades que le hacen feliz y logrará ser feliz si es capaz de construir esas realidades**. Si nos preguntamos en qué consiste ese estado ideal del espíritu denominado felicidad, hallamos fácilmente una primera respuesta: **«La felicidad consiste en encontrar algo que nos satisfaga completamente»**, decía Ortega y Gasset.

Dicho esto, parece aventurado lanzarse a dar una definición más de la felicidad entre las muchas existentes, pues cualquiera de ellas nos parecerá incompleta al echar en falta nuestra particular perspectiva. No obstante, por mantener la coherencia de nuestro razonamiento, y ya que hemos comentado algunos caminos que no son transitables para la felicidad, es de esperar, para finalizar este capítulo, proporcionar algunas claves muy generales promotoras de felicidad.

La felicidad no es un objetivo, ni un destino, ni un trofeo. Es el estado emocional que nos acompaña en el camino y que sufre altibajos. La felicidad permanente y continua no es posible, aunque sí podemos lograr un estado de equilibrio.

La libertad es el contexto necesario para que brote la felicidad. Sin libertad el ser humano tiene muy complicado ser el dueño de su propio destino. Y no solo hablamos de libertad física, sino también de la expresión de nuestro pensamiento y su ejecución. La privación de libertad es, simple y llanamente, la suspensión de la vida. Conviene también poner el dedo en la llaga en un tipo de privación de libertad muy sibilina y de la que apenas queremos ser conscientes: la manipulación. Con cantos de sirena y promesas irrealizables nos entregamos dócilmente a los poderes fácticos: la política, la economía, el consumo, los medios de comunicación… y nos engullen, nos confunden y nos despistan de nuestro camino de la felicidad.

Tener **un propósito en la vida, aspiraciones, objetivos y metas** nos pone en el camino correcto, ese que nos da la tranquilidad que necesitamos cuando sabemos que vamos en la buena dirección. Además, nos da el ánimo, la motivación, la ilusión, el optimismo y la felicidad para andar el camino. Y la fortaleza nos acompaña de tal manera que afrontamos las dificultades y los reveses con la confianza de saber que los vamos a solucionar.

La **felicidad es un estado emocional que puede venir del logro de pequeñas metas** cuya manifestación es la de estar satisfecho, de estar tranquilo, de estar bien, de estar contento, de estar alegre, de estar disfrutando, de sentirse amado, acompañado, apoyado... La necesidad de autodesarrollo, que implica **el cultivo de nuestra personalidad, de los valores y la adquisición de conocimientos y habilidades**, nos compele a exprimir todas nuestras potencialidades para llegar a ser lo mejor que podamos ser y queramos ser. La disminución, la infravaloración, el desaprovechamiento y el estancamiento de nuestro ser nos aleja de la felicidad.

El **amor es el sentimiento en el que confluyen muchas emociones. Es el sentimiento que lo engloba todo y lo abarca todo.** El amor es lo primero que recibimos, percibimos y sentimos cuando venimos a este mundo. Nos alimentan, nos cuidan, nos cobijan, nos acarician, nos enseñan, nos aman. La investigación de Renë Spitz de los años 50 demostró que los niños que crecen sin amor pueden llegar a morir y la mayoría de ellos crecen con enfermedades físicas y mentales. Desde el amor iremos creciendo y descubriendo la familia, los amigos, los compañeros, los vecinos y conocidos. Desde el amor empezaremos a crear lazos, a construir relaciones y en nosotros se irá forjando la vida afectiva que marcará todo tipo de relaciones en el futuro. Estas relaciones sociales no solo nos proporcionan placer, sino que también influyen en nuestra salud a largo plazo de una forma poderosa. Decenas de estudios han demostrado que las personas que cuentan con el apoyo social de su familia, de sus amigos y de su comunidad son más felices, tienen menos problemas de salud y viven más tiempo. **Desde el amor iremos descubriendo también el significado de la felicidad.**

Las **experiencias inmateriales,** que provienen del patrimonio cultural de la humanidad, nos **proporcionan la satisfacción y la felicidad de alimentar a nuestra alma.** La vivencia y experimentación de este acervo cultural nos conecta con los hombres de todos los tiempos y con la esencia misma de la sabiduría y poder creativo y espiritual del ser humano. Son las tradiciones, las fiestas, la gastronomía, la literatura, las artes, las teorías científicas y filosóficas, las religiones, los ritos, la música y los patrones de comportamiento aprendidos que favorecen la cohesión y la integración social. Estos bienes intangibles constituyen la herencia de grupos humanos, pequeñas y grandes comunidades que nos enriquecen y nos proporcionan una gran satisfacción. **Frente al consumismo, que se caracteriza por la posesión y experimentación del materialismo y su vaciedad espiritual, las experiencias inmateriales tienen la capacidad de llenarnos y darnos plena satisfacción.** Estas experiencias son intrínsecamente humanas y nos conectan con nuestros mejores valores. No renunciemos a esta experiencia en nuestro camino de la vida.

Ser feliz es el gran deseo humano, un deseo del que muchas veces no somos del todo conscientes. Sin embargo, **nuestra naturaleza siempre busca el bienestar.** Cuando tenemos hambre queremos saciarnos, cuando tenemos frío buscamos abrigarnos, cuando tenemos calor nos cobijamos a la sombra, si algún peligro se cierne sobre nosotros lo evitamos, si nos herimos buscamos curarnos… y hacemos lo que sea para nuestro bienestar físico. Lo mismo sucede a nivel psicológico, nos gustan los estados de ánimo en los que nos sentimos satisfechos, alegres, contentos…

En definitiva, queremos estar bien, estar en paz y estar satisfechos en el camino de la vida. Por la propia naturaleza de nuestra existencia **la felicidad permanente no es posible.** En el camino de la vida nos vamos a topar con momentos de sufrimiento físico o psíquico, problemas, dificultades y obstáculos que nos sumirán en estados de tristeza, de preocupación, de dolor, de inquietud, de incertidumbre… La rápida superación de los obstáculos nos devolverá al estado de felicidad. La vida emocional y el manejo y control de nuestras emociones nos proporcionarán la energía y dinamismo para recorrer el camino felizmente.

La leyenda del almizclero nos dice que la búsqueda de la felicidad como un objetivo es infructuosa y nos puede llevar toda la vida sin encontrarla. Que el almizclero descubriera, justo antes de morir, que la felicidad estaba dentro de él mismo no significa que la felicidad sea un talismán que está en nuestro interior. Es una metáfora para explicar que la llave de la felicidad está en nuestras capacidades cognitivas, en nuestra mente, en nuestro espíritu, es decir, está en las potencialidades del ser humano. Pero para ser justos habría que admitir que hay circunstancias que complican mucho el ser feliz, incluso cuando uno se esfuerza. Las personas que padecen catástrofes ambientales, guerras, privación de libertad, accidentes, enfermedad, dolor físico o psíquico, sin duda, tienen más dificultades para ser felices. No obstante, la naturaleza humana es tan sorprendente que encuentra formas de ser feliz en las circunstancias más adversas. Es inevitable recordar a Frankl con su testimonio *El hombre en busca de sentido* cuando relata la vida interior de los prisioneros que les hacía apreciar la belleza del arte o de la naturaleza como nunca antes lo habían hecho:

> «Si alguien hubiera visto nuestros rostros cuando, en el viaje de Auschwitz a un campo de Baviera, contemplamos las montañas de Salzburgo con sus cimas refulgentes al atardecer, asomados a los ventanucos enrejados del vagón celular, nunca hubiera creído que se trataba de los rostros de hombres sin esperanza de vivir ni de ser libres»

En realidad, nosotros somos unos privilegiados porque no lo tenemos tan difícil. Hemos nacido en una parte del mundo donde tenemos acceso a los alimentos, a la educación, a la sanidad y a la protección. Seguramente hemos llegado a considerar que son unos mínimos básicos a los que tenemos derecho, pero sin pensar que apenas un pequeño porcentaje de la población mundial puede disfrutarlos. Esto no significa que seamos felices, que nuestra vida sea fácil y que nos lo den todo hecho; bien sabemos que no. Sin embargo, no perdamos la perspectiva de que, desde nuestra situación, tenemos el derecho y la obligación de ser felices y debemos esforzarnos por ello.

La imposición de la felicidad no tiene ningún sentido pues, como relata *Un mundo feliz*, con ello se consigue exactamente lo contrario de lo buscado. **Nadie logrará la felicidad autoimponiéndosela porque es el complejo resultado del cultivo de la personalidad, de dar un sentido a la vida, de marcarse objetivos y metas, de disfrutar del camino que incluye el amor, la fraternidad y las experiencias inmateriales.**

Quisiera concluir dejando unos elementos, unas variables que, sin duda, son ingredientes de la felicidad. No significa que para lograr la felicidad debemos lograrlos todos, pero sí combinar varios de ellos:

- La conciencia de uno mismo, de la personalidad, de las fortalezas y áreas de mejora…
- El manejo y control de las emociones a nuestro favor.
- Las metas, los deseos, las aspiraciones que proporcionan propósito y sentido a la vida.
- La libertad frente a los condicionamientos, bien sean sociales o individuales, para decidir el propio destino.
- Los lazos familiares, relacionales y el amor.
- El cultivo de la mente, del pensamiento y de la creatividad.
- El disfrute de lo inmaterial (las tradiciones, la cultura, el arte, la música, la literatura…)

- El aprecio de lo cotidiano, de las pequeñas cosas que nos hacen sentir bien (el café de la mañana, el deporte, la naturaleza, la charla con el amigo, el pan en la mesa…)
- El control de tu tiempo, de tu vida (que abordaremos en el siguiente capítulo)

La leyenda del almizclero pone el centro de la felicidad en uno mismo, un viaje interior al que no le faltan contratiempos y dificultades. No es que la felicidad esté dentro de uno mismo porque no vas a encontrar nada dentro de ti que antes no hayas elaborado. Va a depender de lo que te hayas cultivado, de tus valores, de tu reflexión, de tu actitud, de tus metas y aspiraciones… En este sentido sí está dentro de ti mismo, pero no como algo que vas a encontrar por azar. Si buscas la felicidad como algo que te va a caer del cielo, entonces, lo que estás haciendo es alejarte de ella. No solo tenemos derecho a ser felices, sino que es nuestra responsabilidad porque nos va a exigir esfuerzo y compromiso con nosotros mismos; pero merece la pena. Así que esforcémonos por ser felices.

«La felicidad es una cuestión de equilibrio. Demasiado placer sin propósito puede ser destructivo. El hedonismo sin la búsqueda de significado deja a la mayoría de la gente sintiéndose vacía. Sin embargo, tener demasiado propósito sin que realmente nos sintamos bien también deja algo que desear. La máxima felicidad incluye tanto el placer como el significado»

Diener y Biswas-Diener

8. Carpe Diem

«No te empeñes en conocer, pues está vedado saberlo, el fin que los dioses nos tengan reservado a ti o a mí, ni recurras a la adivinación de los babilonios para averiguarlo. Acepta lo que venga como mejor puedas, ya nos conceda Júpiter muchos largos inviernos, ya sea esta la última hora que bate contra las rocosas orillas el vasto mar Tirreno a nuestros pies. Sé sensata, escancia el vino y, en el breve espacio de tiempo que tenemos, renuncia a toda esperanza larga. Mientras hablamos, huye el tiempo envidioso: aprovecha el día, y cree lo menos posible en el siguiente»

Horacio, *Odas I*, 11

El tiempo no se puede ver, ni tocar, pero podemos percibir sus efectos. El tiempo es una magnitud física que mide la duración, simultaneidad y separación de los acontecimientos ordenándolos en una secuencia de pasado, presente y futuro.

El origen del tiempo está ligado al origen del universo y plantea numerosos enigmas y contradicciones que la ciencia sigue intentando resolver. El libro *Breve historia del tiempo: del Big Bang a los agujeros negros*[52] entró en el libro Guinness de los récords en 1988 por haber sido uno de los libros más vendidos durante 237 semanas y a día de hoy se calcula que existen más de 9 millones de ejemplares en circulación. Tan solo es una muestra de la preocupación del ser humano por entender una dimensión que concita a la filosofía y a la ciencia y que hoy todavía permanece como un misterio.

Los científicos siempre han asociado el tiempo al espacio, aunque son dos magnitudes totalmente distintas. **Podemos movernos en el espacio, pero no podemos viajar en el tiempo.**

En el año 2012 Frank Wilczek, físico y premio nobel estadounidense, revolucionó la física cuando especuló con la existencia de «cristales del tiempo». Para la química y la física los cristales no son los vidrios que todos conocemos, sino estructuras de átomos ordenados que se repiten periódicamente en el espacio, dando como resultado redes cristalinas como el cuarzo, la sal, o el hielo. ¿Se podría crear algo similar que se repitiera en el tiempo? Sería como un bucle y necesitaría de energía para generar un movimiento perpetuo, pero esto claramente va en contra de las leyes de la termodinámica. Seguramente este concepto lo estudiaste en la escuela y esté escondido en tu memoria. Los «cristales del tiempo» no existen. De ser así, sentaría las bases para llegar algún día a movernos en el tiempo. **El dominio y control del tiempo hoy es imposible.**

---

[52] Hawking, Stephen (1988). *Historia del tiempo: del Big Bang a los agujeros negros*. Grijalbo.

8.1 La Medición del Tiempo

Lo máximo que el hombre ha conseguido respecto al control del tiempo es medirlo. Egipto parece estar en el origen de la medida del tiempo. La luna, que era considerada una diosa, reaparecía «nueva» periódicamente y su celebración dio origen a los meses. Los egipcios también se percataron de que cada siete días la luna presentaba una forma nueva (luna creciente, luna llena, luna menguante); de ahí el concepto de semana. Gracias a la observación del firmamento y a la práctica agrícola en aquellos fértiles valles llegaron a la conclusión de que entre una primavera y otra había doce ciclos lunares, es decir, un año. Esto era especialmente importante para conocer el momento ideal de la siembra, la cosecha y el aprovisionamiento de alimentos. Hace unos 3.500 años inventaron el reloj solar que medía el tiempo mediante la longitud de las sombras que proyectaba una barra central orientada hacia el oeste. Cuando la sombra desaparecía significaba que el sol estaba en lo más alto (equivalente a las doce del mediodía). Obviamente, no podían dividir la noche con el sol, pero descubrieron el pasaje de doce estrellas durante el periodo nocturno. De esta forma resolvieron fraccionar el día en doce intervalos diurnos y doce intervalos nocturnos. Las horas eran desiguales, más largas en verano y más cortas en invierno.

Fueron los romanos quienes adoptaron este sistema y lo difundieron por todo Occidente. Curiosamente, para medir el tiempo (horas, minutos y segundos) y los ángulos (grados) utilizamos el sistema sexagesimal, que emplea como base el número 60. Este número es uno de los más adecuados para dividir de muchas formas con exactitud. Sesenta es el número más pequeño divisible entre los seis primeros números y también entre 10, 12, 15 y 30. Fue Claudio Ptolomeo[53] quien emparejó la geometría del círculo que tiene 360° con la duración de cada hora: cada grado puede ser dividido en 60 partes iguales y estas, a su vez, en otras 60. A aquellas se las conoció como *parte minuta primae* (parte pequeña primera) y a estas como *parte minuta secundae* (parte pequeña segunda) y que ahora simplemente llamamos «minutos» y «segundos».

Los primeros instrumentos para medir el tiempo se basaron en la observación del sol y de la luna. Se cree que los hombres de Cromañón ya utilizaban varas clavadas en tierra para medir el día. Hace 3.500 años, tanto babilonios como aztecas, construían relojes solares. Por ejemplo, el obelisco de Luxor (1300 a.C.) era utilizado como un gigantesco reloj de sol. En siglos posteriores aparecieron los relojes de agua como la clepsidra egipcia o de Alejandría; también el astrolabio, el reloj de aceite y el reloj de arena. En 1364 Giovanni Dondi, físico, astrónomo e ingeniero mecánico de Padua, construyó el primer mecanismo de relojería que representó los movimientos de los planetas, siguiendo la doctrina de Ptolomeo. El modelo original perteneció a Carlos V, pero desapareció en un incendio del Monasterio de Yuste.

8.2 La Mecanización de Occidente

¿Qué pasó en el viejo continente en los siglos XIV y XV para que se inundara de relojes mecánicos? Las principales ciudades europeas colocaron relojes en catedrales y edificios públicos como signo de prestigio y magnificencia: Padua, Génova, Bolonia, Ferrara, Chartres, Lyon... Además, **estaban reflejando uno de los cambios sociales más importantes de la humanidad**. Hasta entonces el ser humano había regido su

---

[53] Claudio Ptolomeo (Ptolemaida Hermia - Canopo, 100-170 d. C.). Vivió y trabajó en Egipto (se cree que en la famosa Biblioteca de Alejandría). Fue astrólogo y astrónomo, también geógrafo y matemático.

actividad de forma natural, siguiendo la trayectoria del sol. El trabajo del campo seguía el ritmo de la luz solar y de las estaciones. Era un tiempo natural y cualitativo. Con la aparición del comercio y las ciudades se promovió la construcción de relojes mecánicos que permitían regular los trabajos urbanos. Se impuso un ritmo artificial y cuantitativo que debía medirse con un mecanismo que no necesitaba emular el ritmo de los astros. Es el comienzo de la mecanización de Occidente; **el reloj se convierte en el representante de una nueva filosofía de vida, marcada por la economía, la precisión y la eficacia.**

8.3 Los Relojes de Bolsillo y el Gobierno del Tiempo

Hasta el siglo XV no existía el concepto de reloj personal y, menos, de bolsillo. Para saber la hora había que consultarla o seguir las campanadas de las torres de las catedrales y edificios públicos. Eran los gigantescos relojes comunitarios. Poco a poco se empezaron a construir relojes personales para las casas y comenzó un proceso de miniaturización. Se menciona a un joven relojero conocido como Peter Henlein (1479-1542), nativo de Núremberg, el inventor de los relojes de bolsillo. Otro dato curioso es que fue Juan Calvino, y sin saberlo, quien impulsó el desarrollo del reloj en Europa. En 1541, debido a su reforma protestante, prohibió llevar joyas y ornamentos ostentosos en Suiza, lo cual obligó a los antiguos joyeros y orfebres a adaptarse a las nuevas condiciones, encontrando una oportunidad en la relojería. De esta forma, Suiza experimentó un gran crecimiento y, a finales del siglo XVI, los relojes suizos adquirieron una gran popularidad internacional.

El reloj de bolsillo, inicialmente, y el reloj de pulsera, más tarde, se convirtió en un objeto indispensable para la vida cotidiana. Ernesto Sabato lo sitúa como símbolo de la tortura del hombre moderno:

> «El reloj, que surgió para ayudar al hombre, se ha convertido hoy en un instrumento para torturarlo (...) Los teóricos del maquinismo sostuvieron que la máquina, al liberar al hombre de las tareas manuales, dejaría más tiempo libre para las actividades del espíritu. En la práctica las cosas resultaron al revés y cada día disponemos de menos tiempo»

La universalización del reloj de pulsera significó la cesión de la vida a un ritmo artificial que va a estar dominado por las necesidades productivas de la economía.

8.4 Las Metáforas del Tiempo

Existen realidades de nuestra experiencia que resultan difíciles de explicar y que se resisten a ser traducidas al lenguaje lógico conceptual. Cuando esto ocurre solemos echar mano de imágenes que nos permiten tener una idea a nivel cognitivo y orientarnos en el mundo a nivel pragmático. Es decir, utilizamos metáforas. De hecho, vivimos entre metáforas y las creamos para comunicarnos. George Lakoff y Mark Turner[54] nos recuerdan que **«La metáfora no es solo para poetas; es un lenguaje ordinario y es la forma principal de conceptualizar ideas abstractas como la vida, la muerte y el tiempo»**. Bienvenido al mundo de la poesía y del lenguaje connotativo. Hay tantas realidades en la vida que no pueden ser explicadas con el lenguaje habitual que recurrimos a la metáfora. Esta es algo tan simple como una comparación. De hecho, usamos a diario la comparativa porque queremos hacernos entender; decimos «es como...» y ya estamos

---

[54] Lakoff, Gerorge y Turner, Mark (1989): *Razón más que genial: una guía de campo para la metáfora poética*. University of Chicago Press

metaforizando, elevando el lenguaje a la categoría de lo connotativo, de lo poético. El lenguaje tiene la magia de concitarlo todo y es la expresión de todo lo que hemos heredado. Con el lenguaje describimos la ciencia, hablamos de nuestra realidad, construimos mundos imaginarios y expresamos lo que es muy difícil de contar.

Como no tenemos una idea clara de cómo explicar qué es el tiempo lo hacemos por medio de metáforas y decimos del tiempo que «cura», «roba», «vuela», lo «ahorramos», lo «desperdiciamos», lo «matamos», lo «guardamos», lo «gastamos», lo «perdemos» lo «aprovechamos» … ¿No es genial y triste, a la vez, la expresión «...aquí, matando el tiempo»? El tiempo está conceptualizado como un valor que se resume en la expresión «el tiempo es oro». Todos somos poseedores de tiempo. Decía Baltasar Gracián que «lo único que realmente nos pertenece es el tiempo. Incluso aquel que nada tiene, lo posee». De todo lo que podemos gastar, el tiempo es lo más valioso porque es un bien que se acaba. Así lo expresa un refrán: «El tiempo no es oro, pero vale más que el oro; se recobra el oro que se perdió; pero el tiempo perdido, no».

Otra metáfora del tiempo se refiere a su poder destructor y aniquilador, una fuente de desorganización, una fuerza entrópica, responsable del caos que domina el universo social contemporáneo. La entropía es una magnitud física que mide la cantidad de desorden de un sistema. En el año 1927 el astrónomo británico Arthur Eddington utilizó la expresión «flecha del tiempo», para explicar la dirección que el mismo registra y que fluye sin interrupción desde el pasado hasta el futuro, pasando por el presente. Su principal característica es la irreversibilidad, pues el pasado y el futuro pivotan sobre el eje del presente mostrando una asimetría neta, es decir, el pasado, que es inmutable, se distingue del futuro incierto. A medida que el universo se va expandiendo va degenerando su orden inicial y el tiempo fluye siempre hacia adelante. Esta teoría se apoya en la segunda ley de la termodinámica que afirma que en un sistema cerrado todo proceso ocurre en la dirección en la que aumenta la entropía (el desorden). El tiempo sería una unidad relacionada con la entropía, en el sentido de que esta aumenta por el movimiento del tiempo hacia el futuro. La entropía aumenta con el tiempo. **La flecha del tiempo es la tendencia general de las cosas a desordenarse espontáneamente**. Y el pasado se distingue del futuro en que el primero tiene menos entropía. Es como la vejez, un cambio que no se puede revertir. Para la física, el antes y el después se distingue por su grado de entropía.

La acción devoradora del tiempo arrasa la vida, marchita la juventud y destruye todo lo que los hombres quieren que dure. Es Saturno (*Kronos*) devorando a sus hijos. Durante la juventud actuamos como si nuestro tiempo fuera eterno, pero a medida que nos vamos haciendo mayores vamos tomando conciencia de su inexorable efecto y finitud. Tomamos conciencia de que el proceso de envejecimiento no puede detenerse, convivimos con el deterioro y la enfermedad, nos familiarizamos con el duelo y el sufrimiento y el valor que dábamos a las cosas va cambiando. Pero también nos transformamos, crecemos y adquirimos sabiduría con la esperanza de que más allá del tiempo cronológico pervivamos en la memoria.

El filósofo alemán Hans Blumenberg reivindicó tres formas de hacer representativa la realidad y que fueron consideradas de muy poca importancia para la filosofía: **la mitología, la retórica y la metaforología**[55]. En concreto, las metáforas serán un intento del hombre para comprenderse a

---

[55] Blumenberg, Hans, *Paradigmas para una metaforología*, Trotta, Madrid, 2003.

sí mismo y a la realidad que lo rodea. Para Blumenberg **la verdad no existe y en su lugar tenemos metáforas de la verdad** porque el lenguaje busca interpretar la realidad y el mundo, una realidad que es cambiante como cambia el hombre y su cultura. Las **metáforas absolutas** proporcionan un entendimiento de todo aquello que sucede y que afecta nuestro contexto actual. Otro filósofo austriaco, Ludwig Wittgenstein[56], matemático y lingüista, concluyó que llega un momento en el que la ciencia es incapaz de describir la realidad y el símil sirve para refrescar el entendimiento y para hacer más eficaz la enseñanza de la verdad.

Destacan las metáforas por su viveza, eficacia y vigor para expresar lo que ni siquiera la ciencia es capaz de expresar. Y las utilizamos a diario. Existen porque el lenguaje conceptual resulta insuficiente y porque están en el fondo de nuestras vidas. El lenguaje denotativo suele ser suficiente para comunicarnos, pero cuando profundizamos en la complejidad de lo que somos nos vemos en la necesidad de hacer explicaciones más elaboradas y polisémicas. **Las metáforas son el espacio para narrar lo que somos, no lo que hacemos**. Hemos recreado dos metáforas del tiempo de las muchas que existen. Dos metáforas que en nada se parecen a pesar de que se refieren a lo mismo y que más bien son contradictorias. El **tiempo es oro**, pero también el **tiempo es destructor** de todo lo que deseamos que dure.

8.5 El Tiempo es Vida

«El tiempo no es oro, el oro no vale nada. El tiempo es vida». Es otra metáfora absoluta del humanista José Luis Sanpedro. No es una explicación científica. No necesita demostración, ni discusión, ni cuestionamiento. Es la forma

---

[56] Wittgenstein, Ludwig, *Tractatus Logico-Philosophicus*, Alianza, Madrid, 1978.

en la que nos narramos a nosotros mismos. Aun así, el nivel de conciencia que tenemos de ello es bajo, especialmente durante nuestra juventud; pero a medida que van pasando los años esta realidad se va haciendo más visible. Es una realidad comprensible, pues sería tormentoso vivir a diario con la conciencia de que el tiempo se nos acaba.

Sin embargo, nuestra vida está marcada por referencias y límites temporales. Tenemos una hora para despertarnos, una hora para empezar a trabajar, nos reunimos a determinadas horas, comemos a unas horas, descansamos a otras… Trabajamos cinco días a la semana, descansamos dos y disfrutamos de un mes de vacaciones al año. Todo, absolutamente todo lo que hacemos, está condicionado y marcado por las horas y el calendario. Y es frecuente que tengamos dificultades para cumplir con tan estricta obligación. Nos movemos con prisa, agobiados porque no llegamos, y con la queja en la boca: ¡no me da tiempo!

Hemos aceptado un ritmo de vida artificial, casi sin ser conscientes de ello, dócilmente, que nos ha calado como una lluvia fina durante todo el proceso de educación y socialización; lo que significa que raramente nos lo vamos a cuestionar. Hemos cedido gran parte de nuestro tiempo, y el que nos queda para nosotros está también condicionado hasta en la forma en que nos lo vamos a gastar. Sin querer hacer una comparación precisa y, salvando las grandes diferencias, ¿no recuerda nuestra situación a la de la novela *Un mundo feliz* en cuanto que la vida estaba totalmente estructurada? Y es que no deberíamos tardar en preguntarnos si realmente somos felices. ¿Qué hay de nuestro propósito en la vida?, ¿dónde han quedado las metas, las aspiraciones?, ¿resulta mi vida real compatible con lo que yo soy y deseo llegar a ser?, ¿tengo tiempo para mí?

8.6 Vivir el Tiempo, Vivir la Vida

Creo firmemente que hay muchas formas de vivir la vida con plenitud y que nuestra individualidad es determinante, porque las personas disfrutamos de cosas distintas, nos emocionan situaciones diferentes y tenemos aspiraciones diversas. Por eso cada uno debe encontrar la forma de vivir su vida y vivir su tiempo felizmente. No obstante, sin más pretensión que inspirarte expondré algunas de las conclusiones a las que he tardado años en llegar.

8.6.1 El Despertar, la Vuelta a la Conciencia

Durante muchos años este ha sido mi despertar. Sonaba la alarma a las 7 am, saltaba de la cama a la ducha, me vestía, tomaba un café rápido y salía pitando al trabajo. A las 9 am estaba en mi puesto. Un buen día me di cuenta de que no había sido consciente de que me había levantado y no recordaba ni siquiera haber conducido hasta el trabajo. Sin embargo, allí estaba como todos los días. La primera vez que te ocurre quedas sorprendido y desconcertado, pero lo peor es que esto sucede más veces. ¿No es triste vivir sin ser consciente de ello?

El despertar de cada día tiene que ser también el despertar de la conciencia, la vuelta a la vida consciente, al renacimiento. Vivir significa ser consciente de nuestra existencia en el mundo. Esto necesariamente pasa por conectarte contigo mismo y con la realidad exterior, viviendo cada minuto de lo que ocurre en estos dos ámbitos. Hay pequeñas cosas que pueden ayudarnos. Quizá es importante que cambies ligeramente algunos hábitos como levantarte un poquito más temprano para que dispongas de tu tiempo. Cuando te despiertes, dedica un par de minutos a sentir tu cuerpo conectándolo con tu mente. Siente la gravidez de tus piernas, de tus brazos, de todo tu cuerpo en la cama y reconéctate con tu vida. Piensa en algo que te gustó de tu día anterior y en aquello que te motiva en el nuevo día. Dirige la mente hacia lo que es positivo porque eso marcará tu jornada. Cuando estés preparado, levántate y emplea algunos minutos más para hacer algunos estiramientos. Esto hará que le des una mayor movilidad a tu cuerpo, calentando los músculos y dándoles flexibilidad. Al hacerlo aportarás un punto de energía, activando tanto tu cuerpo como la mente.

También es importante que dediques tiempo a tu desayuno. Para mí, pasó de ser nada a ser uno de los momentos más importantes del día. Disfruta de tu primera comida y prepáratela con cariño. Que no sea un trámite. Siendo consciente de que hay muchas teorías en cuanto a la alimentación y las dietas, yo voy a contar lo que he contrastado en fuentes de información y, sobre todo, las conclusiones a las que he llegado por mi experiencia.

Es habitual desayunar hidratos de carbono procesados con alto contenido de azúcar y grasas saturadas, pero esto pudiera ser nada saludable y es una bomba para el cerebro. Se sabe que el exceso de carbohidratos (sus ingredientes tienen efectos inflamatorios) tiende a irritar el sistema nervioso, afectando al cerebro y provocando síntomas como el dolor de cabeza o la ansiedad. Tu desayuno saludable podría incluir proteínas como huevo duro, tortilla francesa, jamón serrano, pechuga de pavo o jamón cocidos bajos en sal, y lácteos (leche, yogurt y queso fresco). También pan o cereales integrales, sin azúcar, mínimamente procesados y en una cantidad razonable. Otros ingredientes como el aceite de oliva, el tomate, los frutos secos y las frutas (no zumos) te ayudarán a crear tu combinación favorita.

No obstante, tu alimentación tiene que estar acorde con tu actividad. Piensa en una sencilla fórmula que es la proporción de carbohidratos y de proteínas en función de tu gaste energético. Los carbohidratos aportan energía, mientras que las proteínas y las grasas son estructurales para nuestro organismo, es decir, ayudan a mantener la forma, estructura y función de todos los órganos; lo que **significa que son imprescindibles**. Esto es importante porque dependiendo de tu actividad podrás modular el porcentaje de carbohidratos; generalmente nos excedemos con ellos. Encuentra la fórmula que mejor se adapte a ti. Nadie te conoce mejor que tú mismo. Un desayuno saludable alimentará tu cuerpo, tu mente y tu corazón. Tu día será diferente. No renuncies a desayunar bien.

En definitiva, **tu despertar marcará tu día** y tres sencillas acciones te pueden ayudar: toma conciencia de que estás despierto, piensa y pon a funcionar tu mente intentando reconectarte contigo mismo y con tu realidad externa; haz unos ligeros ejercicios de estiramiento, poniendo a funcionar tu corazón, tu cuerpo y tu mente; disfruta de tu desayuno saludable. Vive a plenitud tu día y tu tiempo.

8.6.2 Saborea tu Tiempo

Cuando saboreamos, disfrutamos e intentamos alargar ese momento lo máximo y nos regodeamos con ese placer. Es como cuando pones un trozo de chocolate en tu boca; su dulzor con toques quemados y amargos, su aroma, su textura y untuosidad hacen que quieras prolongar esa experiencia al máximo y cuando se acaba ha dejado algo adictivo que te impulsaría a repetir la experiencia. Sin duda, la vida es mejor que el chocolate. ¿Por qué no saborearla?

Cuántas veces hemos deseado que algo pase pronto, que llegue el fin de semana o que lleguen las vacaciones. Pues nuestros deseos se cumplieron porque el tiempo voló. **Cada día que pasa sin conciencia es un día perdido**. ¿Por qué alguien querría perder un trocito de su vida? Esto no se concibe y una explicación posible es la **falta de conciencia de que el tiempo es un bien limitado**. No todos los días van a ser para disfrutar y ser felices, pues habrá días para sufrir, para la monotonía y para la desesperanza. Pero son nuestros días y todos son necesarios para encontrar el sentido de la vida que nos satisfaga.

Saborear la vida es aprender a vivir el presente, el aquí y el ahora, dedicando toda nuestra atención al momento. Concéntrate en lo que estás haciendo y no pienses en lo que harás después o mañana. **Las mentes aceleradas no armonizan con el disfrute del momento presente**.

El psicólogo Fred Bryant, acuñó el término *savoring*[57] en el campo de la psicología positiva, que consiste en maximizar (saborear) los momentos agradables de calma y bienestar para que tengan un impacto en la memoria. Los momentos felices del ayer pueden aliviar la tristeza o el malestar presente, pues van acompañados de emociones placenteras. Robert Butler prefirió utilizar la palabra *reminiscencia*, haciendo referencia a una técnica que consiste en mejorar la calidad de nuestro presente recordando momentos significativos, plácidos y felices del pasado. Tal evocación no es difícil, se puede entrenar. En muchas ocasiones esos tiempos fueron acompañados de melodías, fragancias, olores y sabores de tal forma que la estimulación adecuada de nuestros sentidos recupera rápidamente esas emociones. Lo que significa que

---

[57] Bryant, F. B.; Smart, C. M.; King, S. P. (2005). «Using The Past to Enhance the Present: Boosting Happiness Through Positive Reminiscence». *Journal of Happiness Studies*. 6 (3): 227–260.

las experiencias felices, agradables y placenteras no están guardadas en recónditos compartimentos de nuestro cerebro; todo lo contrario, están disponibles en todo momento para auxiliarnos.

Va a ser muy rentable para nuestra vida esforzarnos por acumular experiencias y vivencias positivas como quien recarga una pila o ejercita un músculo. La consecuencia es que mejora nuestra atención, el enfoque en el presente, la actitud, la motivación y el manejo inteligente de nuestras emociones. Esto tiene gran importancia para vivir con plenitud, pues al vivir con conciencia plena el presente estamos garantizando un futuro más atractivo. Es una espiral de crecimiento. **La riqueza espiritual que acumulas como consecuencia de vivir plenamente el presente es un cheque de garantía, una póliza, un seguro para vivir mejor tu futuro.**

8.6.3 Medita, Piensa, Reflexiona tu Presente

La meditación puede sonar para muchos como algo ajeno y poco habitual. De hecho, escuchar a una persona decir que practica la meditación hace que la miremos de forma diferente. En el fondo, son prejuicios poco conscientes. Sin embargo, la meditación tiene más de 5.000 años, cuyo origen hay que buscarlo en la tradición védico-hinduista de la India. Posteriormente fue adoptada por las religiones (budismo, sufismo, judaísmo y cristianismo), conscientes de sus beneficios. Hasta los años setenta la meditación se había asociado con prácticas religiosas cuando fue objeto de investigación de médicos, psiquiatras y psicólogos. Jon Kabat-Zinn, la empezó a utilizar para tratar a pacientes que sufrían estrés, ansiedad y depresión, obteniendo resultados muy prometedores. De esta forma se creó un tipo de meditación que conocemos como *mindfulness* que en esencia consiste en prestar atención de forma intencionada al momento presente, sin juzgar. Ya fue objeto de nuestra reflexión en el capítulo sobre las emociones. Hoy el *mindfulness* es una técnica de meditación, sin vinculación espiritual, que se apoya en el método científico: la observación sistemática, la medición y la experimentación.

Es posible que nuestros prejuicios acerca de la meditación provengan de nuestra cultura occidental, más escéptica y pragmática que la oriental. Quizá por este motivo el *mindfulness* ha tenido una mejor acogida en Occidente, aunque en realidad es un tipo de meditación que ha encontrado eco, sobre todo, en ciertas élites como la alta dirección, la cultura y el deporte.

No podemos renunciar a pensar, reflexionar o meditar, pues son unas facultades eminentemente humanas que provienen de nuestras capacidades cognitivas, que, entre otras muchas cosas, nos hacen tomar conciencia de nuestro tiempo presente. La mente también nos suele jugar malas pasadas llevándonos al pasado para recordar momentos de dolor o creando incertidumbre respecto al futuro. Y si lo pensamos bien lo único que tenemos es nuestro presente; por eso es tan importante pensar y reflexionar sobre nuestro aquí y ahora. Eckhart Tolle en su libro *El poder del ahora* nos alerta sobre el hecho de que podríamos estar descuidando el único momento disponible que tenemos: el presente. Se puede concebir la vida como un flujo continuo de presentes a lo largo del tiempo. Ocuparnos del presente nos permite saborear la vida y ocuparnos solo de problemas menores a medida que van apareciendo.

Ni soy un experto, ni un practicante de la meditación, por lo que hablo de ella con cierto rubor. Aun así, consciente de su valor y dificultad, quisiera dejar unas líneas por si alguno de los lectores encuentra en ella un camino útil para disfrutar del presente. La meditación tiene una técnica y un ritual y es algo distinta al pensamiento y a la reflexión, que son más espontáneos. Lo primero que necesitamos es un lugar tranquilo; después, posicionar nuestro cuerpo de forma que estemos cómodos y empezar a controlar la respiración para obtener una relajación física. También es imprescindible tener una actitud abierta para que puedas fluir. Es el momento de poner atención total en lo que piensas y sientes ahora mismo. No es exactamente pensar, sino aceptar los pensamientos, emociones y sensaciones que van surgiendo y disfrutando de ese estado psicológico de la observación, sin juicios de valor. Es tu presente, lo único que existe y tienes.

Está demostrado que meditar proporciona efectos beneficiosos para la salud física y mental, pues ayuda a eliminar el estrés y proporciona paz interior. Vas a ser más consciente de las cosas que son importantes para ti. Vas a aprender a disfrutar de tu tiempo con calidad y presencia en todo lo que haces. También te va a ayudar a gestionar mejor y poner en equilibrio tus emociones. A nivel social, te va a proporcionar mayor empatía y capacidad para establecer vínculos. En lo que se refiere a tu mente, más claridad y capacidad de concentración, inspirándote y potenciando tu creatividad.

Incluso a nivel de nuestra salud física se mencionan muchos beneficios. Refuerza nuestro sistema inmunológico, pues favorece la elevación de leucocitos y linfocitos que son los que neutralizan a virus y bacterias. La meditación ayuda a soportar el dolor físico, pues desactiva determinadas áreas del cerebro. Relaja la amígdala con lo que se reduce el miedo, la ansiedad y el estrés. A nivel cardiovascular reduce la hipertensión, los niveles de colesterol y la posibilidad de sufrir un ataque cardiaco. En cuanto al cerebro, engrosa la materia gris, relacionada con el control emocional y aumenta el espesor de la corteza cerebral de las áreas relacionadas con la atención. Y, finalmente, los que meditan muestran una mayor actividad de la enzima telomerasa, encargada del mantenimiento de los telómeros responsables de dar estabilidad y estructura a los cromosomas, que **se traduce en un retraso del envejecimiento celular**.

Iniciarse en la meditación quizá no sea tan fácil, pues precisa de un mínimo de entrenamiento y orientación. En esencia, la meditación es pensar en nada, es decir, no pensar, dejarse fluir y disfrutar de ese momento. Merece la pena intentarlo y además disponemos de innumerables guías en la red que nos pueden introducir en el mundo de la meditación.

Pensar puede ser tan útil como meditar y tiendo a creer que podemos atribuir beneficios similares a la meditación. En el fondo, practicamos gimnasia mental, ejercitamos el músculo del pensamiento, pero también exige esfuerzo. De hecho, habrás oído decir más de una vez «prefiero no pensar». Uno de mis compañeros de trabajo siempre me decía que «pensar duele».

Martín Heidegger, en su obra *¿Qué significa pensar?*[58], afirmaba que lo que más merece pensarse en nuestro tiempo problemático es el hecho de que no pensamos. El hombre puede pensar porque tiene posibilidad de ello y **llegaremos a entender lo que significa pensar solo si pensamos**. Pensar es un proceso mental consciente que puede ocurrir de forma independiente a la estimulación sensorial. Por ejemplo, considerar una idea, formarse una opinión, juzgar un hecho o situación, resolver problemas, recordar o traer a la mente,

---

[58] Hedigger, M. (2005), *¿Qué significa pensar?* Trad, de Raúl Gabás Pallas. Madrid: Trotta.

comparar, descomponer en partes (analizar) o su contrario, componer las partes (sintetizar), inferir, deliberar, razonar, entretener...

En general, al pensamiento se le supone un enfoque sobrio, desapasionado y racional. La historia de la filosofía es la historia del pensamiento; y a lo largo de su historia se han formulado muchas teorías del mismo. Así, por ejemplo, Aristóteles decía que el asombro está en el origen del pensamiento. Pensamos sobre lo que nos sorprende, lo que llama nuestra atención, lo que nos da miedo o nos amenaza. Descartes, con su universal frase «pienso, luego existo», abrió paso a la filosofía moderna y al racionalismo, que se basó en la duda metódica para llegar a la verdad. Según el filósofo francés de lo único que no hay duda es precisamente de que dudamos. Y, por lo tanto, si dudo, mi pensamiento existe y yo también.

El sentido de la vida no es llegar al futuro, sino vivir a plenitud nuestro presente y para ello es preciso pensar. Todo lo que ha sido objeto de nuestra escritura sobre el sentido y propósito de nuestra vida se refiere a procesos conscientes de nuestro pensamiento. Necesitamos pensar para conocernos, para definir nuestro proyecto de vida, para modelar el mundo en el que vivimos, para aprovechar nuestro tiempo. Nuestros pensamientos pueden ser tan poderosos como las emociones, pues condicionan nuestra manera de actuar y de relacionarnos con los demás. Los pensamientos pueden dar lugar a la innovación y al desarrollo de la creatividad con perspectivas nuevas para nuestra vida, no imaginadas. Se habla de pensamiento lateral, de pensar fuera de la caja o de pensar por delante de la curva para expresar un tipo de pensamiento que busca soluciones que van más allá de la lógica y echan mano de la creatividad.

La reflexión es otro proceso mental que implica pensar, pero con un matiz distinto. Significa volver a pensar o considerar algo nuevamente con cuidado. Su origen es latino y está formado por varios componentes léxicos: el prefijo *re-* (hacia atrás), *flectus* (doblado), *-tio* (sufijo que indica acción y efecto), más el sufijo *-ar* (terminación usada para formar verbos). Es decir, literalmente, sería **la acción y efecto de doblar hacia atrás (el pensamiento)**.

Pensar y reflexionar son las facultades mentales que conducen y reconducen nuestras vidas. Los pensamientos pueden cambiar nuestro destino, lo mismo que pueden cambiar nuestros sentimientos y hacen que nuestro tiempo sea consciente. A veces nos invaden pensamientos negativos y quizá nos empujen a actuar de forma no correcta. Pero siempre tenemos la opción de reflexionar, de repensar. Pensar y reflexionar nos hace también únicos, nos individualiza, nos personaliza, nos vitaliza, nos hace poseedores y dueños de nuestro momento. El hecho de pensar ya nos define diferentes, y esto puede ser concebido por algunos como un atrevimiento. Lamentablemente, no pensar nos acredita como miembros del rebaño de pensamiento único y nos convierte en candidatos ideales para vivir en el mundo feliz de Adolf Huxley.

Los poderes que nos gobiernan prefieren que no pensemos y harán todo lo posible para anestesiarnos. Saben que **los pensamientos y las ideas generadas son revolucionarias con el *statu quo* y crean individuos conscientes y libres**. Pensar y reflexionar significa vivir el tiempo en la forma que lo conduce nuestra mente. Sin los pensamientos la vida y el tiempo carecerían de sentido por eso pensar nos da la oportunidad de la consciencia de nuestra existencia y nos focaliza en el aquí y ahora.

8.6.4 Duerme, Pero no Vivas Dormido

Dormir y descansar son necesidades fisiológicas que requieren de nuestro tiempo. En el mundo acelerado en el que vivimos, no llegamos a todo lo que queremos hacer y ¿quién lo suele pagar? El descanso. A todos nos puede ocurrir, en algún momento, que nuestra actividad diaria invada las horas que deberíamos dedicar al sueño. Si es algo excepcional puede ser asumible, pero cuando se convierte en una costumbre realmente tenemos un problema grave. **La calidad de nuestro tiempo consciente depende de nuestro tiempo de descanso**. Al finalizar una jornada con muchas exigencias en cuanto a nuestro tiempo, el cuerpo necesita relajarse, descansar, resetearse y recargar la energía. Pero no solo el cuerpo, también el cerebro. Desde muy joven escuché una fórmula equilibrada de distribución de nuestro tiempo: ocho horas de trabajo, ocho horas de ocio y ocho horas de descanso. No descansar lo suficiente a la larga puede traer problemas de salud del cuerpo y de la mente. Se sabe, por ejemplo, que dormir es imprescindible para curar enfermedades como la depresión o la ansiedad. Dormir siete u ocho horas durante la noche significa que al día siguiente puedes tener un buen día. Todo tu cuerpo va a funcionar mejor y con la energía suficiente. Te desenvolverás con mayor eficacia y optimismo, estarás más alerta, prestarás más atención a los detalles, tomarás mejores decisiones y te relacionarás adecuadamente con los demás. En definitiva, **vivirás tu tiempo con calidad**.

Seguramente habrás oído hablar del ritmo circadiano. No es otra cosa que seguir el reloj biológico de la vida que es válido para la mayoría de los seres vivos (animales, plantas y bacterias) y que responde a los cambios físicos, mentales y conductuales ocurridos en periodos de 24 horas. Estos cambios son naturales y responden fundamentalmente a la luz y a la oscuridad. Por eso dormimos por la noche y estamos despiertos durante el día. Pero el ritmo circadiano regula muchos más procesos orgánicos: la temperatura del cuerpo, la liberación de hormonas, la digestión... Cuando alteramos este ritmo vital provocamos consecuencias negativas para nuestra salud y para nuestra calidad de vida. A corto plazo se pueden presentar limitación de capacidades cognitivas, desorientación, irritabilidad, insomnio por la noche, somnolencias diurnas, sueño no reparador, entre otros síntomas. A largo plazo puede producir o acelerar trastornos metabólicos y cardiacos.

No debemos ir *contra natura*, porque eso significaría ir en contra de nosotros mismos. Ya, de por sí, hemos creado un ritmo de vida bastante artificial como para tensar demasiado la cuerda. Es importante descansar lo suficiente por la noche para tener un día lleno de vitalidad en el que puedas disfrutar y ser feliz.

8.6.5 Los Ladrones del Tiempo

Si el tiempo es nuestra vida, lo que nos quita tiempo nos quita vida. Los ladrones del tiempo se aprovechan de nuestros comportamientos rutinarios y de nuestra actitud permisiva que hacen que dediquemos tiempo a actividades que en realidad son poco fructuosas y satisfactorias. En este punto deberíamos aprender de los criterios económicos y empresariales. Los recursos son limitados (como el tiempo) y, por lo tanto, hay que escoger bien dónde se invierten, dónde van a ser más productivos. Y existe un concepto que se denomina «coste de oportunidad», es decir, se asume el coste de dejar de invertir en un sitio porque apostamos por invertir en otro. Trasladado al tiempo significa que, si lo empleamos en una actividad, renunciamos a emplearlo en otra. Por lo tanto, es obligado preguntarse si el tiempo que estoy empleando en «esto» se relaciona con mis objetivos y mi propósito en la vida. Si no tiene ningún efecto positivo, ni actualmente, ni en el futuro, probablemente estés malgastando tu tiempo.

Hay personas que se ven ricas de tiempo y lo malgastan. Es una quimera porque el tiempo perdido es irrecuperable. «¿Amas la vida? Pues si amas la vida no malgastes el tiempo, porque el tiempo es el bien del que está hecha la vida». Benjamín Franklin.

¿Cuáles son los ladrones del tiempo? Habría que matizar que, aunque puede haber ladrones comunes, cada uno de nosotros tiene los suyos. Eso significa que algunos ladrones específicos se van a cebar con nosotros. Tiene una vital importancia para ti que los identifiques y que los mantengas a raya. Es la manera de hacer que tu tiempo sea muy rentable, es decir, logres que tu vida sea plena. He aquí algunos de ellos, sin querer ser muy exhaustivo en la lista:

El *smartphone*: tiene una habilidad y un magnetismo especial para quitarnos tiempo en todos los ámbitos de nuestra vida. Hay personas tan enganchadas que se pierden todo lo que pasa a su alrededor. Incluso, posturalmente, disminuye a la persona, con la cabeza siempre inclinada hacia el suelo y las manos esposadas al aparato (¿acaso no es la imagen de un condenado?).

La navegación en Internet, algo que debería ser pragmático y utilizarse con propósitos concretos, se ha convertido en una fuente inagotable de entretenimiento y una forma de pasar el rato. Algunas personas pasan horas ingentes delante del ordenador sin darse cuenta, olvidando incluso las necesidades fisiológicas más básicas, como comer, beber agua o ir al baño. Lo peor viene después; es que de eso no queda casi nada y, en el mejor de los casos, una cierta culpabilidad por derrochar el tiempo tan infructuosamente. Físicamente, puede asociarse incluso con problemas de salud y, desde un punto de vista vital, estar sentado la mayor parte de tu tiempo mirando una pantalla no tiene sentido.

El trabajo puede traspasar su horario y comerse parte de tu tiempo de ocio. Además, si no sabemos desconectar, nos lo llevamos en nuestra cabeza y lo metemos en nuestra casa con lo que nuestro tiempo personal se vuelve pobre.

Los pensamientos negativos, las preocupaciones y los conflictos: nuestras facultades cognitivas pueden ser un arma de doble filo, ya que pueden impedir vivir el momento presente, el aquí y el ahora. Son procesos mentales que nos traen incomodidad, desazón y tristeza y se apropian de nuestro tiempo consciente. No disfrutamos o disfrutamos a medias porque esos pensamientos tienen la fuerza de abstraernos, de sacarnos de nuestra vida ordinaria. Colonizan nuestra mente de tal forma que anulan los pensamientos positivos y pueden, incluso, modificar nuestros comportamientos.

La procrastinación tiene que ver con la indecisión, con la pereza, con la falta de determinación, con el miedo y la consecuencia es que dejamos para mañana lo que podríamos hacer hoy. Y así vamos dilatando y retrasando una tarea *sine die*. Cada día nos va quitando un poquito de tiempo y ocupa nuestra mente para nada.

La televisión: se decía de ella que era la «caja tonta» como si fuera inocua. Pero, todo lo contrario, es un medio de comunicación con un importante componente de manipulación y control social. Pasar muchas horas delante del televisor es exponerse a ser bombardeado y manipulado por la publicidad y las ideologías banales. El precio que se paga por el entretenimiento, cada vez de peor calidad, es muy alto. Y lo lamentable es que consume un tiempo de vida precioso. A algunas personas les ayuda, tristemente, a «matar el tiempo».

La hiperactividad es un término que se ha asociado frecuentemente con niños y adolescentes. Sin embargo, en nuestra sociedad actual se ha apoderado también de los adultos. Es un trastorno que se ha relacionado con el déficit de atención y puede coexistir con la ansiedad. Estas personas parecen tener una gran energía y actúan como si «se comieran el mundo». Sin embargo, nada de su tiempo les satisface. Comienzan muchas tareas que les cuesta terminar y se aburren con facilidad, por lo que cambian de actividad constantemente. Son impacientes. Pierden el foco en lo que están haciendo, y cometen más errores que los demás. El resultado es un desaprovechamiento del tiempo y una vida tremendamente insatisfactoria.

El aburrimiento es una emoción que interpreta la vida como carente de estímulos o son vistos repetitivos y tediosos. Se caracteriza por una baja actividad fisiológica, falta de interés y dificultad para concentrarse y realizar una actividad. Nada parece interesar, ni para ver, ni para escuchar, ni para hacer. El tiempo, lejos de ser apreciado, es algo que hay que matar. La vida resulta en sufrimiento, malestar o fastidio. El aburrimiento nos quita la vida, pero nos mantiene vivos. Es un tormento. No debemos confundirlo con el «arte de no hacer nada», la contemplación y la reflexión.

La lista de los ladrones del tiempo puede ser interminable y, como hemos apuntado, cada uno tiene los suyos. Además, pueden ir cambiando. Por eso no está de más preguntarnos de vez en cuando ¿cuáles son mis ladrones del tiempo, esos que lo malgastan y no me proporcionan ni crecimiento, ni satisfacción, ni felicidad? El tiempo es muy breve y escaso para malgastarlo. Tendemos a pensar que tenemos más tiempo, pero se acaba.

8.6.6 Atrévete a Ser Tú Mismo si Quieres Vivir

El aspecto fundamental de la existencia personal es ser uno mismo. **El tiempo que ha pasado y en el que no has sido tú mismo, ha sido un tiempo desperdiciado.** Ser uno mismo no es otra cosa que amarse a sí mismo; es una cuestión de autoestima. ¿Te quieres, de verdad, lo suficiente? El poeta Rumi decía que «Tu tarea no es buscar el amor, sino simplemente buscar y encontrar todas las barreras dentro de ti que has construido contra él».

Hay diversas razones por las que posiblemente no estemos viviendo tal como somos. Una muy poderosa es la educación en el seno de la familia y en la escuela, donde se nos inculcaron los valores, las costumbres, los conocimientos... Durante nuestra formación seguimos fielmente las directrices que nos indicaron, tanto en la familia como en la escuela. Sin duda que su orientación se daba pensando, desde su perspectiva, en lo que era mejor para nosotros. Sin embargo, difícilmente nos escuchaban (al menos en mi época) y raramente nos ofrecían un espacio para el pensamiento. Llega un día en el que emerge la rebeldía y empezamos a cuestionarnos y a ir adquiriendo un pensamiento propio. También empezamos a evaluar si manifestarnos tal como somos nos traerá beneficios o problemas. De este modo, todos nos hemos ido adaptando por miedo a no ser aceptados tal como somos. No obstante, siempre **llega el momento de la verdad para decidir si nos comportamos con autenticidad o aceptamos vivir comprimidos por los condicionamientos**

sociales en algunos o en todos los ámbitos de nuestra vida. Es bueno preguntarse, ¿estoy viviendo la vida desde mi verdadera esencia o tal como creo que la quieren los demás?

Otra razón se explica por un limitado autoconocimiento de nosotros mismos. Algo que se puede solucionar con una sincera reflexión personal, para lo cual no hay nada mejor que hacerse unas preguntas sencillas, pero clarificadoras. Son preguntas que han ido surgiendo a lo largo de la lectura. ¿Cuál es mi propósito en la vida?, ¿qué es lo que quiero ser?, ¿cuáles son mis valores, aquellos que conducen mi vida?, ¿qué me motiva?, ¿qué me emociona?, ¿qué me hace disfrutar?, ¿qué atrae de mi personalidad a los demás, por qué les gusta mi compañía?... Como acostumbramos a decir, «no hay que hacerse trampas al solitario» y es obligado ser sinceros con nosotros mismos.

Tal vez no nos guste lo que encontramos; en tal caso vive la crisis y cambia en la dirección que deseas, aquella que anida en lo más íntimo de tu ser. Quizá sea necesario que emplees tiempo y profundices en tu autoconocimiento. Si has logrado tener un conocimiento aceptable de ti, es hora de ser valiente, de demostrar tu asertividad y afirmación para manifestarte delante de los demás tal como eres. El miedo se transformará en satisfacción y empezarás a saborear tu tiempo, a saborear tu vida.

Detrás de todas las limitaciones de nuestra personalidad está el miedo. Preferimos vivir cerca del nido, cultivando nuestras inseguridades y evitamos lanzarnos a volar. Pagamos caro el precio de una vida sin emociones, sin metas, ni ambiciones. El miedo aminora tu ser. A veces nos da miedo a equivocarnos, a cometer errores, a fallar... pero esto, lejos de perjudicarnos, ayuda a construir nuestra identidad. «Me gustan mis errores, no quiero renunciar a la libertad deliciosa de equivocarme», nos dice Charles Chaplin. Pero **hay un error imperdonable: que no seas tú mismo, porque el tiempo que pierdes siendo otro ya no volverá**. Vive cada instante de tu vida siendo tú, saborea la vida y bébela hasta el último sorbo.

Hasta aquí algunas de las claves que, según mi entendimiento, nos ayudan a vivir el tiempo, a vivir la vida con plenitud, pero, como decía al inicio de este apartado, todas las personas somos diferentes, somos individuales, nos emocionan cosas distintas y tenemos aspiraciones diversas. Esto significa que cada uno de nosotros debemos encontrar la manera de vivir a plenitud y de ser felices. Y esto muchas veces no resulta fácil porque lo que en principio creemos que nos da la felicidad nos puede conducir a una insatisfacción.

8.7 Dead Poets Society

¿Quién fue Henry David Thoreau? Un inspirador. Un filósofo norteamericano que durante dos años y dos meses dejó su vida cómoda y exitosa para ir a vivir en una cabaña en las inmediaciones del lago Walden, muy cerca de la ciudad de Concord (Massachusetts). Construyó una vivienda con sus propias manos y se dedicó a vivir en libertad, cultivando sus alimentos y escribiendo sus vivencias. Esta experiencia tuvo como resultado la publicación en 1854 de uno de sus libros más famosos, el ensayo que tituló originalmente *Walden, la vida en los bosques*[59]. Thoreau quería experimentar la libertad absoluta y encontrarse con la naturaleza para descubrir los aspectos esenciales de la vida, en contraposición a la esclavitud de la sociedad materialista, industrializada y capitalista. Walden es protesta en contra del mundo productivo y consumidor. Walden es reivindicación de la

---

[59] Thoreau, Henry D. (2013). *Walden*. Madrid: Errata Naturae.

vida natural en libertad, del disfrute de la naturaleza y del tiempo de contemplación y encuentro con uno mismo:

> «Fui a los bosques porque quería vivir a conciencia, quería vivir a fondo y extraer todo el meollo a la vida; dejar de lado todo lo que no fuera la vida para no descubrir, en el momento de la muerte, que no había vivido»

Cada vez que los jóvenes miembros del club se reunían, recitaban este extracto del Walden como un ritual de inicio. Sin duda que hablamos de *El club de los poetas muertos*, la maravillosa película dirigida por Peter Weir en 1989. El film subraya que lo importante de la vida es la búsqueda de lo que nos hace felices y nos invita a disfrutar de cada momento como si fuese el último; por eso *Carpe Diem* es su *leitmotiv*. Robin Williams, interpretando al profesor Keating, reta a sus alumnos a pensar diferente, a salir de lo convencional, a atreverse a ser fieles a sí mismos, a ser libres y a aprovechar cada momento de sus vidas para ser felices. Keating recita unos versos de Robert Herric[60] para explicar lo que significa *Carpe Diem* a sus alumnos, mágicamente atrapados por los métodos del profesor:

> «Coged las rosas mientras podáis
> veloz el tiempo vuela.
> La misma flor que hoy admiráis,
> mañana estará muerta...»

Continúa John Keating:

> «Coged las rosas mientras podáis». ¿Por qué usa esa frase el autor?... Porque seremos pasto de los gusanos. Porque,

---

[60] Robert Herrick (1591-1674) fue un poeta lírico y clérigo anglicano inglés del siglo XVII. Es especialmente conocido por su libro de poemas Hespérides. En él se incluye el poema carpe diem «A las vírgenes, para que aprovechen el tiempo», con el primer verso «Recoged los capullos de rosa mientras podáis».

lo crean o no, todos los que estamos en esta sala un día dejaremos de respirar, nos enfriaremos y moriremos.

Quisiera que se acercaran aquí y examinaran estas caras del pasado (antiguas orlas). Las han visto al pasar, pero no se han parado a mirarlas. No son muy distintos a ustedes, ¿verdad? El mismo corte de pelo, repletos de hormonas, igual que ustedes, invencibles, como ustedes se sienten; todo les va viento en popa, se creen destinados a grandes cosas, como muchos de ustedes. ¿Creen que quizá esperaron hasta que ya fue tarde para hacer de su vida un mínimo de lo que eran capaces? Porque estos muchachos están ahora criando malvas, ¿comprenden señores?; pero si escuchan con atención podrán oír cómo les susurran su legado; acérquense, escuchen, ¿lo oyen?, ... carpe, ¿lo ven?, ... carpe, ... carpe diem, **aprovechad el momento, chicos, haced que vuestra vida sea extraordinaria**»

El club de los poetas muertos es una de esas películas que dejan un sabor en la memoria que todavía se puede degustar. *Dead poets society* es un alegato a la libertad, un reclamo para la afirmación de uno mismo y una exhortación para aprovechar felizmente cada instante de la vida.

Quizá esta sea la única razón de nuestra existencia: **hacer que cada momento de nuestra vida sea extraordinario porque el tiempo huye de forma irreparable** («*sed fugit interea, fugit inreparabile tempus*». Virgilio, *Georgicas III*, 284). Es un tópico reflejado con reincidencia en la literatura como expresión de las grandes preocupaciones del ser humano. Vivir la vida es vivir el tiempo con la máxima conciencia posible, experimentando con detalle aquello que ocurre dentro de nosotros y lo que pasa a nuestro alrededor; pues de esta conciencia surgirán los deseos, las aspiraciones, las metas... Vivir la vida a plenitud significa utilizar, desarrollar y explotar todas nuestras capacidades para ser lo mejor que podamos llegar a ser. Esto nos acerca a la satisfacción, al bienestar, al disfrute, a la felicidad..., empleando nuestro tiempo en aquello que nos llena. **Vivir la vida es saborear la vida con disfrute y gozo**.

Vive cada día como si no hubiera mañana y extrae todo el meollo de la vida de manera que puedas decir sin rubor, como Pablo Neruda al final de sus días, «Confieso que he vivido». Recuerda que... *Mientras hablamos, huye el tiempo envidioso: aprovecha el día, y cree lo menos posible en el siguiente.* (Horacio, *Odas I*, 11). Aprovecha tu tiempo.

El tiempo del ser humano se escapa como el agua que se escurre entre los dedos. Podemos vivir ajenos a esta realidad, pero eso no cambiará en absoluto el curso de los acontecimientos. Aquí hemos defendido que una vida con sentido y propósito pasa necesariamente por la conciencia de nuestra realidad. El tiempo es vida y la vida es tiempo.

Hemos reflexionado mucho sobre el determinismo biológico en relación con la perpetuación de las especies. Y efectivamente, el hombre ha conseguido desligarse parcialmente de esa genética que dio origen a la vida en el planeta. Hemos logrado crear nuevos entonos y realidades en los que vivir. Nos expresamos sexualmente para amar y para disfrutar, no solo para procrear. Vivimos más tiempo y mejor. Soñamos y diseñamos el futuro. Pero la flor de la vida se marchita igualmente. Hace casi 4.000 años Gilgamesh comprendió que la inmortalidad era una quimera y nos recuerda **la necesidad de comprender la muerte para vivir en armonía con nuestra propia naturaleza y con nuestro inexorable destino**. Por eso es tan determinante la voluntad de vivir el tiempo, de vivir la vida, saboreando cada instante de nuestra existencia con plena consciencia. ¡Vive tu tiempo, vive tu vida!

«Un hombre que se permite malgastar una hora de su tiempo no ha descubierto el valor de la vida»

Charles Darwin

En Definitiva...

Un viaje hacia el significado y propósito de tu vida es una reflexión sin punto y final. Hemos explorado algunas caras de la verdad, pues no existen verdades absolutas y siempre queda abierta la puerta a un mundo de conocimiento que no tiene límites. Esta es la razón por la que la colección *Mi vida en una lata* seguirá explorando sobre aquello que nos importa del mismo modo que el telescopio espacial James Webb escudriña en la vastedad del universo profundo.

Lo que ha sido motivo de preocupación e inquietud del ser humano desde sus orígenes no lo íbamos a resolver aquí con un puñado de líneas.

Sin embargo, aunque no hayamos encontrado respuestas definitivas, no hay nada más refrescante para nuestra mente que mantener una actitud abierta y receptiva hacia las ideas y el conocimiento. Eso significa que **podemos seguir desarrollando nuestras ilimitadas capacidades cognitivas** y la posibilidad de **tomar las riendas de nuestra vida** para transitar por caminos menos pedregosos.

Nuestro mundo personal está limitado por la mente y la mente está limitada por el conocimiento. Esta es la razón por la que un «pensamiento débil» se relaciona con la falta de conocimientos, una especie de ceguera que limita al propio individuo y a su vida en comunidad. La forma de desarrollar nuestra mente es ejercitándola, mediante una gimnasia que ponga a funcionar todo el cableado de nuestro cerebro. Los enlaces neuronales que no se utilizan desaparecen. Cuantas más conexiones sinápticas haya en tu cerebro tendrás más posibilidades para desarrollar una vida más satisfactoria. Se estima que tenemos 86.000 millones de neuronas y cada una de ellas, a su vez, puede conectarse con otras 50.000. El resultado de la multiplicación impresiona, ¿verdad? **La sangre puede hacer que el funcionamiento físico y vital del cerebro esté activo, pero solo los pensamientos desarrollarán la mente**. En otras palabras, es preciso alimentar nuestra mente con pensamientos y estos con conocimiento. **La plasticidad cerebral es real**. Podemos cambiar y ser casi todo lo que queramos ser. Sin embargo, puedo comprender que algunas personas escojan el camino de no pensar y de desdeñar los conocimientos. Todas las elecciones son legítimas, siempre que se hagan desde la libertad.

Mi experiencia me dice que **la mejor actitud para afrontar la vida radica en derribar las barreras mentales**, tanto internas como externas, lo cual solo es posible a través del conocimiento y el cuestionamiento. Este ha sido el propósito que he perseguido a lo largo de los 8 capítulos de *Un viaje hacia el significado y propósito de tu vida*. Al abordar los temas más relevantes que afectan a nuestras vidas, les hemos brindado atención y claridad, pero también los hemos sometido a interrogantes. En realidad, lo más trascendental no son las conclusiones a las que yo haya llegado, sino las evocaciones que han surgido en tu alma a raíz de esta reflexión. **Lo apropiado sería dejar unas páginas en blanco, como espacio y metáfora de tu propio pensamiento**. Esas páginas representarían la oportunidad de plasmar tus reflexiones y de dar forma a tus propias conclusiones, enriqueciendo así la experiencia personal y **otorgando protagonismo a tu voz interior**.

No obstante, me siento interpelado para concluir con algunas de las ideas que hemos desarrollado. Afirmar que he dado respuesta al sentido y trascendencia de nuestra vida sería demasiado pretencioso por mi parte.

Ni el origen, ni el sentido de la vida está escrito, más allá de lo que conocemos de la mano de la biología. Pero la oscuridad de nuestra primigenia procedencia y la de todos los seres vivos terrestres, lejos de ser motivo de desesperanza, debería ser **un aliciente para dotar a nuestra vida de sentido y propósito**.

Definitivamente la vida no es un «don», pero podemos hacer que así sea para nosotros mismos. En realidad, la vida no comienza cuando nacemos, sino cuando tomamos conciencia de nuestro ser individual y subjetivo, en comunión con otros seres vivos. El determinismo biológico de nacer, crecer, reproducirse y morir no es interesante para el ser humano; sin embargo, **lo que puede hacer que esa trayectoria marcada cobre sentido es dándoselo desde una perspectiva ajena a la biología**. Proporcionar sentido y propósito a nuestras vidas hace que estemos motivados, tranquilos **y encontremos muchos momentos de felicidad**. Además, estaremos contribuyendo al bien colectivo.

Puede que alguno se haya decepcionado al afirmar que nuestra existencia es totalmente innecesaria para el universo y para el mundo. El universo entero está repleto de los elementos que dieron origen a la vida en la tierra. Somos materia estelar. Somos estructuras biológicas cuya base es el carbono, al igual que los demás animales y plantas. Tal vez quieras vivir de espaldas a esta verdad, pero eso no tiene el poder de cambiarla. Comprenderlo puede servir para redefinir el sentido de nuestra existencia, para recuperar la humildad propia de un ser pequeñito en la infinitud del universo, y para intentar suplir de alguna manera la falta de necesidad de nuestra existencia. Sin embargo, hay un hecho excepcional que nos diferencia del resto de los demás seres vivos: **nuestra mente no está limitada solo a la supervivencia.** La creatividad y la inteligencia nos distinguen sobremanera del resto de las especies. ¿Cómo un ser tan excepcional puede ser a la vez tan innecesario? ¿Tenemos marcado un destino distinto al del resto de las especies? Todo ello nos lleva a preguntarnos acerca del **sentido y propósito de nuestra vida** por un lado y, por otro, **si podemos convertir esa falta de necesidad de la existencia del ser humano en una virtud**.

Frankl nos decía que no debemos preguntar por el sentido de la vida porque somos nosotros los interrogados. Quiere decir que, **si bien la búsqueda del sentido de la vida es una preocupación universal, la respuesta siempre es individual**. La vida cobra sentido cuando tenemos **metas y objetivos que nos dan satisfacción, emoción, ganas y aliento** para levantarnos cada mañana a luchar por aquello que deseamos y anhelamos. Además, este optimismo nos proporciona una mejor salud y llenará nuestra vida de momentos de felicidad.

El sentido de trascendencia no siempre aparece de forma consciente o, simplemente, no existe. Es aquello que dejamos cuando nos vamos. **Muchas personas dirigen su energía y su actividad a realizar obras que perdurarán cuando ellas mueran**, sin ser muy conscientes de ello. Detrás de esta actitud se oculta **el deseo del «héroe» que se niega aceptar su propio destino y que busca con sus acciones, obras o pensamientos la trascendencia**. Además, esto no solo es bueno para el individuo, sino que es el inicio para suplir esa falta de necesidad de nuestra existencia, pues nos coloca en una perspectiva diferente de estar en el mundo. De mayor conciencia, de mayor respeto y solidaridad.

En el breve camino de la existencia humana nos hemos ido despojando de los adornos, de la sal y pimienta de la vida en un proceso de simplificación que avanza sin que nada ni nadie se oponga. Quizá **la abstracción más importante de nuestra vida se relaciona con el intercambio de nuestro tiempo por dinero que nos ha convertido en auténticos productores-consumidores**. Un engranaje productivo, que tanto desagradó a Ernesto Sabato. Me gustaría pensar que no somos ese engranaje, sino un ser afectivo, emocional y creativo con aspiraciones sociales más nobles como la libertad, la fraternidad, la solidaridad y el respeto de la naturaleza. Lo abstracto tiene sentido para la ciencia y para el arte, pero no para la vida. Frente a lo matematizable, la ciencia y la razón está lo no matematizable, lo cualitativo, las emociones y el arte.

Estamos de acuerdo en que no podemos vivir de espaldas a la ciencia, pero eso no significa que debamos seguir desnaturalizando al ser humano hasta convertirlo en un engranaje o en un ente matemático. No hay nada más alienante. Es como si entregáramos nuestra vida a merced de los intereses de la economía y del poder. Solo **la fuerza vital de nuestro mundo emocional puede salvarnos de nosotros mismos con la misma eficacia con la que ha garantizado nuestra existencia**.

Las emociones son auténtica energía nuclear. Si no se gobiernan pueden conducirnos hacia la autodestrucción, pero si se dominan son fuente de placer, bienestar y felicidad. La regulación y el control de nuestras emociones no compete a nuestro entorno, ni a la sociedad con todas sus normas y condicionamientos que sirven a otros intereses. Nuestro ser, nuestra existencia precisa de afirmación y expansión en línea con nuestras capacidades, metas y aspiraciones; lo cual implica también la regulación y dirección de la energía.

Nunca es tarde para tomar el control de nuestra vida desde nuestro interior y despojarnos de todas las limitaciones externas que comprimen nuestras emociones en una forma que no es favorable para nosotros. ¿Recuerdas «La casa de huéspedes» del poeta Rumi? Una acertada metáfora de nuestro mundo emocional en el que no hay emociones negativas, ni positivas. Esa consideración es absolutamente abstracta, simplificada y unidimensional. **Nuestro mundo emocional es pluridimensional y las emociones conviven juntas y se contrapesan unas con otras.** Todas ellas están preparadas para defendernos y proporcionarnos bienestar y felicidad. Nuestra obligación es controlarlas y modularlas para que la respuesta sea adecuada a las circunstancias y esté a nuestro favor. Así pues, «sé agradecido con quien quiera que venga, porque cada uno fue enviado como un guía del más allá».

Las emociones son un tesoro primigenio que ha llegado intacto desde nuestros orígenes. En su regulación y control se encuentra la clave para lograr una vida con sentido y propósito. Por eso, no debemos despreciar cualquier técnica que nos ayude a su dominio y modulación; puede ser la meditación, la conciencia plena, el ejercicio de la inteligencia emocional, la reflexión y la autoconversación.

Realidades de nuestra existencia tales como el dolor y el sufrimiento son incomprendidas e indeseables. Sin embargo, estos son mecanismos de la vida para garantizar nuestra supervivencia. Nos alertan sobre peligros para que podamos reaccionar y mantenernos a salvo. **Esto también implica que la vida nos ha dotado con una capacidad de resistencia al dolor y al sufrimiento.** A lo largo de la historia, los seres humanos hemos evitado el dolor físico, ya que una vez que cumple su función de alertarnos, deja de tener sentido. Lo mismo ocurre con el sufrimiento. **Son estados que deben**

durar lo menos posible, y debemos hacer todo lo que esté en nuestra mano para desterrarlos de nuestras vidas.

El dolor y el sufrimiento, más allá de su función biológica, no son buenos, son inútiles. La naturaleza nos enfrenta a esta realidad para que sigamos viviendo, no para morir. Y, como hemos dicho, **la vida prioriza el dolor frente a la felicidad por pura supervivencia.** ¿Qué sentido tiene una vida dominada por el sufrimiento? Ninguno. A veces elegimos voluntariamente sufrir, lo cual llamamos sacrificio, porque es el medio para alcanzar metas y objetivos. Sin embargo, esto es sustancialmente diferente, porque se elige de forma voluntaria y tenemos cierto control sobre su intensidad. En consecuencia, evita el sufrimiento. Si te sobreviene, escucha lo que ha venido a decirte y procura que dure lo menos posible. Si es físico, recurre a la ciencia y a la medicina. Si lo necesitas, pide ayuda para combatirlo. Si es inevitable, no te queda otra alternativa que mostrar entereza y utilizar tus capacidades mentales para aliviarlo; por ejemplo, haciendo que otras realidades adquieran más importancia en tu vida. Los griegos mitigaron el sufrimiento rodeándose de arte, poesía y pensamiento. «La gran, la tremenda verdad es esta: sufrir no sirve de nada», en palabras de Cesare Pavese. Dedica tu energía para a ser feliz.

Huimos del dolor y del sufrimiento, pero anhelamos la felicidad con pasión y determinación. Sin embargo, parece que la vida se inclina hacia el sufrimiento, priorizándolo. Pero, ¿qué es realmente la felicidad? No es un destino, ni un estado perpetuo. Quizá sea necesario reevaluar nuestra idea de la felicidad. Reconozcamos que, los que vivimos en esta parte del mundo donde hay libertad y acceso a alimentos, educación, atención médica y protección, partimos con ventaja. Sin embargo, esto no garantiza la felicidad, ni hace que nuestra vida sea fácil. **La felicidad es disfrutar del ca-**

mino que conduce a tu desarrollo personal, a la consecución de metas y sueños, a encontrar un significado para tu vida, a amar y compartir con los demás, a experimentar lo inmaterial...

La «leyenda del almizclero» coloca el centro de la felicidad en uno mismo, en un viaje interior que no carece de obstáculos y dificultades. **No es que la felicidad resida dentro de uno mismo, pues no encontrarás nada que no hayas cultivado previamente**. Dependerá de lo que hayas sembrado, de tus valores, de tu reflexión, de tu actitud, de tus metas y aspiraciones. En este sentido, la felicidad está dentro de ti, pero no como algo que encontrarás por azar. Si buscas la felicidad como algo que te caerá del cielo, entonces te estás alejando de ella. No solo tenemos el derecho de ser felices, sino que es nuestra responsabilidad, ya que requerirá esfuerzo y compromiso con nosotros mismos. Sin embargo, vale la pena el esfuerzo. Por lo tanto, debemos esforzarnos por ser felices.

De todo lo reflexionado acerca de nuestra existencia lo más determinante, con diferencia, es su fugacidad. Ni el sentido de la vida, ni las emociones, ni el dolor, ni la felicidad son comparables. La existencia es fugaz y pasa como un suspiro. La locución latina *Carpe Diem* nos recuerda la importancia de aprovechar cada momento de nuestra vida siendo auténticos, ya que el tiempo que perdemos tratando de ser alguien que nos somos nunca regresará. No debemos vivir la vida que otros o la sociedad desean para nosotros, ni perder nuestro tiempo en actividades que no nos brindan felicidad, ni emociones. Decía Jiddu Krishnamurti que «La causa primaria del desorden en nosotros mismos es la búsqueda de la realidad prometida por otros». Por lo tanto, **vive cada instante de tu vida, de tu realidad, y exprímela**

hasta la última gota. Saborea cada momento. Esto implica vivir a plenitud.

Vivir la vida es experimentar cada momento con plena conciencia de lo que ocurre en nuestro interior y a nuestro alrededor. De esta conciencia surgirán nuestros deseos, aspiraciones y metas para convertir nuestra vida en aquello que anhelamos. Vivir plenamente implica utilizar, desarrollar y **aprovechar al máximo nuestras capacidades para llegar a ser lo mejor que podemos ser**. Así que vive cada día como si no hubiera un mañana y extrae el verdadero jugo de la vida.

En este viaje hacia el significado de la vida lo más relevante es que la vida solo tiene sentido para la biología. El mismo propósito que rige a todas las especies gobierna también al ser humano. Un propósito que se repite una y otra vez, igual que el ciclo de vida del gusano de seda. Si el ciclo se detiene, la especie desaparece y, por lo tanto, la vida hará lo que sea para que la rueda no pare. En este contexto, ni las aspiraciones, ni los propósitos, ni la felicidad… van a ser una prioridad; precisamente, todo aquello que puede proporcionar sentido a nuestra vida. **Lo que es accesorio para el mandato biológico es lo sustancial para el espíritu humano**. Y esta es la gran verdad: como la vida no tiene un sentido que podamos comprender no nos queda otra solución que dárselo. Y del sentido y propósito que des a tu existencia dependerá también el que seas feliz.

No tenemos grandes garras, ni fauces con largos colmillos, ni podemos correr a gran velocidad; torpemente trepamos a los árboles; apenas saltamos y nuestros músculos son de poca fortaleza. **¿No te preguntas con curiosidad cómo una especie débil ha logrado dominar el planeta?** Nuestros antepasados del paleolítico de hace 300.000 años apenas medían metro y medio y pesaban menos de 50 kilos. Tan solo eran un aperitivo para aquellos grandes depredadores de la sabana africana y, sin embargo, lograron dominar su entorno.

Una fuerza sobrenatural ha intervenido para forjar nuestro destino. Una fuerza que emerge de nuestro interior. Una fuerza promovida por químicos reales como el cortisol o la adrenalina, que impactan y alteran nuestro sistema nervioso. Las emociones guiaron el destino de los humanos desde su origen. **En ellas estaba la fuerza para luchar por la vida, para cuidar y proteger a la descendencia, para organizarse y ser más fuertes, para perseguir sueños y metas…**

Esta fuerza sobrenatural **dirige nuestro hado personal, pero también el de la sociedad y el del planeta**. Ya, lejos del Paleolítico, hemos superado grandes dificultades y estamos inmersos en la era del Antropoceno; la era en la que el hombre ha causado un grave daño al planeta y dirige su destino. Sobre nosotros se cierne la sombra de la extinción. Solo nuestro ser emocional nos puede salvar construyendo un futuro prometedor para todas las especies que habitan la tierra. Pero antes hemos de conseguir que cada uno de nosotros, como seres individuales, descubramos el significado y propósito de nuestra vida. Solo así iniciaremos el camino de la ansiada felicidad, que será plena si es compartida.

Nunca olvides que en tu interior posees un tesoro milenario que puede hacer que tu vida sea significativa y feliz. Es una fuerza del universo, una energía invisible que ha viajado en el polvo de las estrellas con el que se ha formado tu vida.

> «La vida no se trata de encontrarte a ti mismo. La vida consiste en crearte a ti mismo»
>
> Bernard Shaw